Thomas Wyser
2D
3D
4D

Thomas Wyser
Stockweg 4
5022 Rombach
Tel. 064 37 16 02

D1676744

Walter H. Rupp

Der Blindenhund

Die neue Ausbildungsmethode
mit 60 Fotos und 101 Zeichnungen

Einführung von Urs Ochsenbein

Albert Müller Verlag
Rüschlikon-Zürich · Stuttgart · Wien

*Dieses Buch erscheint mit der Unterstützung
von PAL*

Fotos: Urs Ochsenbein
Zeichnungen: Carine

© Albert Müller Verlag, AG, Rüschlikon-Zürich, 1987. – Nachdruck, auch einzelner Teile, verboten. Alle Nebenrechte vom Verlag vorbehalten, insbesondere die Übersetzungsrechte, die Filmrechte, das Abdrucksrecht für Zeitungen und Zeitschriften, das Recht zur Gestaltung und Verbreitung von gekürzten Ausgaben und Lizenzausgaben, Hörspielen, Funk- und Fernsehsendungen sowie das Recht zur photo- und klangmechanischen Wiedergabe durch jedes bekannte, aber auch durch heute noch unbekannte Verfahren.
ISBN 3-275-00913-3.-1/5-87.-Printed in Switzerland.

Inhaltsverzeichnis

Zur besonderen Beachtung:
Kurzbiographien mit Foto von Blinden
und ihren Führhunden
    Integration (nach S. 48)
    Laska (nach S. 64)
    Ohne Erinnerung an einmal Geschautes (nach S. 80)
    Mein Kumpel Senta (nach S. 96)
    Verkehr mit Orian (nach S. 176)
    Die lieben Mitmenschen (nach S. 192)
    Schutz und Sicherheit mit Risa (nach S. 208)
    Unterwegs mit Ben und Bright (nach S. 240)
    Die Liebe und Treue eines Hundes (nach S. 256)
    Der Schicksalsschlag der Erblindung (nach S. 272)

Vorwort 10

    Unterschiede zwischen Geburtsblindheit und
    späterer Erblindung 13
    Die Blindenschrift 14

1. Einführung (Urs Ochsenbein) 17

2. Begriffsbestimmungen 53

3. Orientierungshilfen für Blinde 55

4. Die Auswahl des Hundes für die Führhund-Ausbildung   58
    Hundeangebot 58
    Auslesekriterien erwachsener Hunde 59
    Grunderziehung 60

5. Hörzeichen 61
    Erläuterungen zu einigen Hörzeichen 64

6. Ausbildungsgrundsätze 65

7. Ausbildungslehrgang 68
Der Blinde und sein Hund 68
Ausbildungshilfsmittel 72
Anschirren des Hundes 72
Führen in gerader Richtung 77
   Starten auf ein bestimmtes Kommando: AVANTI 78
   Einhalten der eingeschlagenen Richtung 83
   Führen ohne zu schnuppern 86
   Führen ohne zu markieren, zu harnen oder zu koten ... 87
   Führen ohne Panik bei Schießlärm jeder Art 88
   Führen ohne Panik bei starkem Lärm (Motorengeräusch, Donner) 88
   Führen ohne Panik bei Wahrnehmung spezifischer Gerüche 89
   Führen ohne Panik bei optischen Wahrnehmungen 90
   Vorbeiführen an Personen, die der Hund begrüßen möchte 92
   Vorbeiführen an Personen, vor denen sich der Hund fürchtet 94
   Vorbeiführen an Artgenossen 94
   Vorbeiführen an anderen Tieren 97
   Gleichmäßiger Zug im Führgeschirr 98
   Anhalten auf Kommando: FERMA 98
   Weitergehen: VAI 99
Übungen an der Leine 101
   Sich auf den Pflegetisch begeben: TAVO 102
   Ruhig stehen: FERMA 109
   Kehrtwendung nach rechts: RITOR 113
   Sitzen: SED 115
   Pause (Freizeit): LIBERA 117
   Notdurft verrichten: STACCA 117
   Korrektur: NEIN 121
   Lob: BRAVA 123
   Herankommen: PIEDE 124
   Sich auf den Ruheplatz begeben: POSTO 128
   Warten: RESTA 129
   Abliegen: A TERRA 130
   Einen Gegenstand tragen: APPORT 134
   Einen Gegenstand geben: DAI 137
   Bei Fuß gehen mit Wendungen (DESTRA, SINI, RITOR) 137

Anhalten bei Absätzen (Bordsteinkanten) 141
Hinführen zum Trottoir 147
Straße überqueren: PASSARE 148
Wendung nach rechts: DESTRA 148
Wendung nach links: SINI 150
Umkehren: RITOR 151
Ausweichen bei Seitenhindernissen 152
   Hausecken 153
   Durchgänge 154
   Offene Türen 155
   Leiter und Bockleiter 155
   Stangen 155
   Engpässe 158
   Drehtüren 158
Anhalten vor Bodenhindernissen 159
   Querbalken 159
   Schlauch 164
   Leitkegel 165
   Flaschen 165
   Pflastersteine 165
   Bretter 166
   Pfützen 166
   Vertiefungen 166
Umgehen von Bodenhindernissen 167
   Querbalken 167
   Schlauch 168
   Leitkegel 168
   Flaschen 169
   Pflastersteine/Stellriemen 169
   Bretter 170
   Pfützen 170
   Vertiefungen 170
Führen entlang von Abgründen 171
Langsam gehen bei Bodenunebenheiten 171
Höhenhindernisse bis 2 m Höhe 172
   Querlatte 173
   Ast 177
   Barriere 178
   Gespannte Ketten, Drähte oder Schnüre 178
   Fahrradständer-Vordach 179

Garage-Kipptor 180
Fensterläden 180
Fenstergitter 181
Sonnenstoren 181
Briefkasten 181
Außenrückspiegel bei Lieferwagen 181
Hebebühne bei Lastwagen 182
Verweisen von Fahrzeugen beim Straßenüberqueren 182
   Einbahnstraße mit Verkehr von links 183
   Einbahnstraße mit Verkehr von rechts 188
   Sicherheitshalt bei geparkten Fahrzeugen 189
   Straßen mit beidseitigem Verkehr und Straßenbahn ... 190
Überqueren von Kreuzungen 191
   X-Kreuzung 191
   T-Kreuzung 194
   Y-Kreuzung 194
   Stern-Kreuzung 195
   Kreuzung mit Sicherheits- und Straßenbahninsel 195
Baustellen 195
   Umgehen von Baustellen 196
   Wechsel der Straßenseite 198
Führen auf Straßen ohne Trottoir 199
   Rechtsseits: DA PARTE 199
   Linksseits: DI LATO 201
   Ausweichen bei parkierten Fahrzeugen 201
   Anhalten vor Querstraßen 203
Nahziel-Führen 203
   Anzeigen einer Sitzgelegenheit: BANCA 203
   Anzeigen einer Türe: PORTA 207
   Anzeigen eines Billettschalters: BILLETA 212
   Anzeigen von Personentransportmittel: TAXI 215
   Einsteigen in ein Personentransportmittel: ENTRA ... 217
   Anzeigen der Ausgänge: FUORI 219
   Anzeigen der Treppen: SCALA 221
   Anzeigen der Fußgängerstreifen: ZEBRA 223
   Anzeigen der Telefonkabinen: TELEFON 227
   Anzeigen der Briefkästen: LETBOX 229
Führen im Menschengedränge 233
Rolltreppenverweigerung 235
Verhalten in Aufzug und Transportmittel 237

Langsam gehen: COMOD 237
　　Schnell gehen: TEMPO 238
　　Warnruf: NO 239
　　Löschen der Geschirreinwirkungen 240
　　Fernziel-Führen: Zurück zum Ausgangspunkt: CASA ... 243
　　Abschlußübungen mit Augenbinde 245

8. Qualifikation des Führhundes 248
　　Qualifikationsblatt 249

9. Führhundanwärter / Führhundgespann 254
　　Ratschläge an künftige Führhundhalter 254
　　　Überlegungen vor der Anschaffung 254
　　　Zur Ernährung des Blindenführhundes 255
　　　Wie gelangt man zu einem Führhund? 255
　　Anforderungen an den Führhundanwärter 257
　　　Schriftliches Begehren 257
　　　Prüfung des Begehrens 258
　　　Begutachtung des Blindenführhund-Anwärters 258
　　　Überprüfung der Wohnverhältnisse 259
　　　Überprüfung des Arbeitsortes 259
　　　Zusammenfassung und Schlußfolgerung 259
　　　Beratung des Führhundanwärters 259
　　　Gesuchsverfahren für Ersatzhundanwärter 260
　　Einführung des Hundes beim Blinden 260
　　Abschlußrapport der Einführung 261
　　Kontrolle des Führgespanns nach einem Jahr und
　　dann alle zwei Jahre 264
　　Betreuung, Beratung und Fortbildung des Führ-
　　hundgespanns 264

10. Neue Entwicklungen im Blindenhundewesen 266

Schlußwort 272

Anhang 273
　　Begutachtung eines Blindenführhunde-Anwärters (IV) .. 273
　　Kontrollbericht über ein Führhundegespann (IV) ... 277
　　Adressen 281

Bibliographie 288

Vorwort

Für blinde und sehbehinderte Menschen gibt es zwei bewährte Hilfen, die ihnen den Kontakt mit der Umwelt erleichtern. Es handelt sich dabei um den Blindenhund und um die Punktschrift. Beide haben eines gemeinsam: Sie werden trotz fortschreitender Elektronik auch in Zukunft durch nichts ersetzbar sein. Ihr Einsatz jedoch kann und muß der fortschreitenden Entwicklung unserer Gesellschaft angepaßt werden.
Obwohl es in diesem Buch um den Blindenführhund, seine Ausbildung und seinen Einsatz geht, betrachte ich es doch als eine Bereicherung des Inhaltes, wenn ich Frau Dr. Rose-Marie Lüthi, die selbst blind ist und Unterricht in Punktschrift erteilt, zu Wort kommen lasse. Sie weist kurz auf die Entstehung der Punktschrift, ihre Bedeutung und ihre Anwendung in den verschiedensten Bereichen hin (vgl. Seite 14 ff.).
Man kann sich fragen, ob es nicht gefährlich sei, ein Werk über die Ausbildung des Blindenführhundes zu schreiben und zu veröffentlichen, mit dem jedermann lernen kann, Blindenführhunde auszubilden. Könnte da nicht ein Wirkungsfeld für Scharlatane entstehen? Besteht nicht die Gefahr, daß alteingesessene Schulen für Blindenführhunde konkurrenziert werden? Beides kann eintreten. Aber dem kann entgegengehalten werden, daß dieses Buch – das auch in Punktschrift und auf Tonband herausgegeben wird – auch viele Blinde lesen werden, die damit mehr über dieses Fachgebiet erfahren. Sie können sich selbst ein Bild davon machen, was von einem Führhund erwartet wird. Was die Konkurrenz betrifft, bin ich der Ansicht, daß sie ein Ansporn zu noch Besserem sein kann. So hoffe ich, daß das Buch nicht nur jene ansprechen wird, die persönlich mit Blindenhunden zu tun haben, sondern im speziellen all jene, die sich in irgendeiner Form – privat oder beruflich – mit blinden Mitmenschen befassen, z. B. Augenärzte, Optiker, Blindenlehrer, Mobilitätstrainer, Sozialarbeiter, Angestellte und Beamte von Blindenorganisationen und der Invalidenversicherung und nicht zuletzt auch Lebenspartner und Eltern sehbehinderter und blinder Personen.

Eine andere Gruppe, für die der vorliegende Band interessant sein könnte, sind Personen, die sich einen Hund halten oder sich einen solchen anzuschaffen gedenken sowie jene, die sich mit dem Hund, seinem Charakter und Lernvermögen in irgendeiner Form beschäftigen, z. B. Verhaltensforscher, Kynologen, Hundezüchter und Zoologielehrer. Das Werk soll aber auch ganz allgemein unserer menschlichen Gesellschaft dienen, indem es neues Wissen über ein Gebiet vermittelt, auf dem bis heute noch sehr wenig Literatur vorhanden ist. Dies mit dem Ziel, mehr Verständnis gegenüber dem Führgespann zu wecken. Den blinden und sehbehinderten Personen, die noch keinen Führhund besitzen, möge es zu entscheiden helfen, ob für sie ein Hund in Frage kommt oder nicht. Und für jene, die sich einen Führhund halten, kann es vielleicht dazu beitragen, ihren vierbeinigen Partner noch besser zu verstehen.
Ganz besonders seien die Leser noch auf die zehn Kurzbiographien von Blinden hingewiesen (siehe Inhaltsverzeichnis), die einerseits bildlich typische Situationen von Führgespannen im täglichen Leben festhalten und andererseits in den berichtenden Texten sehr eindrucksvoll darlegen, was Führhunde blinden Menschen bedeuten. Die in die Ausführungen zur Ausbildung eingestreuten Beiträge machen so immer wieder darauf aufmerksam, auf welche Ziele hin diese Ausbildung angelegt ist und in welch vielfältiger Weise sich Führhunde in das Dasein von Blinden einfügen lassen. Den zehn Autorinnen und Autoren bin ich sehr dankbar dafür, daß sie uns diese wertvollen Einblicke in ihr Zusammenleben mit den vierbeinigen Partnern vermitteln und damit vielleicht Schicksalsgenossen ermutigen, es ihnen gleichzutun.
Auch allen anderen, die zum Gelingen dieses Buches in irgendeiner Weise beigetragen haben, sei herzlich gedankt. Ich denke da an Urs Ochsenbein, der mich von Anbeginn in all meinen Bemühungen auf dem Gebiet des Blindenhundewesens unterstützte und die fesselnde Einführung verfaßte. Gerne erinnere ich mich auch an die geschätzte Kynologin Frau Anna Auer, die mich als Schülerin Walter Hantkes zu Beginn meiner Tätigkeit als Führhund-Ausbilder während eines Jahres unterrichtete. Ganz speziell danke ich Altmeister Walter Hantke. Er hat mich während der vergangenen zwanzig Jahre immer wieder fachlich beraten. Mit großem Interesse hat er das Manuskript dieses Buches kritisch durchgelesen und den Inhalt streng begutachtet. Dabei zeigte er volles Verständ-

nis dafür, daß ich in einigen Punkten von seiner Methode im Hinblick auf strukturelle Änderungen in der Führhundausbildung (Früherfassung der Hunde und Integration in den Familienbereich) abwich. In Dankbarkeit denke ich auch an jene Jahre zurück, da mir Adolf Portmann in seinen späten Jahren als Freund in geistiger und herzlicher Verbundenheit nahestand und ich mit ihm zusammen die bekannten Führhundeschulen der USA in Morristown und San Rafael (Kalifornien) besuchen konnte. Auch er unterstützte mich sehr in meinen Bestrebungen. Seine tiefe Religiosität, seine Ehrfurcht vor allem Lebendigen waren und bleiben für mich beispielgebend. Mein allerwärmster Dank aber gebührt meiner lieben Frau, die mir in jeder Lebensphase beisteht und mir bei all meinen Arbeiten für die Belange der Sehbehinderten eine unentbehrliche Hilfe bedeutet.

So wie der Hund in einer Zeit der Wende zum Besseren in der menschlichen Gesellschaft, an die ich fest glaube, allgemein an Bedeutung gewinnt, wird besonders auch dem Blindenhund vermehrte Beachtung geschenkt werden. Darum glaube ich, daß dieses Buch jetzt zum richtigen Zeitpunkt erscheint und daß es eine segensreiche Aufgabe im Dienste jener Mitmenschen erfüllen kann, die nicht oder nicht mehr mit den Augen sehen können.

Blotzheim, im Mai 1987

Walter H. Rupp

Unterschiede zwischen Geburtsblindheit und späterer Erblindung

vgl. auch die Kurzbiographie nach Seite 80

Bei der Ausbildung des Blindenhundes wird nicht darauf geachtet, ob der Hund später einem geburtsblinden oder späterblindeten Menschen zugeteilt wird. Bei der Abgabe und Einführung des Hundes müssen indes die Unterschiede erkannt und gebührend berücksichtigt werden. Davon hängt sogar maßgeblich das Zustandekommen einer harmonischen Beziehung zwischen dem Führhundhalter und seinem Tier ab.
Obwohl das vorliegende Buch fast ausschließlich der Ausbildung des Blindenführhundes gewidmet ist, soll darüber hinaus doch ganz kurz auch auf einige Unterschiede zwischen geburtsblinden Menschen und Späterblindeten hingewiesen werden. An und für sich verbietet es sich zwar, erblindete Personen in Kategorien einzuteilen, denn jeder Mensch — ob blind oder nicht — hat Anspruch darauf, als eigene Persönlichkeit gewürdigt zu werden. Zur Förderung des Verständnisses wird hier aber bewußt eine Ausnahme gemacht.

Geburtsblindheit

Bekanntlich erfordert der Verlust des Sehvermögens den vermehrten Einsatz der verbleibenden Sinne. Geburtsblinde setzen diese von Anfang an auf bestmögliche Art und Weise ein. Sie lernen in weit feinerem und umfassenderem Maße hören, tasten, schmecken und riechen als sehende Menschen. Überdies vermögen sich Geburtsblinde der Umwelt leichter anzupassen als Späterblindete, denen diese Anpassung oft recht schwerfällt. Die Daseinsangst Geburtsblinder ist dementsprechend meist geringer. Was Geburtsblinde nicht haben und ihnen auch nie vermittelt werden kann, sind Farbvorstellungen. Andere Umweltvorstellungen kommen durch die Wissensvermittlung Dritter und durch eigene Erfahrung zustande. Die erhaltenen Informationen werden allerdings nicht immer richtig interpretiert, spielen dabei doch die eigenen Empfindungen eine entscheidende Rolle. So kann eine geburtsblinde Person, die einen Hund mit seidig langem Haar streichelt, ihn als schön und lieb empfinden. Ein anderer Hund, ebenso schön und lieb, aber mit drahthaarigem Fell, hinterläßt bei ihr weniger Sympathie. Ob überhaupt Beziehungen zum Tier, die für die spätere Abgabe eines Hundes sehr wesentlich sein können, vorhanden sind oder nicht, hängt weitgehend davon ab, ob Geburtsblinde in ihrer Jugend Gelegenheit fanden, mit Hunden und anderen Haustieren umzugehen.

Spätere Erblindung

Späterblindete stellen sich die Umwelt so vor, wie sie sie vor ihrer Erblindung wahrgenommen haben. So kann es geschehen, daß eine vor dreißig Jahren als Kind erblindete Person eines Tages mit großem Erstaunen erfährt, daß die heutigen Baugerüste aus Eisenrohren zusammengesetzt werden. Ihr Bild von einem Baugerüst stammte noch aus der Zeit, als diese ausschließlich aus Holzstangen und Brettern bestanden. Ein im Lauf des Lebens erblindeter Mensch muß erst lernen, seine übrigen Sinne in verstärktem Maße einzusetzen. Außerdem müssen Späterblindete in viel kürzerer Frist all das lernen, was sich Blindgeborene und als Kinder Erblindete bereits während vieler Jahre aneignen konnten. Dazu kommt dann alles Neue, das durch Betasten, Erhorchen, Beriechen oder Schmecken erfaßt werden muß. Bei alldem sind sie häufig durch den infolge der Erblindung erlittenen Schock vorerst noch psychisch gehemmt. Oft dauert es lange Zeit, bis dieser Schock abebbt. So lange aber muß mit der Abgabe eines Blindenhundes zugewartet werden.
Bei Menschen, die erst in hohem Alter erblindeten, ist ein Neubeginn unter den veränderten Umständen meist nicht mehr möglich. Auch einem Orientierungs- und Mobilitätstraining sind Grenzen gesetzt. In solchen Fällen muß die allfällige Abgabe eines Blindenhundes besonders sorgfältig erwogen werden.

Die Blindenschrift

(Rose-Marie Lüthi)

Nach untauglichen Versuchen, die normale Druckschrift tastbar zu machen, erfand Louis Braille 1825 die Blindenschrift, die auf Punktfiguren basiert.

Braille'sche Punktschrift

| A | B | C | D | E | F | G | H | I | J |

| K | L | M | N | O | P | Q | R | S | T |

| U | V | W | X | Y | Z | | Ä | Ö | Ü |

| AU | ÄU | EU | EI | IE | | CH | SCH | SS | ST |

| , | ; | : | . | ? | ! | ( ) | „ | * | " |

Zahlzeichen

Apostroph — & = Gedanken- & Trennungsstrich   1 9 5 9

| 1 | 2 | 3 | 4 | 5 | 6 | 7 | 8 | 9 | 0 |

15

Louis Braille wurde am 4. Januar 1809 in Coupvray bei Paris geboren. Mit drei Jahren verletzte er ein Auge in der Sattlerwerkstatt seines Vaters, erblindete und konnte mit zwölf Jahren in die Blindenschule Paris eintreten. Sein größter Wunsch war es, Bücher selber lesen zu können. Er probierte verschiedene Schriftsysteme aus und kam auf Grund der Anregung eines französischen Offiziers auf die Verwendung von Punkten. So fand er mit erst 16 Jahren eine noch heute aktuelle Schrift. Es dauerte damals sehr lange, bis die Punktschrift von Louis Braille, der am 6. Januar 1852 in Paris starb, wirklich als Blindenschrift anerkannt wurde.

Die Punktschrift gewann Anfang dieses Jahrhunderts immer mehr an Bedeutung. Es wurden Spezialschriften für Mathematik und platzsparende Kurzschriften entwickelt.

Als in den fünfziger Jahren die Hörbüchereien entstanden, trat die Punktschrift vorübergehend etwas in den Hintergrund. Heute nimmt sie wieder einen neuen Aufschwung: Mit Hilfe der Elektronik kann eine Blindenschriftzeile als Ersatz für einen Bildschirm dienen. So ermöglicht die Punktschrift den Zugang zu gespeicherter Information.

Die Punktschrift behält ihre Bedeutung als Notizschrift, und ein selber gelesenes Buch wird nach wie vor von vielen Blinden geschätzt.

1. Einführung

(Urs Ochsenbein)

Walter Rupp ist einer der wenigen Ausbilder im Führhundebereich, die zur Entwicklung der methodischen Heranbildung von Blindenhunden Entscheidendes beitrugen. Natürlich basiert seine Arbeit auf den Erkenntnissen, die von seinen Vorgängern erzielt und auch theoretisch erfaßt worden waren. Vor allem war es die Methode von Walter Hantke, die ihn vorerst bestimmt hatte. Diese wurde ihm 1964 durch Hantkes Schülerin, Frau A. Auer, vermittelt. In stetiger und intensiver Ausbildungsarbeit formte sich dann Walter Rupps eigene Methode, die er 1970 in die von ihm und seiner Frau gegründete Schweizerische Schule für Blindenführhunde einbrachte.
Daß sich nun Walter Rupp entschlossen hat, seine Ausbildungstechnik in allen Einzelheiten darzustellen und zu veröffentlichen, ist höchst erfreulich und geschieht in dieser vorbehaltlos umfassenden Weise zum erstenmal. Sein Buch wird für jedermann, der sich im engeren oder weiteren Sinne mit dem Blindenwesen und dem Problem der Mobilität sehbehinderter Menschen zu befassen hat, als eine Quelle der Information anregend und wertvoll sein. Aber auch für jeden Ausbilder im Gebrauchshundewesen bringt es eine Fülle von Hinweisen, die in der Praxis nachvollzogen werden können. Ich freue mich, diesem Buch ein einführendes Kapitel beigeben zu dürfen. Darin möchte ich dem Leser die Entwicklung und den heutigen Stand des Blindenführhundewesens näherbringen. Die Darstellung jener über Jahrzehnte zurückreichenden und nie erlahmenden Bemühungen, das Hilfsmittel Führhund den sich ändernden Gegebenheiten anzupassen und zu vervollkommen, ist mir ein persönliches Anliegen, verschafft doch der gut ausgebildete und seriös eingeführte Blindenhund dem Sehbehinderten jene Unabhängigkeit und Selbständigkeit, deren Fehlen ihn so sehr belastet.

Spuren zurück bis ins Altertum

Niemand weiß, wann sich zum erstenmal ein blinder Mensch zur Orientierung in seinem näheren und weiteren Umfeld eines Hundes bediente. An sich bietet sich unser Haushund dazu an, besonders wenn er in ein näheres und bindendes Verhältnis zu einem Menschen getreten ist, der schlecht oder gar nicht sieht. Man kann sich gut vorstellen, daß solche Leute, die ja in früheren Zeiten wenig Hilfe erhielten und ein einsames Leben zu fristen hatten, sich einem Hund zuwandten. Es stand ihnen dazu ein Übermaß an Zeit zur Verfügung. Indem sie sich mit dem Hund beschäftigten, wuchs auch die gegenseitige Beziehung. Und wo nun dieser Hund ging, vermochte ihm auch der Blinde zu folgen, wenn er ihn an einem Strick führte. Jedenfalls konnte er dann annehmen, zumindest festen Boden unter den Füßen zu haben. Bald dürfte er auch in der Lage gewesen sein, zu spüren, ob sein Hund sich aufwärts oder abwärts wandte. Und mit dem Taststock vermochte er sich über solche Veränderungen des Weges näher zu informieren. Damit war – wenn auch nur in den Grundzügen – der Blindenführhund «erfunden». Er sollte, wie so viele andere Einrichtungen, im Laufe der Zeit noch oftmals erfunden werden, bis es schließlich zur systematischen Ausbildung kam – in den Schulen für Blindenführhunde von gestern und heute, von denen noch zu sprechen sein wird.
Schon in der Antike war «der blinde Bettler» zu einem Begriff geworden und in die zeitgenössische Literatur eingegangen. Und so kann es nicht verwundern, wenn dieses Motiv auch in der bildenden Kunst, vornehmlich auf Gemmen und Wandbildern erscheint. Hier ist der blinde Bettler nicht selten von einem Hund begleitet. Einmal mehr weist dies darauf hin, daß der Blindenhund durch alle Jahrhunderte hindurch offenbar dort auftrat, wo sich dazu eine Gelegenheit ergab. Es hing jeweils von der Geschicklichkeit und dem Einfallsreichtum der blinden Person ab, ob sich auch eine mehr oder weniger sichere Führleistung einstellte. Das hat insofern noch heute seine Gültigkeit, als die Führleistung selbst eines ganz vorzüglich ausgebildeten und geeigneten Hundes der Ergänzung durch den blinden Partner bedarf, soll eine überragende Gesamtleistung zustande kommen.
Einige weitere Zeugnisse der Selbstausbildung von Führhunden

durch ihre blinden Besitzer seien hier angeführt. So wird überliefert, daß der um 1780 erblindete Siebmachergeselle Joseph Reisinger aus Wien sich einen Hund zum Führer heranzog. Und aus dem 19. Jahrhundert ist der Fall eines Blindenhundes bekannt, der von einem Jakob Birrer in Zürich ausgebildet wurde. Über den Vorgang der Ausbildung seines Spitzes gab er 1847 gegenüber einem Herrn H. Nägeli interessante Einzelheiten an, die dieser unter dem Titel «Art und Weise, die Hunde abzurichten, welche dem Blinden zum Führer dienen sollen» überlieferte. Daraus sei die folgende Passage erwähnt: «Gewöhnlich haben die Hunde Freude am Ausgehen und können oft nicht warten, bis die Tür aufgeht, durch welche sie dann in tausend Sprüngen ins Freie hinaustreiben. Weil aber für einen Blinden dadurch nicht selten Verlegenheiten entstehen können, so nahm ich mit meinem Hunde folgende Dressur vor: Ich stellte eine Bank in den Hausflur, jedoch so, daß auf der einen Seite eine kleine Öffnung zum Durchgehen übrig blieb. Dann machte ich ihn schon im Zimmer am Stricke fest, damit er nicht schnell durch die Tür entwischen könne. Unbedachtsam rannte er dann unter die Bank, welche ich umwarf, damit er meinen sollte, sein Herr sei selbst zu Boden gefallen. Durch das Rumpeln derselben geriet das Tier in Schrecken und fand in kurzer Zeit die Öffnung, durch welche er mich ins Freie hinausführen sollte.»

Diese Schilderung enthält bereits ein Hauptproblem der Ausbildung, aber auch das entsprechende Grundmodell seiner Lösung. Zur Gewöhnung des Hundes, Hindernisse zu umgehen, die zwar nicht für ihn selbst, wohl aber für den Menschen, den er zu führen hat, hinderlich sind, beschritt Birrer somit einen Weg, der von den späteren Ausbildern ebenfalls begangen wurde. Ein weiteres Beispiel der Ausbildung eines Führhundes durch seinen Besitzer ist in der *Neuen Zürcher Zeitung* vom 11. Januar 1948 so anschaulich beschrieben, daß wir es hier im Auszug wiedergeben. Der Verfasser des Artikels ist Conrad Helbling, der schon seit 1920 Führhunde aus der Schule von Freiburg im Breisgau bezogen hatte und somit über eine große Erfahrung verfügte. Er schreibt: «Im Jahre 1944 starb mein letzter Hund aus Freiburg. Weitere Bezüge aus Deutschland waren zu dieser Zeit nicht möglich. Ich mußte mich entschließen, die Dressur selbst zu übernehmen. Ich beriet mich mit zwei Blinden in Basel, die bereits früher ihre Begleiter ausgebildet hatten, und entwarf mir einen eigentlichen Dressurplan.

Marco, den ich damals kaufte, war ein vierzehn Monate alter Deutscher Schäferhund-Rüde. Weich und sensibel von Natur, schloß er sich mir, rührend vertrauend, in kürzester Zeit an. In meinem Plan stand, daß sich der neue Hund während sechs Wochen ruhig an meine Gesellschaft und den neuen Herrn gewöhnen sollte. Ich hatte aber gleich von der ersten Stunde an eine solche Freude an dem jungen Tier, daß ich es mir nicht versagen konnte, ihm am zweiten Tage unseres Zusammenseins das Führgeschirr anzuziehen. Es paßte ausgezeichnet. Da ergab es sich ganz von selbst, daß wir miteinander auf dem stillen Sträßchen vor unserem Hause spazieren gingen. Marco war bereits durch seinen früheren Herrn gewöhnt, mit lockerer Leine bei Fuß zu gehen. Beim Führen sollte er jedoch leicht ziehen. Wie konnte ihm dieser Unterschied beigebracht werden? In einem glücklichen Einfall schlug ich einen kleinen Trab an. Der Hund fand, daß dies ein recht vergnügliches Unternehmen sei, und fing von selbst an, im Geschirr leicht zu ziehen. Ich lobte ihn gewaltig, und er empfand es von Stund an als richtig, im Geschirr zu ziehen. Das erste Problem war somit spielend gelöst.
Dieser Dressurgang brachte mir aber noch eine Beobachtung, die mir die Sicherheit für den Erfolg der ganzen Unternehmung gab. Um heimzukommen, mußten wir um eine Ecke des Gartenzauns. Marco nahm den Bogen zu knapp, so daß ich, zwischen ihn und den Hag gedrängt, ihm auf den Fuß trat. Er schrie, war aber bald beruhigt. Beim Heimgehen am folgenden Tage nahm er einen weiten Bogen um die Zaunecke. Ich konnte also mit Genugtuung feststellen, daß ein einmaliges Erlebnis für Marco genügte. Ich schloß deshalb wegen Marcos starker Empfänglichkeit für Eindrücke und seiner Sensibilität energische Dressurmittel, wie sie bei härteren Hunden nötig sein können, aus.
Die Aufgabe, die dem Begleithund gestellt wird, ist: seinen Herrn um die festen oder beweglichen Hindernisse des Weges herumzuführen. Wo er aber das Hindernis nicht umgehen kann, muß er den Blinden warnen. Mit Marco löste ich das Problem, indem ich einen Kotkübel in die Straße stellte. An diesem Kübel mußte er mich vorbeiführen. Anfänglich nahm er den Abstand zu klein. Dann hieb ich mit dem Stock gegen den Kessel. Der Lärm war ihm unangenehm, so daß er in der Folge von selbst Distanz nahm. Da ich den Hund bei guter Leistung eifrig lobte, begriff er rasch, was von ihm verlangt wurde. Ich nahm später einen zweiten Kübel und

eine Bockleiter und baute damit immer engere Passagen. Schon nach wenigen Tagen leistete Marco seine Arbeit fehlerfrei. Ich durfte es wagen, meinen Spaziergang mit ihm auf einen mit Bäumen bestandenen Weg auszudehnen. Das Problem des Ausweichens war gelöst.
Ich konnte nun dazu übergehen, Hindernisse zu schaffen, die, da sie den Weg ganz versperrten, nicht zu umgehen waren und vom Hund angezeigt werden mußten. Ich schlug mit dem Stock Lärm erzeugend gegen das Hindernis, worauf der Hund leicht erschreckt zurückwich. Nachdem dies einigemale wiederholt wurde, wich Marco schon zurück, bevor der Schlag kam. Lob und Hundekuchen ließen ihn begreifen, daß bei einem solchen Hindernis das Zurückweichen verlangt werde. Das Angeben der Trottoirränder verursachte etwas mehr Mühe. Die in jenen Wochen einbrechende Schneezeit bot mir eine ungefährliche Übergangsmöglichkeit. Ich konnte dabei die hübsche Beobachtung machen, daß sich schon in diesen ersten Wochen bei Marco ein initiatives Verhalten einstellte. Er zog es sichtlich vor, die Schneehaufen zu umgehen, statt sie mir als Hindernis anzuzeigen.
Nun folgten Monate der Übung und Gewöhnung. Marco und ich spielten uns aufeinander ein. Der Hund leistete seine Arbeit gern. Für mich selbst war die Dressur von Marco zu einer Quelle tiefer Freude geworden. Es gab kaum eine Dressurstunde, von der ich nicht begeistert über das schöne oder kluge Verhalten des Tieres heimkam. Wenn ich mein heutiges Verhalten zu Marco mit demjenigen zu meinen früheren Hunden vergleiche, so sehe ich, wie ein neues Moment bereichernd hinzugekommen ist. Früher schon schätzte ich jede Leistung des Begleithundes im Dienste für mich. Heute freut mich der Hund und sein Können an sich. Ich kann mich ertappen, daß ich mit Marco durch den Gemüsemarkt marschiere, nur um mich an der Klugheit und Gewandtheit des Tieres zu begeistern. Ich überlasse mich seiner Initiative, auch wenn ich einen Sachverhalt genau kenne, und lasse den Hund arbeiten, nur um zu genießen, wie er Probleme von selbst löst. Dadurch konnten sich in ständiger Übung seine Führerfähigkeiten steigern, und ich verdanke Marco heute Leistungen, die ich von früheren Hunden nicht erreichte.»
Liest man diese Ausführungen über die Ausbildung des Führhundes Marco durch seinen Besitzer, könnte man annehmen, all das sei eigentlich gar nicht so schwierig. Aber man darf dabei nicht

außer acht lassen, daß Helbling wie erwähnt über langjährige Erfahrungen mit Führhunden verfügte. Außerdem war er eine überdurchschnittlich begabte Persönlichkeit von seltener geistiger und körperlicher Regsamkeit. Von Beruf Masseur, führte er an der Rämistraße in Zürich eine eigene Praxis. Als profunder Kenner der Literatur war er zudem Mitbegründer des Buchverlages Helbling und Oprecht. Doch auch im Blindenwesen jener Zeit war er mit großem Erfolg aktiv. Was er auf diesem Gebiet geleistet hat, wird uns hier noch beschäftigen.

Hinzu kommt nun aber der Umstand, daß sich die Situation im Straßenverkehr inzwischen derart veränderte und komplizierte, daß die Ansprüche an die Sicherheit, die der heutige Führhund durch exakte Arbeit seinem Besitzer zu vermitteln hat, ungleich größer geworden sind. Bei den heutigen Verhältnissen ist es kaum noch möglich, daß ein Sehbehinderter diesen Ansprüchen mit einem selbst herangezogenen Hund zu genügen vermag. Die Zustände verlangen eine erhöhte Ausbildungsleistung, und das betrifft natürlich auch die verschiedenen Schulen für Blindenführhunde, deren Entwicklung seit den Anfängen im Laufe des ersten Weltkrieges nun geschildert werden soll.

Die Anfänge in Deutschland (Kriegsblindenhunde)

Schon die ersten Jahre des Weltkrieges von 1914/18 hatten an allen Fronten eine hohe Zahl von Schwerverwundeten gefordert. Darunter befanden sich sehr viele Armeeangehörige, die durch Kopfverletzungen stark sehbehindert oder völlig blind geworden waren. In Deutschland entschloß sich nun der gut organisierte Verein für Sanitätshunde, die Abrichtung von Hunden in sein Arbeitsgebiet aufzunehmen, die den im Krieg Erblindeten künftig als Führer dienen sollten. Bis dahin hatte man vor allem sogenannte Sanitätshunde ausgebildet, deren Aufgabe das Auffinden von Verwundeten nach den Gefechten war. Bis zum 21. April 1915 hatte man insgesamt 1698 dieser Tiere mit ihren Führern an die Front entsandt. Ihre Leistungsfähigkeit blieb unbestritten. So wurden allein in Galizien von einer dort stehenden Armee im Monat Mai 1915 dank der Hunde 226 Verwundete gefunden und geborgen. Während der Kämpfe bei Ypern konnten in nur vier Tagen 67 Verwundete auf diese Weise gerettet werden. Nicht wenige Sanitätshundeführer waren bei der Ausübung der Sucharbeiten gefallen, manche hatten hohe Auszeichnungen erhalten. So stand damals die Effizienz der Sanitätshunde nicht in Frage, und der Verein, der sie ausbildete, genoß hohes Ansehen. Dennoch erhob sich nun gegen die Absicht des Vereinsvorstandes, künftig auch Blindenhunde zu erziehen, eine unerwartet starke Opposition. Es waren vor allem Theoretiker, die behaupteten, der Hund sei zum Führen eines blinden Menschen nicht fähig; er bringe diesen nur vermehrt in Gefahr. Die Ausbildung auf breiter Basis sei somit nicht zu verantworten und müsse abgelehnt werden.

Aber der Deutsche Verein für Sanitätshunde ließ sich nicht beirren. In seinem Bericht über die Kriegsjahre 1915/16 und 1916/17 nahm er gegenüber den Vorhaltungen der Gegner des Blindenführhundewesens wie folgt Stellung: «Es erschien dem Verein richtiger, in praktische Versuche einzutreten, als die Frage nur theoretisch zu prüfen, wie es von manchen Seiten geschehen ist. Fraglos ist der Blinde den Gefahren des täglichen Lebens gegenüber weniger geschützt als der Sehende. Mit dieser Tatsache muß der Blinde sich abfinden, wenn er nur einigermaßen dem tätigen Leben wieder zugeführt werden und nicht in einer Anstalt hindämmernd sein Leben verbringen will. Es kommt nicht darauf an, die Gefahrenmöglichkeiten theoretisch zu erschöpfen, sondern praktisch festzustellen, wieweit in der Tat die Gefahrenquelle für den Blinden eine gesteigerte ist, wenn er sich der Führung von Kriegsblindenhunden anvertraut, statt der Führung durch Menschenkräfte. Überwiegt der Vorteil den Nachteil, ist praktisch die Gefahrenquelle (wie Versuche zeigen) unerheblich, so ist der Gedanke, Kriegsblinde mit Hunden auszustatten, an sich gerechtfertigt, und es müssen Bedenken theoretischer Art dem gegenüber schweigen.»

Diese klare und mutige Stellungnahme für die Verwendbarkeit und Tauglichkeit von Führhunden hat gerade heute erneute Bedeutung erlangt, befinden wir uns doch einer Verkehrslage gegenüber, die schon für den sehenden Fußgänger eine hohe Gefährdung darstellt, geschweige denn für einen blinden Straßenbenützer. Die Tatsache, daß in den vergangenen Jahren mehrere Blinde mit Führhund zum Teil sogar im Schutzbereich der Zebrastreifen angefahren und in einigen Fällen tödlich verletzt worden sind, unterstreicht die Aktualität der Frage nach dem Sicherheitsgrad, den ein Führhund zu vermitteln vermag. Sie zeigt auch mit aller Deutlichkeit, wie sehr der Anspruch an die Ausbildung im Führhundebereich gestiegen ist. Doch kehren wir zu den vielversprechenden Anfängen im Laufe des ersten Weltkrieges zurück.

Die Entwicklung der Ausbildung von Führhunden bis zum zweiten Weltkrieg

Der Deutsche Verein für Sanitätshunde war 1893 vom Tiermaler und kynologischen Schriftsteller Jean Bungartz gegründet worden, der ihm bis 1905 vorstand. Unterstützt von Herzog Friedrich August von Oldenburg und gefördert von Geheimrat Stalling wurde die Ausbildung um die Jahrhundertwende auf den Polizeihund ausgedehnt. Daraus ergab sich eine fruchtbare Zusammenarbeit mit weiteren seriös arbeitenden Ausbildungsstätten in ganz Deutschland, so auch mit der Staatlichen Zucht- und Abrichteanstalt Grünheide bei Berlin.
Nur auf dieser breiten Basis war es dann möglich, daß sich der Verein auch der Ausbildung der Kriegsblindenhunde mit Erfolg anzunehmen vermochte. Es konnten die organisierten Züchter und die fachlich geschulten Ausbilder herangezogen werden. Man baute auf Erfahrungen auf, die über zwanzig Jahre zurückreichten. Und so ist es denn auch nicht verwunderlich, daß die damals in wenigen Monaten erstellte Ausbildungsordnung in ihren Grundzügen schon das zum Inhalt hatte, was wir heute noch als wesentlich erachten.
Im Jahresbericht 1915/17 des Vereins finden sich zwei Beiträge, die dies belegen. Einmal der Artikel «Der Kriegsblindenhund, seine Dressur und praktische Erfahrungen» vom Leiter der Meldestelle Münster, Staatsanwalt D'heil. Die Aufgabe des Führhundes und seine Beziehung zum blinden Menschen wird darin wie folgt beschrieben:
«Der Blindenhund soll einen doppelten Zweck erfüllen: einen

ethisch-psychischen und einen praktischen. Er soll einmal stets und ständig um den Blinden sein, ihm das Gefühl des Alleinseins nehmen und in jeder Beziehung sein guter Kamerad werden. Es ist interessant zu beobachten, wie der Hund gar bald beruhigend und aufheiternd auf den Blinden einwirkt. Es dauert nicht lange, und der Blinde will sich unter keinen Umständen mehr von dem Hund trennen. Er hält seinen Hund für den schönsten und besten, und empfindet jeden Tadel, der ihm zuteil wird, geradezu als eine persönliche Kränkung. Das Gefühl des Verlassenseins schwindet bei dem Blinden, hat er doch ständig ein Wesen um sich, mit dem er sich unterhalten kann und das recht bald jeden seiner Wünsche versteht. So wirkt der Hund, wie ich zu beobachten reichlich Gelegenheit hatte, auf die Psyche des Kriegsblinden im günstigsten Sinne ein.

Andererseits soll der Hund dem Kriegsblinden prakische Dienste leisten. Er soll ihn auf der Straße leiten und führen, ihn sicher vor allen Weghindernissen und Gefahren der Straße bewahren. Er soll ihn zur Arbeitsstelle und sonstigen ein für allemal feststehenden Orten und von hier wieder nach Hause bringen, verlorene Gegenstände seinem Herrn aufsuchen und endlich für diesen selbst einen persönlichen Schutz bilden.»

Aus demselben Artikel geht weiter hervor, daß nur größere Rassen (heute würden wir sie mittelgroß nennen) sich eigneten und daß die Ausbildung im Alter von ein bis eineinhalb Jahren beginnen sollte. Es wird empfohlen, dem Hund zur akustischen Orientierung seitens des Meisters eine kleine Glocke umzuhängen. Beim Geschirr und Führbügel hatte man allerdings eine von der heutigen Gepflogenheit stark abweichende Auffassung, was mit dem damals noch sehr schwachen Verkehr zusammenhängen mag. Der Hund ging nämlich vor dem Blinden, und nicht seitlich von ihm, wie dies heute überall üblich ist. Das erforderte einen sehr langen Führbügel. Aber die Ausbildung setzte sich schon damals aus den gleichen Grundelementen wie heute zusammen, nämlich:

1. Aus der allgemeinen Dressur, worunter man die Gehorsamsübungen und das Apportieren fallengelassener Gegenstände verstand und wozu auch das Gehen mit dem straff angespannten Bügel vor dem Blinden gehörte.
2. Aus dem Verweisen (Anzeigen) von Weghindernissen aller Art, das auf einer eigens dazu eingerichteten Anlage geübt wurde und im Sich-Setzen des Hundes bestand. Erst nach guter

Leistung im «Hindernisgarten» (siehe Abb. S. 40) setzte man die Ausbildung im Stadtverkehr fort.
3. Aus dem Einarbeiten des ausgebildeten Hundes mit dem Blinden. Damit wurde nach einer angemessenen Gewöhnungsphase wieder in der künstlichen Anlage begonnen, bis zum Üben im Stadtverkehr übergegangen werden konnte.
4. Aus der sogenannten Heimatdressur durch den Blinden selbst, worunter all das zu verstehen ist, was der Führhundehalter fortwährend an Kontrolle und Korrekturen zu leisten hat, soll sich mit der Zeit eine beachtliche und sichere Gesamtleistung ergeben.

In diesem Konzept fehlt auch nicht das Mitführen eines Taststockes zum Erkennen der Hindernisse, die vom Hund angezeigt werden. Vom Ausbilder wird verlangt, daß der blinde Mensch besonders rücksichtsvoll zu behandeln sei, wobei jedoch unbedingt ein intensives Mitmachen bei der Ausbildung gefordert werden müsse. Die Schule wird zudem angewiesen, dem Blinden ein Schreiben mit nach Hause zu geben, worin die zuständigen Behörden gebeten werden, ihm die Hundesteuer zu erlassen und ihm zu erlauben, das Hundefutter im örtlichen Schlachthof zu beziehen. Das war natürlich in Kriegszeiten besonders wichtig. Aus alledem wird deutlich, daß bei diesen ersten schulmäßigen Ausbildungsvorgängen überaus tüchtige Fachkräfte und weitblickende Pioniere am Werke waren.

Der zweite Artikel über das Führhundwesen im erwähnten Jahresbericht enthält weitere interessante Hinweise auf den hohen Stand der Ausbildung. Es ist zudem von Dingen die Rede, die erkennen lassen, daß sich die Situation des Blinden mit seinem Führhund in der Öffentlichkeit in vielem gleichgeblieben war. Unter dem Titel «Meine Erfahrungen mit einem Blindenhund» schreibt der zu Kriegsbeginn erblindete ehemalige Hauptmann von Knispel: «Das schwerere Schicksal des Späterblindeten gegenüber dem Blindgeborenen ist, daß er etwas verloren hat, was er besaß. Er ist besonders anfänglich unselbständig wie ein kleines Kind. Erst allmählich fängt er an, in manchen Dingen wieder etwas selbständig zu werden. Jede dieser kleinen Errungenschaften, wie der erste Ausgang ohne Begleitung, das Erreichen eines Zielpunktes ohne Führung, wird den Späterblindeten mit neuer Hoffnung und einer gewissen beruhigenden Genugtuung erfüllen.» Als wichtigen Grundsatz der Ausbildung hält er fest: «Man verlange vom Blinden nicht

zuwenig und vom Hunde nicht zuviel.» Zur Hilfeleistung Sehender meint er: «Eine allzuhilfreiche, ich möchte manchmal sagen aufdringliche, oft für die Augen Dritter bestimmte Unterstützung ist dem Blinden nicht angenehm. Es führt ihn immer wieder zur Erkenntnis seiner Unselbständigkeit. Je geräuschloser, unauffälliger, taktvoller eine Hilfeleistung ist, desto angenehmer wirkt sie.»
Man fühlt, daß der Autor hier aus eigener bitterer Erfahrung spricht, und zwar über ein Verhalten sehender Personen, das heute noch jeder Blinde ab und zu in belastender Weise erlebt. Er führt weiter aus: «Dem Hunde gegenüber fällt das Gefühl der Unselbständigkeit fort. Hier bleibt der Blinde der bestimmende Partner im Führgespann, der sich freut, wenn er mit seinem Begleiter etwas ohne Inanspruchnahme anderer Personen ausgeführt hat.»
Knispel, der sich selbst vom Hund an der Leine ohne Bügel führen ließ, da er offenbar noch über einen Sehrest verfügte, erwähnt nun doch schon das Modell des kürzeren Bügels und des an der linken Seite des Blinden einhergehenden Hundes. Er hält diese Art der Fortbewegung für völlig Erblindete als die einzige richtige, dies ganz besonders im Stadtverkehr. Originell ist seine Empfehlung, den Hund zum Bellen auf Befehl abzurichten, damit man ihn besser finde, wenn man ihn irgendwo anzubinden gezwungen sei oder wenn man sich bei Bekannten bemerkbar machen möchte, die man in der Nähe vermute. Er regte überdies dazu an, auf Behörden und Private Einfluß zu nehmen, um die Zulassung der Führhunde in Amtsgebäuden, auf öffentlichen Plätzen und Anlagen sowie in Verkehrsmitteln zu erwirken. Diese Forderung ist auch heute noch nicht überall durchgedrungen, obschon man im allgemeinen auf mehr Verständnis stößt. Zur Zeit der ersten Anfänge aber gab es viele Widerstände zu überwinden, und die Pioniere vermochten sich nicht immer durchzusetzen. Dennoch erreichten sie, daß man dem Führhundewesen vermehrt Anerkennung entgegenbrachte. Daß dies geschah, bezeugt das Denkmal des Führhundes, das 1929 im Berliner Zoo enthüllt wurde. Es stellt auf hohem Sockel eine aufmerksam dastehende Deutsche Schäferhündin im Führgeschirr mit dem Zeichen des Roten Kreuzes dar.
Der ersten Ausbildungsstätte von Oldenburg folgten 1924 die Schulen von Breslau und Potsdam, die ebenfalls vom Deutschen Verein für Sanitätshunde betrieben wurden und vornehmlich

Kriegsblinde mit Hunden versahen. Aber auch die im Zivilleben Erblindeten konnten nun in Berlin-Schildow von der Schule des «Deutschen Blindenbundes für Führhunde» einen Hund beziehen, ebenso beim «Ersten Württembergischen Führhundbund» im Bereich Schwaben.
Der Blindenbund für Führhunde (DBF) mit Sitz in Berlin trug mit seiner Gründung einen erfreulichen Gedanken der Selbsthilfe neu ins Führhundewesen. Nicht nur sollten Hunde ausgebildet und abgegeben werden; sie sollten auch im Hinblick auf ihre Führleistung überwacht werden. Damit wollte man jenen Fällen entgegentreten, wo infolge der Bequemlichkeit des Besitzers die aufwendig ausgebildeten Führhunde schließlich zu gewöhnlichen Gesellschaftshunden degradiert wurden. Das gibt es übrigens heute noch. Die Mitglieder des DBF verpflichteten sich, jährlich eine Prüfung mit ihrem Führhund abzulegen. Wer diese nicht bestand, wurde nachgeschult. Der DBF informierte monatlich im Organ «Der Blindenhund» über das Vereinsgeschehen sowie über Probleme und Neuerungen im Führhundewesen − eine wahrhaft fortschrittliche Einrichtung.
Die Ausbildungsmethode basierte damals ganz allgemein auf der Pionierarbeit, die der Deutsche Verein für Sanitätshunde geleistet hatte. Sie war empirisch entstanden, und zwar aufgrund des Wissens und Könnens vieler Kynologen jener Zeit im Bereich der Ausbildung von Sanitäts- und Polizeihunden. Die Vereinsführung bestrebte sich, die Ausbildungserfahrungen zu erheben, auszuwerten und in steter Entwicklung der Methodik verbessert anzuwenden. Neue Impulse bedurften nun offenbar einer theoretischen Durchleuchtung auf wissenschaftlicher Grundlage. Diese erfolgte im Zusammenhang mit der Gründung einer Institution, die das Blindenführhundewesen nachhaltig beeinflussen sollte.

Das Institut für Umweltforschung in Hamburg

Im Jahre 1925 gründete Professor Dr. Jakob von Uexküll dieses Institut, das in die medizinische Fakultät der Universität Hamburg integriert war. Neben einem Aquarium und Arbeitsplätzen zur Untersuchung des Verhaltens verschiedenster Tiere enthielt es

1

auch eine Abteilung für Hundeforschung, die vom Reichsarbeitsministerium unterstützt wurde. Es handelte sich also nicht um Umweltforschung im heutigen Sinne, sondern um eine verhaltensbiologische Forschungsstätte.

Es war das Anliegen von Uexkülls, der allgemein üblichen Betrachtensweise des Verhaltens des Hundes entgegenzutreten. Er zeigte in seiner Schrift «Die Umwelt des Hundes» (Zeitschrift für Hundeforschung, Berlin 1932), wie dilettantisch es ist und für das Zusammenwirken von Mensch und Hund abträglich, wenn wir vermenschlichend annehmen, der Hund erlebe die Umwelt in derselben Weise wie wir. Daher machte er deutlich, wie wichtig es sei, daß sich der Mensch bei der Ausbildung des Hundes zuerst darum bemühe, herauszufinden, was der Hund aufzufassen in der Lage sei und was nicht. Erst danach werde es gelingen, methodisch so vorzugehen, daß der Hund weder überfordert noch blockiert werde, vielmehr merke, was man von ihm verlange, und freudig mitmache. Über die Ausbildung des Führhundes schreibt er:

«Die Hauptaufgabe des Führhundes besteht darin, dem Blinden den rechten Weg zu weisen. Es gibt zwei Arten von Hindernissen, die er zu vermeiden hat. Bei den ersten hat er einfach einen Umweg zu machen, dem der Blinde folgt; bei den anderen muß er sich hinsetzen und abwarten, bis der Herr mit dem tastenden Stock sich über die Art des Hindernisses vergewissert hat. In beiden Fällen muß der Hund dauernd auf Hindernisse achten, die für ihn keine sind. Einen Briefkasten und ein geöffnetes Fenster im Erdgeschoß eines Hauses, unter denen er ohne Hemmungen weiterlaufen würde, muß er mit einem Bogen umgehen. Vor dem Verlassen des Bürgersteiges muß der Hund sich hinsetzen, um den Herrn auf den Kantstein aufmerksam zu machen. Das Gleiche muß er vor jeder Treppe tun. Das sind alles Dinge, die erst durch Dressur zum eigentlichen Hindernis werden, das der normale Hund nicht kennt. Die Aufgabe der Dressur von Führhunden besteht somit darin, ganz bewußt die Umwelt des Hundes mit neuen Dingen zu erfüllen, deren Vorhandensein nicht im Interessenkreis des Hundes, sondern in dem seines Herrn gelegen sind.»

Er verweist am Ende der erwähnten Schrift auf die Vorarbeiten seines Assistenten Dr. Emanuel Georg Sarris, um Führhunde auf wissenschaftlicher Basis auszubilden. In Zusammenarbeit mit Sarris hat von Uexküll dann auch eine neue Methode entwickelt und den «künstlichen Menschen» zur Anfangsdressur eingeführt.

Schon der erste von Professor Uexküll konstruierte «künstliche Mensch» erlaubte das Einüben der Anzeige von Höhenhindernissen und das Anhalten nach Randsteinen, an denen der Wagen hängen blieb. Damals folgte der Blinde dem Führhund am langen Bügel.

Bevor wir auf die damals bahnbrechende Erfindung näher eingehen, sei hier erläutert, wie sehr Sarris auch das menschliche Verhalten in seine Untersuchungen einbezog. Für ihn waren der Führhund und der Blinde genau das, was sie für uns heute noch sind, nämlich ein Team, dessen Arbeitsleistung von beiden Partnern in gleicher Weise abhängt. Sarris beschäftigte sich nun wohl als erster Forscher mit der psychologischen Situation des Blinden in bezug auf seinen Führhund. Dazu begab er sich im März 1933 für vierzehn Tage in die Schule von Potsdam, wo er mit zehn Späterblindeten in Kontakt stand und diese während der Ausbildung beobachtete, mit ihnen aber auch eingehende Gespräche führte. Der Eindruck, den er vor allem bei den Führarbeiten gewann, war niederschmetternd. Die Hunde waren schlecht ausgebildet und brachten ihre Meister oftmals in Gefahr. Dennoch stellte Sarris zu seiner Überraschung fest, daß die betreffenden Blinden – von wenigen Ausnahmen abgesehen – höchst zufrieden, ja begeistert von der Leistung ihrer Hunde waren. Wir lassen hier zwei Protokolle folgen, welche Sarris damals erstellte.

«Am 17. 3. 33, dem letzten Tag der Einübung des Blinden S. mit seinem Führhund. Am nächsten Tag reiste er in seine Heimat zurück. Von den 31 Kanten der Bürgersteige, welche der Hund durch Stehenbleiben angeben mußte, hat er nur 13 angezeigt. Bei den anderen blieb er 1 – 2 m davor stehen, oder er hat die Kante gar nicht berücksichtigt. Am gleichen Tag führte der Hund den Blinden direkt vor die Straßenbahn. Der Wagenführer mußte bremsen und der Ausbilder eingreifen, um ein Unglück zu verhindern. Einige Minuten später, am Schluß des Spazierganges, mußte ich mit Erstaunen von dem Blinden hören, daß er überzeugt sei, daß der Hund sehr gut führe und daß er keine weitere Einübung mit ihm brauche.

Am 28. 3. 33, dem vorletzten Tag vor der Heimreise des Blinden B., führte der Hund seinen Herrn statt zum Trottoir zur Fahrstraße. Ein Schutzmann bringt den Blinden in Sicherheit. Auf dem Hof des Neuen Palais führt der Hund den Blinden zweimal in die dem Ausgang entgegengesetzte Richtung. Der Blinde mußte stehenbleiben, denn er konnte den Weg nicht mehr finden. Der gleiche Hund führte den Blinden danach auf einen schmalen Weg, der am Flusse endete. Endlich hätte das konfuse Führen des Hundes denselben Blinden im Gesicht verletzen können, wenn nicht das rechtzeitige Eingreifen ihn vor dem Hineinlaufen in eine Abschrankung bewahrt hätte. Am Schluß des Spazierganges äußerte der Blinde trotz allem seine Zufriedenheit über die Führfähigkeit seines Hundes. Aber dies konnte mich nicht mehr in Erstaunen versetzen.»

Diese in so auffallender Weise unobjektive Beurteilung der Leistung des Hundes durch den Blinden führte Sarris auf verschiedene Gründe zurück:

1. Der Blinde erfaßt ja die Situation, worin der Hund versagt, nicht in ihrer Gesamtheit und vermag deshalb das Gravierende des gemachten Fehlers nicht zu erkennen.
2. Der Blinde nimmt aufgrund seiner früheren «Geh-Erfahrungen» ein Anstoßen – selbst wenn es mit Schmerzen verbunden ist – als etwas Selbstverständliches hin, das ja zu seinem Alltag gehört.
3. Der blinde Führhundschüler setzt große Hoffnungen in den künftigen Begleiter und will ihn unter keinen Umständen mehr hergeben. Er fühlt sich dazu gedrängt, an den Führhund zu glauben. Dies dann um so mehr und vorbehaltloser, wenn sich zwischen ihm und dem Hund ein inniges Verhältnis angebahnt hat, was ja in der Regel der Fall ist.

Wir möchten aber das, was Sarris in Potsdam erlebte und was ihn nicht nur verblüffte, sondern auch erschreckte, noch in einen anderen Zusammenhang stellen. Waren zu Anfang in den Kriegsjahren die Verkehrsverhältnisse noch so, daß man sich nicht scheute, völlig Gehörlose und stark Gehbehinderte (Beinprothesen) mit einem Führhund zu versehen, die dem Hund an der Leine oder am langen Bügel folgten, sah es in Städten und Dörfern um 1930 schon bedeutend anders und für das Führgespann komplizierter und gefährlicher aus. Mit diesen erhöhten Anforderungen hatten jedoch die Ausbilder zumindest in der Schule von Potsdam, die als einzige der Kriegsblindenschulen damals noch existierte, nicht Schritt gehalten. Hier klaffte eine Lücke, und es war der Sache förderlich, daß Sarris dies nun wußte. Er erklärte 1933, daß der Blinde selbst, trotz der Lebenswichtigkeit, die für ihn die Ausbildung des Führhundes darstelle, bisher viel zu wenig beteiligt «an der gemeinsamen Arbeit der wahren und nicht an der sogenannten Ausbildung von Führhunden» gewesen sei. Damit stellte er sich – ob wissentlich oder nicht – hinter die Bemühungen des Blindenbundes für Führhunde DFB von Berlin. Und er beschloß, einerseits durch Information, andererseits durch die Weiterentwicklung der Ausbildungsmethodik in Zusammenarbeit mit seinem Chef am Institut für Umweltforschung Hamburg, Professor Uexküll, eine Verbesserung anzustreben. So entstand seine Arbeit «Der Blinde über seinen Führhund» (Zeitschrift für Hundeforschung, Berlin 1933). Er berichtete darin nicht nur über seine «Potsdamer-Erlebnisse», sondern bearbeitete vor allem Unterlagen, die durch ein Preisausschreiben entstanden waren.

Der schwedische Schriftsteller und Nervenarzt Axel Munthe (1857 – 1949), Autor des Bestsellers «Das Buch von San Michele», hatte nämlich für die besten Aufsätze über die Erlebnisse von Kriegsblinden mit ihrem Führhund einen Preis ausgesetzt. Damals gab es an die 1 500 mit Hunden ausgerüstete Kriegsblinde im deutschen Sprachraum, doch gingen nur 15 Arbeiten zur Beurteilung ein. Und diese untersuchte nun Sarris in seiner Schrift. Dabei ge...

2. Der Blinde über die Fähigkeiten des Führhundes

«Fast alle Preisteilnehmer berichten von Fällen, aus denen zu entnehmen ist, daß der Hund fähig ist, mit einer Lautfolge (Wort, Hörzeichen) einen bestimmten Gegenstand oder ein Objekt zu assoziieren und beim Anhören dieses Hörzeichens nach dem betreffenden bestimmten Gegenstand oder Objekt zu suchen.»
Dazu zitiert Sarris folgendes: «Dina hat gelernt, mich zur Post, zum Rathaus und zum Gasthaus auf Befehl sicher zu führen, was ihre Vorgängerin nicht begriff. Ich nehme die Hündin ins Geschirr und sage ‹Post›, und dann bringt mich Dina sicher hin, ohne daß ich auf den Weg achten muß.»
«Wenn jemand von meiner Familie, sei es die Frau, Vater oder Kind, mitgeht, so genügt nur die Benennung der Person, welche mitgeht. Die Hündin läuft sofort zu ihr und bellt sie an.»
Das Erkennen von Personen auf der Straße ist mit dieser Briefstelle erläutert: «Rolf wie auch Senta haben meine Bekannten immer auf der Straße erkannt, und ich bemerkte es sofort am stärkeren und eifrigeren Ziehen, bis sie dann vor dem Bekannten stehenblieb, auch wenn mich der Bekannte versuchsweise nicht anredete.»
«Die Erfahrungen, welche die Blinden über das Orientierungsvermögen ihrer Hunde gemacht haben, sind von großem Interesse, bedürfen aber noch einer systematischeren Untersuchung», meint Sarris, und er führt die nachstehende Aussage eines als Hausierer tätigen Führhundehalters an.
«Nach etwa einem Jahr hatte ich ihn so weit, daß er sämtliche Wege und Stege in der gesamten Umgebung kannte, so gut wie ich selbst. Komme ich in ein Dorf, so zeigt mir mein Hund durch Stehenbleiben am ersten Hoftor dasselbe an, marschiert nach meinem Öffnen quer über den Hofplatz zur Haustür, über den Flur zur Stuben- oder Küchentür, hinter der er Menschen vermutet. Daß er eine Tür nimmt, die vielleicht zur guten Stube oder in den Keller führt, passiert ihm nicht. Immer scheint er mir genau zu wissen, welcher Raum bewohnt ist, auch wenn in dem Augenblick unseres Kommens im Haus niemand anwesend ist. Ist niemand zu Hause, geht er auf mein Kommando (Such!) zu den Türen der Stallgebäude und Scheunen.»
Zur Gedächtnisleistung wird angeführt: «Bestimmte Wege, die ich öfter zu gehen habe, weiß mein Hund genau. Wenn ich ein- oder

zweimal einen Weg gemacht habe, kann ich mich auf ihn verlassen.»
Zur Orientierung in Gebäulichkeiten: «Mein Hund findet sich in größeren Häusern, wo er bekannt ist (Reichsarbeitsministerium, meine Arbeitsstätte), ganz gut zurecht. Trotz der vielen Türen findet er immer mein Büro. Auch andere Türen und Wege, die ich gehen muß, findet er sicher. Er hat eine fabelhafte Kenntnis für einmal gegangene Wege.»
Am Schluß seiner Arbeit weist Sarris darauf hin, daß es von großem Wert für die Entwicklung der Ausbildungsweise wäre, die Führhundehalter zum Melden von Vorkommnissen zu veranlassen, die ihnen im positiven oder negativen Sinne mit dem Hund widerfahren. Diese Meldungen sollten aber sogleich nach dem Erlebnis aufgezeichnet werden. Es geht ihm also um die engere Zusammenarbeit zwischen der Schule und ihren ehemaligen Schülern, um deren Erfahrungen festhalten und auswerten zu können – ein Gedanke, der auch heute noch vermehrt zu beachten wäre.

Die Ausbildungsmethode Uexküll-Sarris

Es ist das Verdienst von Professor von Uexküll und seinem Assistenten Dr. Sarris, sich mit wissenschaftlicher Akribie des Führhundewesens angenommen zu haben. Daß dabei die Methode mit dem «künstlichen Menschen» erfunden wurde, war vielleicht weniger entscheidend als der Umstand, daß dank der genannten Forscher überhaupt vom Institut für Umweltforschung neue Impulse ausgingen. Es wurden neue Maßstäbe gesetzt, indem die Anforderungen sowohl an die Leistung des Hundes als auch an diejenige der Ausbilder und der nachmaligen Führhundehalter angehoben wurden, und dies auch in Anpassung an die veränderten Verkehrsverhältnisse. Das war möglich, weil eine Methode erarbeitet wurde, die dem Wesen und Verhalten des Hundes in hohem Maße entsprach.
Wir haben es Dr. Heinz Brüll zu verdanken, daß wir heute über eine Dokumentation des Wirkens von Uexküll und seines Mitarbeiters Dr. Sarris verfügen. Sie erschien 1951 als erster Nachkriegsband der Zeitschrift für Hundeforschung in Frankfurt am Main unter dem Titel «Der Blindenführhund – ein Leitfaden für seine Abrichtung und Zuteilung an Späterblindete». Im Vorwort

schreibt Dr. Brüll: «Als Schüler Prof. Dr. Jakob von Uexkülls am Institut für Umweltforschung der Universität Hamburg hatte ich das Glück, über Dr. Sarris Einblick in seine grundlegenden Versuche zu bekommen, die zur Entwicklung der Abrichtemethode für den Blindenführhund mit dem ‹künstlichen Menschen› führten. Auch durfte ich über mehrere Jahre Zeuge der Abrichtung der ersten Führhunde nach der Methode Uexküll-Sarris sein. Während des zweiten Weltkrieges wurde ich beauftragt, eine Blindenführhundeschule aufzubauen. In dieser Schule, der Blindenführhundstaffel Biesenthal/Mark, wurden 385 Kriegsblinde mit Führhunden eingearbeitet und die Güte der Methode von diesen Erblindeten immer wieder bestätigt. Sehr bald entwickelten sich aus der Schule Biesenthal zwei weitere Schulen, die Staffeln Melchow/Mark und Dietrichstein/Wien. Mit den Leitern dieser Schulen, die in Biesenthal mit der Theorie und Praxis der Methode vertraut gemacht worden waren, blieb ich in einem ständigen und fruchtbaren Gedankenaustausch. Die drei Schulen versorgten insgesamt annähernd 900 Kriegsblinde mit Führhunden.»

Das Grundproblem stellt Dr. Brüll in der Einleitung seiner Schrift wie folgt dar: «Die Tatsache der Möglichkeit, Hunde zu Führern Erblindeter abzurichten, führt uns an die Grundphänomene hundlichen Verhaltens schlechthin. Wir müssen nach allem bisher Erkannten dem Hunde entsprechend der weiten biologischen Potenz seiner Urform – Aufspaltung in eine große Zahl von Hunderassen – auch eine weitgehende Plastizität seines Verhaltens zusprechen. Diese hat besonders Sarris in seinen Untersuchungen über die Verknüpfung bestimmter, von Menschen geäußerter Lautmerkmale mit besonderen Verhaltensweisen eindeutig bewiesen. Nutzen wir bei der Abrichtung und Verwendung des Hundes als Hütehund, Jagdhund und Gebrauchshund seine natürlichen Verhaltensweisen in erster Linie gegenüber der Beute, darüber hinaus in ihrer Ausrichtung auf den Artgenossen aus, so werden bei der Abrichtung zum Blindenführhund diese, seine ursprünglichen Verhaltensweisen gegenüber ihm biologisch bedeutsamen Dingen wesentlich unterdrückt.

Als Führhund wird der Hund tiefgreifend in seiner Bewegungsfreiheit eingeschränkt (er muß mit dem ihm gegenüber ungleich langsameren Menschen Schritt halten), eine duftende Fährte darf er nicht verfolgen, Katzen und andere Haustiere darf er nicht beachten, für die Losungs- und Urinstellen anderer Hunde darf er

sich nicht interessieren, solange er im Führgeschirr lediglich Führhundaufgaben lösen soll. Dagegen ist es für ihn als Führhund notwendig, alle diejenigen Hindernisse zu beachten, die für ihn normalerweise keinerlei Bedeutung haben, dagegen für den erblindeten Menschen von um so größerer Bedeutung sind.»
Wir können hier nicht auf die überaus interessanten Ausführungen von Dr. Heinz Brüll über die biologischen Grundlagen der Abrichtung des Hundes näher eingehen, möchten aber doch einige Schlüsselstellen herausgreifen. In Anlehnung an Konrad Most schreibt Brüll: «Mangels eines Artgenossen, mit dem er ein Meuteverhältnis eingehen könnte, überträgt der mit der Tendenz zum sozialen Anschluß geladene Hund eben seinen Anschlußtrieb auf einen Menschen, mit dem er nun seinerseits ein Meuteverhältnis eingeht. Diese Tatsache ist als eigentliche biologische Grundlage für die Möglichkeit zu werten, daß wir die hundlichen Leistungen für unsere besonderen Zwecke ausnutzen können.» Bei der Erläuterung der Unterordnungsübungen meint er: «In diesem Zusammenhang ist zu beachten, daß wir Menschen zweifellos jedes Hörzeichen mit einer bestimmten Geste begleiten, die uns nicht bewußt zu werden braucht, die aber für den Hund als trefflichen Beobachter fraglos eine biologische Bedeutung als Sichtzeichen bekommt.»
Brüll verweist dann für die Durchführung der Unterordnungsübungen auf den Leitfaden von Most und Böttger und erklärt: «Eine derartige Abrichtung muß auch der Ausbildung des Hundes zum Blindenführhund vorangehen. Sie befestigt das Verhältnis des Hundes zum Menschen, welches grundsätzlich ein Meuteverhältnis ist, in dem der Mensch die Rolle des Leithundes spielt. Und da auch der Führhund zum Erblindeten grundsätzlich in einem Meuteverhältnis steht, in dem der Erblindete die Rolle des Leithundes zu spielen hat, müssen auch für den Führhund Unterordnungsübungen gefordert werden. Sie dienen einmal dazu, das Verhältnis Mensch – Hund von Anfang an klarzustellen, zum anderen, dem Blinden das ständige Zusammenleben mit dem Führhund außerhalb der Führarbeit zu erleichtern.»
Im Abschnitt «Haltung, Pflege und Fütterung des Blindenführhundes» hält Brüll fest: «Regelmäßige Einhaltung der Futterzeiten und regelmäßiger Auslauf sind die Voraussetzungen für die Stubenreinheit des Hundes.» Diesen Grundsatz möchte man auch manchem privaten Hundehalter in Erinnerung rufen.

Der Führhundwagen mit dem künstlichen Menschen

Das erste solche Gerät, das von Professor Uexküll entwickelt wurde, bestand in einem kleinen Wagen, dem der Hund vorgespannt wurde. Mit dem dazu notwendigen Zuggeschirr wurde der Hund an das spätere Führgeschirr gewöhnt. Das Gerät war vorerst noch auf die Technik mit langem Führbügel ausgerichtet, wobei der Blinde hinter dem Hund geht. Auf dem Wägelchen war ein Holzrahmen befestigt, der die Ausmaße eines Menschen aufwies. Dieser Rahmen stieß nun überall dort an, wo der Hund Hindernisse nicht beachtete, die höher als er selbst waren und an denen sich der ihm folgende Blinde später stoßen würde. Der Anprall überraschte den Hund, und er gewöhnte sich daran, derartige Höhenhindernisse zu umgehen. Wurde bei einem Durchgang eine bewegliche Latte aufgelegt, fiel diese beim Anstoß herunter, was auf den Hund noch eindrücklicher wirkte. Zog der Hund den Wagen auf einen Bürgersteig, blieb er mit den Rädern am Randstein hängen, was dazu führte, daß der Hund nach dem Betreten des Bürgersteigs zu verharren begann. Der Blinde stand dann später noch *vor* dem Randstein und vermochte das Hindernis mit dem Stock abzutasten und zu erkennen (siehe Abb. Seite 30).
Als sich dann endgültig die Technik mit dem kurzen Führbügel durchsetzte, wobei der Hund links neben dem Blinden geht, genügte das Gerät den neuen Anforderungen nicht mehr. Dr. Brüll wandelte es dann so ab, wie es in der umstehenden Abbildung erscheint. Wegen der seitlichen Ausweitung des den menschlichen Umriß darstellenden Rahmens war der Hund gezwungen, beim Passieren von Hindernissen genügend Abstand zu halten, so daß später auch dem Blinden genügend Raum zum Passieren blieb. Das vorn herabgezogene Fahrgestell stieß gegen jede Bordkante, und so gewöhnte sich der Hund das Anzeigen solcher Hindernisse durch Stehenbleiben an. Da die vorderen Räder über die Kante eines Gehsteiges herunterrollten, bevor der Hund diesen verlassen konnte, blieb der Wagen an einem hierzu angebrachten Dorn hängen, und damit wurde dem Hund das Verharren vor solchen Absätzen beigebracht.
Der große Vorteil dieser Ausbildungsart war, daß der Ausbilder nicht einzugreifen hatte und daß der Hund mit großer Konsequenz im Wagengeschirr sich sozusagen selbst erzog. Natürlich durfte der Hund zu Anfang das Wägelchen auf ebener Unterlage solange

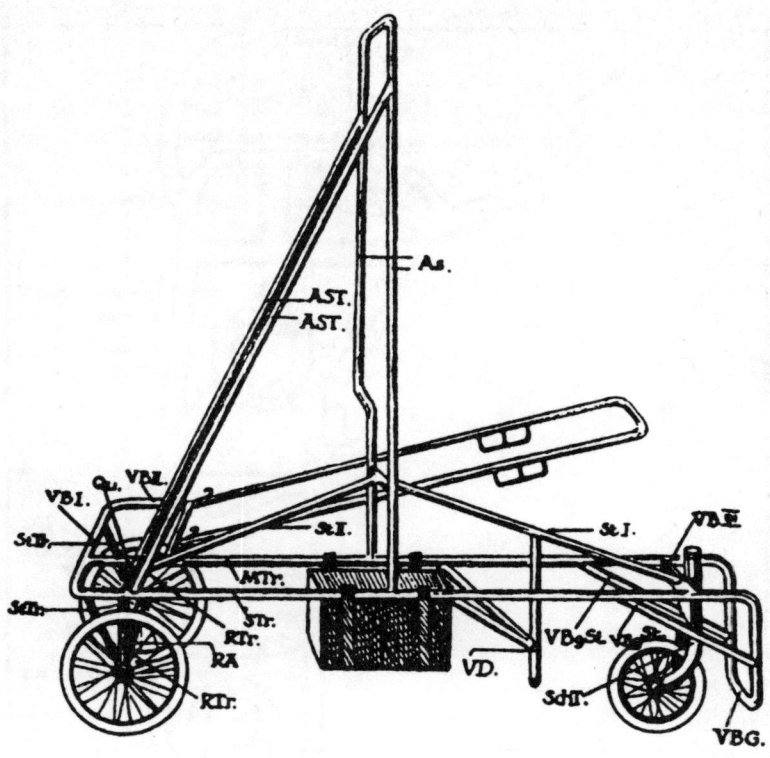

Der von Dr. Heinz Brüll am Institut für Umweltforschung in Hamburg weiterentwickelte Führhundwagen mit «künstlichem Menschen». Diese Konstruktion war auf den mit kurzem Führbügel seitlich vom Hund gehenden Blinden ausgerichtet.

ziehen, bis er sich völlig an das Gerät gewöhnt hatte und am ganzen Vorgang richtig Spaß empfand. Erst wenn der Hund den Wagen im Hindernisbereich sicher fortbewegte, wurde er ins Führgeschirr geschnallt und hatte nun mit dem Ausbilder am Bügel dieselben Hindernisse zu umgehen. Ein weiterer Vorteil schien den Erfindern darin zu bestehen, daß so die Anfangsausbildung, die manchem Ausbilder große Schwierigkeiten bereitete, sozusagen idiotensicher vor sich ging. Daß dies nicht immer der Fall war und daß unverständige Ausbilder auch mit diesem Gerät nicht zurechtkamen, hat später Walter Hantke beobachtet.

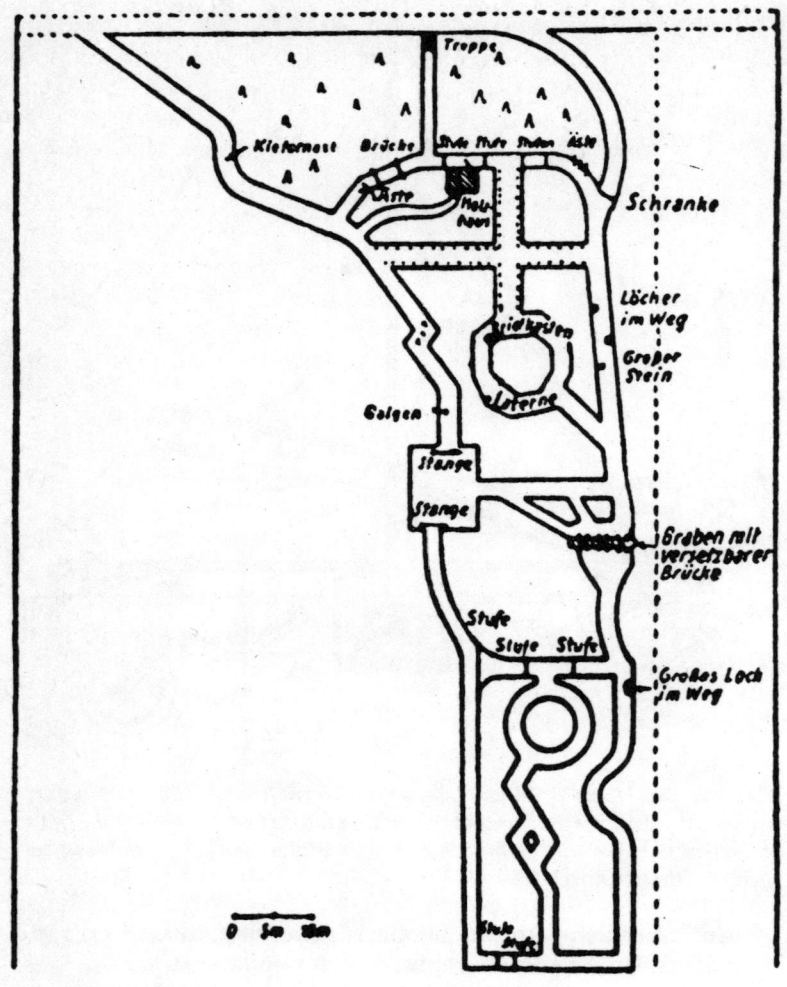

Hindernisgarten nach Dr. H. Brüll mit variablen Objekten. Hier wurde der Hund zuerst mit dem Führhundwagen ausgebildet, bevor er dann mit dem Ausbilder übte und schließlich mit dem Blinden ging.

Dennoch wurde durch den «künstlichen Menschen» die Ausbildung in stabilere Bahnen gelenkt als zuvor, und dies führte zu Anerkennung und zu erhöhtem Ausbildungserfolg. Brüll konnte 1933 feststellen, daß der Führhundwagen mit dem «künstlichen Menschen» System Brüll nach von Uexküll-Sarris bei den meisten und einschlägigsten Führhundschulen in Gebrauch war. Und wir wissen durch Pfaffenberger, daß er auch in den USA längere Zeit verwendet wurde.

Freilich war es nicht die Methode mit dem Führhundewagen allein, die den nachhaltigen Ausbildungserfolg mit sich brachte. Vielmehr wirkten sich die am Institut für Umweltforschung angestellten grundlegenden Untersuchungen über die Verhaltensbiologie des Hundes einerseits und über die Psychologie des erblindeten Menschen, insbesondere des Späterblindeten, andererseits sehr förderlich aus. Die von Uexküll, Sarris und Brüll erarbeiteten Kenntnisse sowie die daraus abgeleitete und verfeinerte Ausbildungsmethodik bilden heute noch die tragfähige Basis für die Ausbildung von Führhunden und ihrer Besitzer, während der «künstliche Mensch» schon lange nicht mehr Verwendung findet. Brüll beschreibt in seinem Leitfaden, wie sich das Institut bis in die kleinsten Details um eine sowohl der Wesensart des jeweiligen Hundes als auch dem psychologischen Gefüge des hinzukommenden Menschen angepaßte Ausbildungstechnik bemühte. Dazu gehört das Übungsgelände mit Hindernissen, die immer wieder verändert werden konnten. Damit ließen sich die folgenden Grundsätze in die Ausbildungsvorgänge einbringen:

«Immer wieder muß der Abrichter bestrebt sein, bei dem Hund die Tendenz zu fördern, von sich aus zu handeln.»

«Der Abrichter findet hier die Möglichkeit, die Fähigkeit des Hundes, auf seine Art eigene Entschlüsse zu fassen, geschickt zu fördern. Erreicht wird dies durch ständigen Wechsel der dort befindlichen Hindernisse.»

Über die human-psychologischen Probleme schreibt Brüll: «Nach der fertigen Grundabrichtung des Hundes stehen nun der Leiter einer Blindenführhundeschule und seine Mitarbeiter einem völlig neuen Problem gegenüber, das erfahrungsgemäß wesentlich schwieriger zu werten ist als die Abrichtung des Hundes. Die Lösung dieses Problems liegt in der zu erzielenden Übereinstimmung von Erblindetem und Hund hinsichtlich Temperament, Wesen und Charakter.»

Aufgrund seiner Erfahrungen bei der Einarbeitung von 385 Späterblindeten in der Schule von Biesenthal beschreibt Brüll in eindrücklicher Weise die Kategorien der Führhundeanwärter und der sich für diese eignenden Hunde. Er untermauert dies mit Beispielen und legt Briefauszüge vor, die über den späteren Erfolg oder Mißerfolg der jeweiligen Führgespanne Auskunft geben. Hier findet sich unerhört ergiebiges Material für jeden Ausbildungsvorgang zwischen Mensch und Hund. Ganz deutlich steht jedoch über allem der Leitgedanke: «Erblindete, die sich der Meinung hingeben, mit dem Führhund eine exakt arbeitende Maschine in die Hand zu bekommen, an die man sich nur anzuhängen braucht, um überall hinzugelangen, befinden sich in einem verhängnisvollen Irrtum. Nur ein aktives Mitgehen des Erblindeten kann hohe Führleistungen erzielen.» Es wird also viel vom Führhundeanwärter verlangt, aber er wird auch geschickt unter Berücksichtigung seiner Eigenart unterstützt.

Ein Anfang in der Schweiz mit Auswirkungen in den USA

Im Jahre 1928 wurde im schweizerischen Vevey am Genfersee erstmals ein Blindenhund trainiert und eingeführt. Es handelte sich dabei um die nachmals berühmte Deutsche Schäferhündin Buddy, deren Führer Morris Frank später das Blindenführhundewesen in den USA mitprägte. Organisiert wurde das Unternehmen von Vevey von der dort lebenden Amerikanerin Dorothy Harrison Eustis, einer engagierten Kynologin und Züchterin. Ihr Trainer war der Amerikaner Jack Humphry, den sie für einen Monat an die Schule von Potsdam zur Ausbildung geschickt hatte. Morris Frank, dessen Buddy aus der Zucht von Frau Eustis stammte, wurde sein erster Schüler. Als Frank mit seiner Buddy in die Vereinigten Staaten zurückgekehrt war, begann für die beiden ein sich über Jahre hinziehender Werbefeldzug für das amerikanische Blindenführhundewesen und für die Zulassung von Blindenhunden in öffentlichen Gebäuden und Anlagen, Hotels und Verkehrsmitteln. Aus diesen zum Teil recht dramatischen Kämpfen um An-

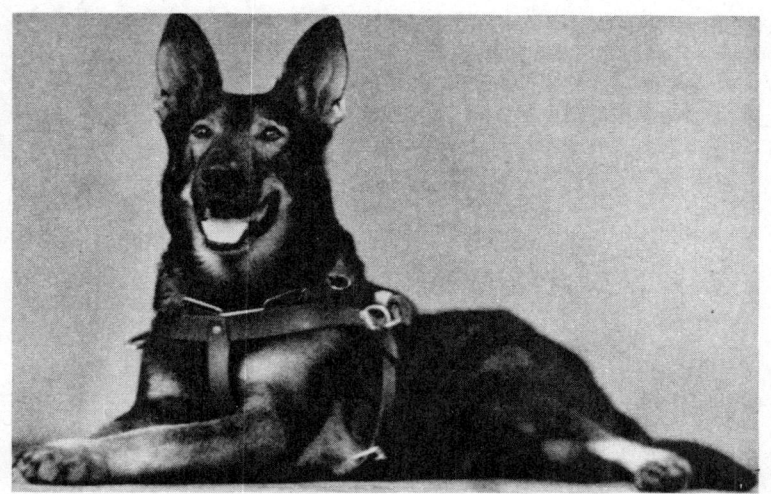

Buddy, die in der Schweiz ausgebildete erste Führhündin der USA (1928)

Anfangs April 1928 in Vevey: Eben ist Morris Frank aus Chicago zur Ausbildung eingetroffen. Neben ihm Dorothy Eustis, die Initiantin und Züchterin von Buddy, mit ihrem in Potsdam ausgebildeten amerikanischen Trainer Jack Humphry.

erkennung und Toleranz ergaben sich die Anfänge des sich dann rasch entwickelnden Blindenführhundewesens in Nordamerika und seiner Ausbildungsstätten. Daraus wiederum erfolgte erneut eine Zusammenarbeit mit der Wissenschaft, wie dies ja in Hamburg geschehen war, und das führte zu neuen Erkenntnissen und einer weiteren Entwicklung, die bis heute anhält.

Den Anstoß gab der Kynologe Clarence J. Pfaffenberger, Mitarbeiter der Schule «Guide Dogs for the Blind Inc.» in San Rafael bei San Francisco. Er erhielt am Anfang der fünfziger Jahre den Auftrag, die Möglichkeit zu prüfen, ob sich nicht ein Test schaffen ließe, der schon beim Welpen über die spätere Eignung zum Blindenführhund Auskunft gäbe. Damals konnte nur ein Teil der in Ausbildung begriffenen Hunde am Ende als Blindenführer verwendet werden. Die hohe Ausschußrate bedeutete eine Menge verlorener Arbeitszeit und war zu einem finanziellen Problem geworden. Auch die Einführung einer eigenen Zuchtstätte änderte vorerst nichts an dieser unerfreulichen Situation.

Nun weiß fast jeder Hundeführer von sich und anderen, daß man das Pech haben kann, mit einem Hund zu arbeiten, der nicht über einen gewissen Ausbildungsstand hinauszubringen ist. Wenn auch der Fehler oft beim Führer selbst und seinen Ausbildern liegen mag, ist dies doch nicht immer der Fall. Nicht selten haben wir es dann mit einem Hund zu tun, der im Welpenalter zu wenig Förderung erfuhr. Dazu gehören Tiere, die in ihren ersten Lebenswochen in einer Situation aufwuchsen, wo sie keine Kontakte mit Menschen und keine Begebenheiten erfuhren, die ihr späteres Umfeld beim Besitzer ausmachen. Das wußte Pfaffenberger damals noch nicht. Er nahm an – wie dies leider viele Züchter und kynologische Funktionäre heute noch tun –, daß mangelnde Ausbildungsfähigkeit ausschließlich erblich bedingt sei. Gerade zu dieser Zeit waren die Professoren J. P. Scott und J. L. Fuller in Bar Harbor, 5600 km von San Rafael entfernt, daran, sich mit der Beziehung zwischen den genetischen Grundlagen des Hundes und seinem späteren Sozialverhalten zu beschäftigen. Es war ein Glücksfall, daß es zwischen diesen Wissenschaftlern und der mehr aufs Praktische ausgerichteten Blindenführhundeschule dank den Bemühungen Pfaffenbergers zu einer höchst fruchtbaren Zusammenarbeit kam. In den großen Zuchtanlagen von San Rafael standen nicht nur viele Welpen zur Verfügung; sie boten außerdem den Vorteil, daß sie alle für dieselbe Aufgabe trainiert wurden und bis an ihr Lebensende unter Kontrolle standen. Während zehn Jahren wurde nun mit insgesamt 450 Tieren eine Testform entwickelt, die schließlich das frühe Erkennen der Eignung zum Führhund mit großer Wahrscheinlichkeit erlaubte. Gleichzeitig fanden damit die Erkenntnisse von Scott und Fuller eine deutliche Bestätigung. Sie hatten in zwanzig Jahren minutiöser Arbeit die Entwicklungsphasen des Welpen erforscht und bewiesen, wie sehr die Welpen in den ersten zwölf Lebenswochen durch ein gezieltes Vermitteln von Umwelterfahrungen und Sozialisierung gefördert werden, bei deren Ausfall jedoch in der Entwicklung ihres Verhaltens hoffnungslos in Rückstand geraten, wodurch sich ihre Ausbildungsfähigkeit herabmindert. Man sah also, daß auch der bestveranlagte Welpe ohne eine solche Förderung später zur Arbeit nicht taugte, daß hingegen auch mittelmäßig veranlagte Welpen dank dieser Förderung zu vorzüglichen Arbeitsleistungen befähigt wurden. Dies hat sich in San Rafael bestätigt, aber auch überall dort, wo diesen erforschten Gegebenheiten Rechnung getragen wird.

Es liegt auf der Hand, daß ganz besonders Blindenführhunde auf eine in dieser Beziehung fachgerechte Aufzucht in den ersten Lebenswochen angewiesen sind. Da die Schulen in Deutschland ihre Hunde erst im Alter von ein bis eineinhalb Jahren zur Ausbildung heranzogen und sie vor dem Einkauf in diesem Alter hinsichtlich ihrer Eignung prüften, war das Problem bisher gar nicht entstanden. Mit den Forschungsergebnissen von Scott und Fuller lassen sich nun aber jene Züchter auf die Wichtigkeit früher Förderung hinweisen, von denen eine Schule in der Regel Tiere bezieht. In San Rafael zog man die Konsequenzen, förderte die Welpen aus der eigenen Zucht fachgerecht, überließ sie dann für ein Jahr einer sogenannten Patenfamilie und nahm sie dann zur Ausbildung zurück. Dieses Vorgehen ist inzwischen auch von anderen Schulen eingeführt worden, auch von europäischen. Und so hat sich ein sehr wichtiger Impuls aus Nordamerika ergeben, wo einst das Blindenführhundewesen mit der in der Schweiz nach dem Modell von Potsdam ausgebildeten Schäferhündin Buddy seinen Anfang genommen hatte.

Walter Hantke, ein Pionier des Führhundewesens

Eine Einführung zum Ausbildungsbuch von Walter Rupp wäre unvollständig, würden darin nicht die Leistungen des Kynologen Hantke im Blindenführhundewesen gewürdigt. Mit 31 Jahren war er in Wien an der Heereshundeschule in verschiedenen Ausbildungssparten tätig. In der bekannten Heeres-Führhundeschule von Biesenthal wurde er dann 1942 zum Blindenführhunde-Trainer ausgebildet, dies natürlich nach der Methode von Professor von Uexküll. Bis zum Kriegsende arbeitete er anschließend an der Wiener Blindenhundeschule Dietrichstein, wobei er zusätzlich zum Sportlehrer für Sehgeschädigte promovierte.
Zu der damaligen Ausbildungsweise in Wien meint Hantke: «Zur Ausbildung wurde der verbesserte Führwagen nach Uexküll verwendet (System Brüll nach Uexküll-Sarris). Aber aus Unkenntnis der Ausbilder wurde die Handschulung, die der Ausbildung am Wagen folgte, nicht auf diese ausgerichtet. Es kam praktisch zu einer Neuausbildung statt zu einer konsequenten Fortsetzung der Ausbildung am Wagen unter Ausnützung der damit erreichten Verknüpfungen, wie dies von Professor von Uexküll gedacht war. Doch entsprach dies damals dem Zeitgeschehen: Man hatte sich daran gewöhnt, nur Befohlenes zu tun und das Denken andern zu überlassen. Im Jahre 1946 ersetzte ich den Führwagen dann durch ein von mir entwickeltes spezielles Ausbildungsgeschirr, das bei fachlich richtigem Verhalten des Ausbilders den Führwagen zu simulieren imstande war. Dies tat ich aufgrund meiner guten Erfahrungen mit dem Führhundewagen, bei dessen Anwendung ich vielfältige Erkenntnisse zur besseren Verständigung mit dem Hund gewonnen hatte. Die Konstruktion dieses Spezialgeschirrs bedeutete den Anfang meiner heutigen ‹Methode der hundegerechten Führhundeausbildung (H. D. G)».
1949 berief mich Hans Schmidt, der Gründer der Oftersheimer Schule, als Fachtrainer an seinen Betrieb. Hier erlaubte es der sieben Hektaren umfassende Hindernisgarten, meine Methode und damit auch die Führleistung der Hunde laufend zu verbessern. Im Jahre 1951 bildete ich in Oftersheim die bekannte Schweizer Kynologin Anna Auer zur Trainerin aus. Sie führte dann die von ihr

ausgebildeten Hunde in der Schweiz selber ein. Anna Auer ging 1954 in meinem Auftrag und in meiner Vertretung nach Jugoslawien, wo sie zwei Trainer auszubilden hatte, da ich selbst Oftersheim nicht so lange verlassen wollte. Frau Auer hat dann 1964 als Siebzigjährige ihr Wissen an Walter Rupp weitergegeben, der 1970 die vorbildliche Schweizer Führhundeschule in Zusammenarbeit mit seiner Frau gründete und nun dort seine Trainer selber ausbildete.

Ebenfalls 1964 erhielt ich vom Lions-Club Italien den Auftrag, dort Führhundeschulen aufzubauen und Trainer auszubilden, wozu ich mich für zehn Jahre zu verpflichten hatte. Leider mußte ich mich nach drei Jahren intensiver Tätigkeit zurückziehen, da ich schwer erkrankt war. Frau Auer, welche die Mailänderschule leitete, vertrat mich. Mein damals bester Schüler, Rocco di Rienzo, wurde Ausbildungsleiter in Mailand, wo heute zwölf Ausbilder arbeiten. Meine Krankheit zog sich über Jahre dahin (1967 bis 82), und so wurde ich zwangsläufig Frührentner. In dieser Lage entschloß ich mich, meine Ausbildungserfahrungen weiterzugeben. Der einzige hierfür in Frage kommende Mann war Walter Rupp. Ich übergab ihm meine Ausbildungsunterlagen und erweiterte in den folgenden Jahren unter fortwährendem Meinungsaustausch seine theoretischen und praktischen Kenntnisse.

Auf Anfrage des Vorstandes vom Förderverein ‹Modell Marburg›, einer geplanten neuen deutschen Schule, leitete ich dort zwei vierzehntägige Trainerkurse. Da jene Trainer aber noch für ein Jahr nach den USA und nach Australien zur Ausbildung entsandt werden sollten, hatte ich das Gefühl, man habe sich im Grunde nur über meine Methode informieren wollen. 1983 wurde ich erneut nach Marburg berufen, doch vier Wochen vor Beginn des geplanten Lehrganges gab der Förderverein die Schule endgültig auf. Immerhin blieben auf eigene Initiative zwei der ehemaligen Trainerinnen aktiv, die ich weiterhin fachlich unterstütze.»

Man sieht aus dieser Selbstdarstellung, wie schwierig der Aufbau und die Weiterführung einer Ausbildungsstätte für Blindenführhunde ist und welcher Kämpfe es bedarf, um sich auf die Dauer durchzusetzen. Walter Hantke hat trotz aller Widerstände unentwegt die Tradition der wissenschaftlich fundierten Ausbildungsweise, wie sie Professor von Uexküll begründete, hochgehalten und weiterentwickelt. Er hat sich um die Sache verdient gemacht und er verdient unsere Anerkennung. Hier sei noch angeführt, was er selbst in Kürze über seine «hundegerechte Methode» sagt: «Bis auf die leisen Kommandos ist mein Ausbildungsverhalten stumm. So können Hunde ungestört und zwanglos auf ihre naturgemäße Art und Weise, sei es an der Leine, sei es im Führgeschirr, ihre Erfahrungen machen. Der Trainer achtet darauf, daß Unerwünschtes nicht mitverknüpft werden kann. Für die Hunde ist alles nur ein ‹Spazierengehen›. Nichts wird eigentlich eingeübt, wiederholt oder drillmäßig beigebracht. Die fünf Hauptobjekte, nämlich die Höhen-, Boden-, Senkrecht- und Tiefenhindernisse sowie die beweglichen Hindernisse, werden separat gearbeitet und verknüpft. Erst wenn die Hindernisse zweifelsfrei beachtet werden, wird dieses nun einwandfreie Verhalten mit in die Führarbeit übernommen. So bleibt das Führen an sich stets angenehm für den Hund. Nichts wird dem Zufall überlassen, jeder Ausbildungsvorgang ist genau vorauszuplanen.»

Die Situation in der Schweiz

Wir haben im ersten Abschnitt unserer Einführung den Masseur und Verleger Conrad Helbling und seinen Hund Marco erwähnt und auf seine Bedeutung für das Blindenwesen in der Schweiz hingewiesen. Unter anderem regte er schon 1948 die Gründung einer Hörbücherei an, nachdem er sich aus den USA ein professionell taugliches Gerät zur Herstellung von Tonvorlagen hatte kommen lassen. Er warb auch stets für das Führhundewesen. Bei der Gründung des Schweizerischen Blindenbundes war er maßgeblich beteiligt, wie uns die Gründungsmitglieder Martine und Bernhard Pfister (der heutige Leiter der schweizerischen Blindenhörbücherei) erzählten. Es war ein Hauptanliegen des Blindenbundes, die Entwicklung des Führhundewesens zu fördern. Schon 1952 hatte übrigens Martine Pfister einen Führhund aus England erhalten. Inzwischen wurden die Hunde, insgesamt etwa acht bis zehn, durch Frau Auer geliefert und eingeführt. Später bezog man sie von der Schule Eder aus Bayern. Und als dann Walter Rupp die erste schweizerische Schule gründete, stellte sich der Blindenbund hinter dieses Unternehmen.
Damit sind wir beim Autor des vorliegenden Buches angelangt.

Integration

(von Rosmarie Segrada, Dübendorf/ZH)

Zum Thema Integration habe ich mich deshalb entschlossen, weil ich über meine Situation als blinde Mutter berichten möchte. Ich bin mit einem sehenden Mann verheiratet, und wir haben einen vierjährigen Sohn. Als ich Michael erwartete, machte ich mir so meine Gedanken: Wie werde ich mein Kind pflegen? Ein Säugling ist ja so zart und hilflos. — Wie kann ich feststellen, wenn er krank ist? Ein Baby kann ja nicht sprechen. — Wie komme ich sofort zum Kinderarzt, wenn es eilt und mein Mann nicht zu Hause ist? Solche Überlegungen und noch viele andere gingen mir durch den Kopf. Sollte ich vielleicht nicht besser berufstätig bleiben und jemanden für die Pflege und Betreuung des Kindes engagieren? Ich schaute mich tatsächlich nach einer solchen Person um, fand dann aber keine, die sich dafür eignete. Dies schien mir das Zeichen zu sein, es selbst zu versuchen. Mein Mann und ich besuchten einen Säuglingskurs, und alles übrige wurde mir im Spital gezeigt. Bald erfuhr ich, daß meine Befürchtungen wegen der Pflege des Säuglings ziemlich unbegründet waren. Sie war bei weitem nicht so schwierig, wie ich es mir zuerst gedacht hatte. Auch spazieren konnten wir zusammen. Ich packte Michael in den Snugli und ließ mich wie üblich von meinem Hund führen. Sicher, die Säuglingszeit war aufwendig, und für einige Verrichtungen investierte ich mehr Zeit als sehende Mütter. Es war aber, alles in allem, durchaus zu bewältigen. Eine weit schlimmere Zeit stand mir bevor: So freudig man die Fortschritte seines Kindes verfolgt, so arbeitsintensiv und schwierig wurde für mich die Krabbel- und Geh-Periode. Das Laufgitter wurde meinem Sprößling bald zu eng, und so kroch und ging er überall umher. Auch abgegrenzt in einem Raum wollte er nicht stets bleiben, und so hatte ich während all meinen Verrichtungen immer ein Ohr auf das Tun und Lassen meines Sohnes eingestellt. Putzmittel und gefährliche Flüs-

Zur vorhergehenden Seite:
Integration in die Familie
Als ursprünglicher Hirtenhund (Bouvier des Flandres) fühlt sich Lady ganz gesonders berufen, wenn sie Mutter und Kind zusammen ausführen darf.

sigkeiten waren selbstverständlich unter Verschluß, aber es gibt ja noch so vieles, das für ein Kleinkind zur Gefahr werden kann. Auf alle Fälle war ich jeden Abend komplett erschöpft.
Wahrscheinlich sagen Sie sich jetzt, daß dies Sorgen sind, die jede Mutter quälen. Es gibt ja zahlreiche Unfälle, die davon zeugen. Sicher, das ist völlig richtig, aber genau da lag der wunde Punkt: Mir durfte auf gar keinen Fall so etwas passieren! Was glauben Sie, wie da die Umwelt reagiert hätte – ich wage nicht, daran zu denken! Ich wußte, daß ich auch als Mutter besser zu sein hatte – das uralte Muster! Es kam dann auch die Zeit, da ich mit Michael nicht mehr alleine spazierengehen konnte. Er war zu groß, um im Snugli getragen zu werden, und zu klein, um mich sicher an der Hand zu halten. So gab ich dann wieder einige Schulstunden, und während ich fort war, ging er zu einer Frau mit einem gleichaltrigen Kind. Auf diese Weise wurden für ihn Spaziergänge wieder möglich, und an den Wochenenden konnte er mit Papi alles das tun, was bei mir unmöglich war. Obwohl ich mir einigermaßen zu helfen wußte, möchte ich diese Zeit nicht mehr zurücknehmen.
Jetzt gehen wir wieder gemeinsam, Hand in Hand, spazieren. Manchmal beklagt sich Michael über die schnelle Gangart des Hundes. Er läßt mich aber nie los, und bin ich einmal gezwungen, ihm meine Hand zu entziehen, geht er ganz dicht an meiner Seite. Wir marschieren zum Bahnhof, steigen dort in den Zug und fahren sogar nach Zürich. Wir sind ein auffälliges Trio. Man bemerkt uns, und das bekommen wir auch zu hören.
Nicht immer positiv! Vor ein paar Tagen zum Beispiel standen wir vor dem Eingang zu den Billett-Schaltern, und Michael wollte die Türe öffnen. Sie war zu schwer für ihn, und so bat er mich, ihm zu helfen. Schon seit einiger Zeit spürte ich, daß uns zwei Frauen beobachteten; als sie uns außer Hörweite wähnten, sagte die eine zu der anderen: «Die ist blind und hat ein sehendes und sogar normales Kind!»
Im Zug, wenn die Leute sicher sind, daß es mein eigenes Kind ist, kann es etwa so tönen: «Sie ist wirklich seine Mutter. Wer zieht es wohl auf? Einen Vater wird es kaum haben!»
Solche Bemerkungen ignoriere ich wegen Michael. Er bekommt es jetzt noch nicht mit, aber wie wird es in ein paar Jahren sein? Dann, wenn er die Blicke und den Sinn der Worte realisiert! Wird es ihm weh tun? Wird er es einfach ertragen? Wird er mit uns darüber sprechen? Wird er sich meiner schämen? Auch dummen und

neugierigen Fragereien wird er nicht ausweichen können. Wird er die richtigen Antworten finden — oder wird er sich zurückziehen? Werden die Leute mit ihrem oft so gedankenlosen Geschwätz auch ihn an den Rand drängen? Wenn ich mir solche Überlegungen mache, schleicht sich bei mir die Sorge ein, daß wir von der Integration in die Gesellschaft noch sehr weit entfernt sind. Ich, die ich einmal glaubte, daß wir doch schon ein Stückchen geschafft hätten . . . Trifft es mich jetzt nur deswegen mit solcher Härte, weil es auch mein Kind tangiert? Möchte ich ihm Schmerz und Enttäuschung ersparen? Wahrscheinlich.

In solchen Situationen frage ich mich, was Integration eigentlich bedeutet. Hat es nicht sehr viel mit Toleranz zu tun? Sind die Nichtbehinderten sowie die Behinderten tolerant gegenüber Andersdenkenden oder Andershandelnden? Fehlt uns nicht oft das nötige Verständnis für die Meinung anderer? Ist das Integrationsproblem, das bei weitem nicht gelöst ist, nicht ein grundlegendes Problem aller Menschen? Vielleicht wird Michael durch die besondere Familie, in der er aufwächst, doch einmal mehr Verständnis für das Anderssein haben. Vielleicht lernt er auch frühzeitig, daß es nicht nötig ist, einfach mit dem Strom zu schwimmen. Hoffentlich lernt er andere Werte kennen als die allgemeingültigen. Sollte dies der Fall sein, dann habe ich sicher den richtigen Entschluß gefaßt, als ich zu Hause blieb, um mein Kind als blinde Mutter aufzuziehen.

Was ihn dazu bewog, sich dem Führhundewesen zuzuwenden, berichtete er uns wie folgt: «Im Alter von zehn Jahren hatte ich ein Erlebnis, das für mich bestimmend wurde. In Heiligkreuz bei Mels (SG) lebte ein freundlicher Briefträger, Herr Freuler. Von einem Tag auf den andern erblindete er, und nun sah ich den rüstigen Mann fast täglich, wenn er mühsam und unsicher mit seinem weißen Stützstock die Straße überquerte. Da ich von frühester Jugend an eine ausgesprochene Vorliebe für Hunde hatte und mich stets auch mit ihnen beschäftigte, wurde mein sehnlichster Berufswunsch in jenem Augenblick geboren, als ich zum erstenmal von Blindenhunden hörte. Dieser Wunsch lebte wieder in mir auf, als ich später dem Führhundehalter Isenring in Basel begegnete. Sein Hund war von Frau Anna Auer ausgebildet worden. Ich war damals auf dem Zollamt Allschwil tätig und trat nun mit Frau Auer in Verbindung, die mich mit dem deutschen Pionier der Ausbildung von Führhunden, Walter Hantke, in Kontakt brachte. Er war ihr Lehrmeister gewesen. Frau Auer, damals fast siebzig Jahre alt, war unerhört vital und energisch – eine Persönlichkeit, die sich von nichts abbringen ließ, wenn sie ein Ziel verfolgte. So mietete sie sich kurzerhand für ein Jahr in einem Hotel in Allschwil ein, als sie mein ernsthaftes Bestreben erkannte, ein guter Ausbilder zu werden. Ich hatte in jener Zeit oft Nachtdienst, und da wurden mir die Lehrstunden mit Frau Auer zur anstrengenden, aber geliebten Tagesarbeit.

Mein erster vierbeiniger Schüler war der Boxer-Mischling Duco. Und mein erster einzuführender Blinder war Herr Tschannen aus Basel. Es stellte sich ein finanzielles Problem, als das Gesuch um Bezahlung der Kosten vom Bundesamt für Sozialversicherung mit der Begründung abgelehnt wurde, ein nebenamtlicher Ausbilder sei nicht in der Lage, die notwendige Leistung zu erbringen. Der Rekurs Tschannens wurde dann aber gutgeheißen. Ein mir bekannter Polizeihundeführer wurde später mit der Abnahmeprüfung betraut. Da er keine Erfahrung im Blindenführhundewesen hatte, stellten wir gemeinsam ein Testprogramm zusammen. Duco bestand 1965 den Test optimal. Wir waren alle begeistert. Jetzt bot mir das Bundesamt eine Tarifvereinbarung an. Das war von Beamten schon ein Zeichen höchster Beweglichkeit und Toleranz. Bis zu diesem Zeitpunkt waren die Hunde von ausländischen Schulen bezogen worden, und die Anerkennung eines inländischen Ausbilders brachte doch einiges an Verantwortung mit sich.

Ich habe auch weiterhin die Unterstützung des Bundesamtes in mancher Hinsicht erfahren dürfen und bin dafür dankbar. Dank schulde ich auch dem Schweizerischen Blindenbund, der von Anfang an die 1970 unter dem Namen meiner Frau gegründete Schweizerische Schule für Blindenführhunde anerkannte und unterstützte. Zu dieser Zeit hatte ich pro Jahr seit 1965 zwei Blindenhunde ausgebildet und eingeführt. Und so ging es dann auch weiter, bis die Schule von einer Stiftung übernommen wurde. Nachzutragen wäre noch, daß der Name ‹Schweizerische Schule ...› nach recht langwierigen Abklärungen meiner Frau schließlich 1970 zuerkannt worden ist.»

Am Gehege der von Walter Rupp und seiner Frau gegründeten Schweizerischen Schule für Blindenführhunde begrüßt Heinrich Meier aus Zürich zum ersten Mal seine nachmalige Führhündin Herta.

Walter Rupp leitete die Schweizerische Schule für Blindenführhunde bis im März 1985. Er regte die Führhundehalter zu vermehrter Arbeit mit ihrem Hund an, indem er Orientierungsläufe veranstaltete und regionale Weiterbildungskurse in kleinen Gruppen durchführte. In der Schule wurde durch ihn die Zucht von Labrador-Retrievern sowie deren wesensmäßige Früherfassung nach Pfaffenberger und Scott eingeführt. Das aus den USA übernommene Modell der Patenfamilien, die die Welpen mit 12 Wochen übernehmen und dann als Junghunde mit 1 bis 1 1/2 Jahren wieder abgeben, wurde von ihm an die schweizerischen Verhältnisse angepaßt und angewandt. Er bildete im Laufe der Jahre sieben Trainer aus. Rupp verfaßte zum internen Gebrauch auch mehrere Schriften, so etwa die Broschüre «Der Blindenführhund», eine Anleitung für die Haltung des Junghundes durch die Patenfamilien. Für die Führhundehalter schrieb er einen Leitfaden zur Haltung und Arbeit mit dem Hund, der zusätzlich in Brailleschrift und auf Tonband zur Verfügung steht. Die administrative Leitung der Schule lag gleichfalls in seinen Händen, was eine Menge von Korrespondenzen, Besprechungen und Verhandlungen erforderte. Walter Rupp vertrat die Schule zudem auf internationaler Ebene an Konferenzen, Symposien und Kongressen. Er hielt sich über Neuerungen im Blindenwesen stets auf dem laufenden und ließ sich zum Mobility-Trainer mit Kenntnissen in elektronischer Orientierungshilfe ausbilden.
Eine weitere Aufgabe, die er mit großem Einsatz und viel Geschick erfüllte, war die Werbung für die Schule. Das bedeutete, eigene Texte abzufassen, Vorführungen zu organisieren und viele Interviews bei allen Medien zu geben. Hinzu kam die Teilnahme an Fernsehsendungen und an einem vom Schweizer Fernsehen produzierten Film. Überdies hatte er unzählige Vorträge bei Vereinen und Vereinigungen zu halten. Zur Werbung gehörte in gewissem Sinne auch sein Buch «Hundeerziehung einmal anders», das eines der besten und schönsten Hundebücher überhaupt ist. Und schließlich stammt das fachliche Konzept zum Film «Mit fremden Augen sehen» von ihm. Dank Rupps aufreibender Tätigkeit im Werbebereich wurde ein Goodwill erarbeitet, den die Schule heute noch genießt und der die Schaffung eines finanziellen Rückhaltes ermöglichte, der sie noch für Jahre materiell sicherstellt.
Im Kapitel «Neue Entwicklungen im Blindenhundewesen» (siehe

Seite 266) finden sich Angaben über die heutige Tätigkeit von Walter Rupp, der mit seinen Ideen über die Struktur der Ausbildung und der Schulorganisation weiterhin zur Entwicklung dieser humanitären Aufgabe beiträgt.
(Eine Bibliographie zu dieser Einführung findet sich in diesem Buch auf Seite 288)

2. Begriffsbestimmungen

In jedem Fachgebiet gibt es bestimmte Begriffe, die der Laie nicht kennt. Deshalb seien hier einige nicht alltägliche Wörter aus dem Inhalt dieser Anleitung erläutert:

Appell: Gehorsam des Hundes.

Ausweicheinwirkung: Druck mit dem Führbügel auf die linke oder rechte Flanke des Hundes gegen ein Objekt, dem ausgewichen werden muß, verbunden mit sanftem Leinenzug in die auszuweichende Richtung.

Hörzeichen: Ein Wort, auf das der Hund entsprechend reagieren lernt oder gelernt hat, wobei es, im Gegensatz zu einem Kommando, nicht befolgt werden muß, wenn es die Situation nicht erlaubt, z. B. wenn der Blinde dadurch gefährdet würde.

Kommando: Befehlswort, das vom Hund befolgt werden muß.

Mann-Verknüpfung: Der Hund bringt ein bestimmtes (unangenehmes) Erlebnis mit seinem Meister in Zusammenhang; im Gegensatz zur Objekt-Verknüpfung, wo der Hund das Erlebnis mit dem Objekt verbindet. Beispiel: Ein Hundehalter wartet mit seinem Hund beim Bordstein. Der Hund will überqueren, während sich ein Radfahrer nähert. Sein Meister reißt ihn an der Leine zurück und schreit ihn an: «Paß auf, ein Radfahrer!» Der Hund weiß natürlich nicht, was das heißt. Er verknüpft lediglich den unangenehmen Leinenruck mit der Stimme seines Meisters und lernt dabei, daß am Straßenrand gewartet werden muß. Warum, weiß er aber nicht. Demzufolge konzentriert er sich künftig am Bordstein auf seinen Meister, anstatt auf den Verkehr zu achten.

Bei der Führhundausbildung dagegen wird ein Zusammenstoß mit einem Fahrrad simuliert. Damit erfolgt für den Hund ebenfalls ein unangenehmes Erlebnis, jedoch vom Objekt, d. h. vom Fahrrad her. Dabei lernt er: Vor dem Straßenüberqueren muß man am Bordstein warten und auf den Verkehr achten. So wird er auch später beim Blinden handeln.

Im ersterwähnten Fall würde der Hund mit einem Blinden am Trottoirrand genauso warten wie mit seinem früheren Meister und

schließlich mit ihm die Straße überqueren, ohne auf ein Fahrrad oder ein anderes Fahrzeug zu achten.
Deshalb muß bei der Führhundausbildung sehr darauf geachtet werden, daß der Hund nicht mann-, sondern objektverknüpft.
Markieren: Der männliche Hund (Rüde) bespritzt, ein Hinterbein hebend, ein Objekt mit Harn. Es gibt auch Hündinnen, die dies gelegentlich tun.
Parallelstraße: Die Straße, an der wir entlanggehen.
Querstraße: Die Straße, die quer vor uns liegt.
Seitenstetigkeit: Ein angeborenes Verhalten des Hundes, einer seitlichen Leitlinie zu folgen. Auf Landstraßen z. B. ist es meistens die linke Seite, die der Hund vorzieht und an der er entlanggeht.
Stopp-Einwirkung: Einwirkung im Führgeschirr: Stoß mit dem Bügel nach vorne unter gleichzeitigem Auffangen des Stoßes mit der Leine. Dies bewirkt ein Anhalten des Hundes.
Tastsinn: Druckempfinden am ganzen Körper; jede Reaktion auf taktile Berührung, auch Drucksinn.
Umweltmuster: Ein Ausschnitt aus der Umgebung, der an verschiedenen Orten in gleicher oder ähnlicher Form wieder angetroffen wird, z. B. eine Straßenkreuzung, eine Straßenbahnhaltestelle, ein Kopf-Bahnhof etc.
Versäubern: Das Harnen und Koten des Hundes.

3. Orientierungshilfen für Blinde

Wer sich schon einmal im dichten Nebel verirrte, kann sich einigermaßen vorstellen, wie schwer es für einen Blinden sein muß, sich jederzeit zu orientieren. Er muß dazu seine restlichen Sinne voll einsetzen; er muß horchen, hören, riechen, betasten. Natürlich kommt es dabei sehr darauf an, wo er sich befindet. Der Einsatz seiner Restsinne muß sich nach der hör-, riech- und abtastbaren Umwelt richten.
Im engen Raum, d.h. in Gebäuden und Räumen, geschieht dies meistens ohne Hilfsmittel. Der Blinde bewegt sich dort sehr vorsichtig fort und hält, falls ihm der Ort noch unbekannt ist, eine Hand schützend vor den Kopf, die andere auf Berührungsdistanz vor sich. Dabei horcht er auf Schallquellen und Echos, Schallschatten und Schallücken. Weiter achtet er auf die Bodenbeschaffenheit (z.B. Teppich oder harter Boden). Er achtet auf Luftströme, warmes Sonnenlicht und versucht auch spezifische Gerüche wahrzunehmen und zu analysieren.
Das für den Blinden wohl unentbehrlichste Sinnesorgan ist das Ohr. Mit einwandfreiem Gehör und viel Übung wird es ihm möglich, bestimmte Objekte oder Gebilde zu erkennen. Er spürt beispielsweise plötzlich eine Wand vor sich, in Wirklichkeit aber hört er sie. Beim nahen Vorbeigehen an Säulen gelangt er für einen Moment in einen Schallschatten und weicht dann fast unbewußt aus. Ich erinnere mich an eine Begebenheit anläßlich eines Kurses für Mobilitätstrainer: Mein Trainingspartner ging mit verbundenen Augen in einem Arkadengang an mehreren Säulen vorbei. Bei jeder Säule machte er eine unbewußte Armbewegung gegen die Säule. Am Ende des Durchgangs fragte ich ihn, wie viele Säulen er wahrgenommen habe. Seine Antwort war: «Keine!» Dieses Beispiel zeigt, wie unsere Muskeln reagieren, auch ohne bewußt erteilte Befehle. So ist es verständlich, daß vor allem Geburtsblinde sich in Gebäuden relativ schnell zurechtfinden und manchmal fast unbewußt Hindernisse umgehen. Sie lernten schon als Kind zielgerichtet horchen und hören.

Auch im Freien setzt der Blinde seine restlichen Sinne voll ein. In einem Bergdorf, wo weniger konstanter Lärm herrscht als in der Stadt, ist es leichter, sich an Schallquellen zu orientieren. Auch die Bodenbeschaffenheit, z. B. ein Feldweg mit Grasnarbe in der Mitte, ergibt eine gute Leitlinie. Zur Fortbewegung kann dann ein Stützstock eine sehr geeignete, zusätzliche Fortbewegungshilfe sein.

Der Stützstock ist ein sogenannter Hakenstock aus Holz, wie er von vielen Spaziergängern auf Bergwanderungen benützt wird. Er entspricht ungefähr der Beinlänge seines Benützers. Als Blindenstock ist er weiß. Zur Bedienung des Stützstockes gibt es heute noch keine besonderen Lehrgänge, obwohl dies in bestimmten Fällen von Vorteil wäre. Andererseits darf gesagt werden, daß viele Blinde auf dem Lande den Stützstock in den verschiedensten Situationen sehr gut handhaben.

Der Langstock ist ein dünner, leichter Stock aus einer Aluminium-Legierung. Er reicht vom Boden bis auf Brustbeinhöhe des Benützers und ist ebenfalls, als Blindenkennzeichen, weiß. Die Handhabung dieses Stockes ist nicht leicht. Sie erfordert einen Lehrgang mit einem Mobilitätstrainer. Zusammen mit der, meist notwendigen, Orientierungsschulung kann dieser Lehrgang 50 und mehr Stunden dauern. Die Handhabung des Langstockes, verbunden mit Selbstorientierung, macht den Blinden weitgehend unabhängig von menschlicher Begleitung. Durch die Länge des Stockes und die damit ausgeführten Pendelbewegungen bemerkt er die meisten Hindernisse, bevor er mit dem Körper anprallt. Hingegen schützt der Langstock nicht vor Hindernissen auf Brust- und Kopfhöhe, wie Ladebrücken bei Lastwagen, hervorstehenden Rückspiegeln bei Fahrzeugen und vor Sonnenstoren. Als Ergänzung zum Langstock hat sich der Sonicguide bewährt.

Der Sonicguide ist eine spezielle Brille, die Ultraschall-Signale aussendet. Diese werden reflektiert und in hörbare stereophone Signale umgewandelt. Damit werden auch die vom Langstock nicht erfaßten Hindernisse bis auf eine Entfernung von fünf Metern wahrgenommen. Je nach Tonhöhe und Tonklang lassen sich Entfernung, Position und Oberflächenbeschaffenheit von Objekten in Laufrichtung erkennen. Die Handhabung des Sonicguide erfordert einen dreiwöchigen Lehrgang unter der Leitung eines ausgebildeten Sonicguide-Mobilitätstrainers.

Der Mowat Sensor ist ein kleines Handgerät. Durch Ultraschall nimmt es Objekte in einem kleinen Strahlenbereich wahr. Wenn ein Objekt im Weg steht, vibriert das ganze Gerät. Um Verwirrung zu vermeiden, zeigt der Sensor nur das nächstliegende, sich im Strahlenbereich befindliche Objekt an. Wenn der Benutzer sich dem Objekt nähert, steigt die Frequenz der Vibrationen. Um den Sensor nützlich einsetzen zu können, sind einige Einführungs- und Übungsstunden durch einen für elektronische Hilfsmittel ausgebildeten Mobilitätstrainer notwendig.

Der Taststock ist ein kurzer, weißer, zusammenlegbarer Metallstock. Damit kann der Blinde Gegenstände und Hindernisse abtasten. Er wird meistens von Führhundehaltern benützt, oft nur für das Überqueren der Straße. Nach schweizerischem Recht ist dem Blinden der Vortritt beim Überqueren der Straße zu gewähren, wenn er dies durch Hochhalten des weißen Stockes anzeigt.

Der Blindenführhund ist unbestritten die beste Mobilitätshilfe. Leider aber ist die Zahl jener Blinden, die sich einen solchen Hund halten und mit ihm umgehen können, sehr gering. Der Führhund ist ein lebendiges Wesen, das der Fürsorge und auch der Führung bedarf. Der Umgang mit ihm beansprucht Zeit, Tierliebe, Verantwortungsgefühl, gute körperliche und seelische Verfassung. Fehlen diese Voraussetzungen, kann ein Führhund mehr belasten als helfen. Dies ist auch der Fall, wenn ein Hund ungenügend ausgebildet ist oder Anlagen besitzt, die sich negativ auf die Führleistung auswirken. Deshalb darf eine Führhundeschule mit dem Verkauf von Führhunden keine kommerziellen Zwecke verfolgen, sondern muß einzig und allein auf das Wohl des Sehbehinderten ausgerichtet sein.

4. Die Auswahl des Hundes für die Führhund-Ausbildung

Schon bei der Auswahl des Hundes zeigt es sich, ob eine Führhundeschule im Sinne des Blinden ihre verantwortungsvolle Aufgabe erfüllen will. Nach meinen Erfahrungen muß, bei strenger Auswahl der Hunde aus einer guten Zucht, durchschnittlich mit 50 % Ausschuß gerechnet werden. Aus dem übrigen Angebot an Hunden, die sich nach Ansicht ihrer Halter für die Führhundausbildung eignen sollten, bestehen höchstens 10 % die Aufnahmeprüfung.

Hundeangebot

Es gibt folgende Möglichkeiten, Hunde, die sich für die Ausbildung zum Führhund eignen könnten, zu beschaffen:
a. Eigene Zucht mit Plazierung der Welpen in Patenfamilien. Rücknahme der Tiere im Alter von 1 – 2 Jahren und Auslese;
b. Auslese und Abnahme von Welpen bei guten Züchtern im Alter von 8 bis 10 Wochen, Plazierung in Patenfamilien;
c. Auslese und Abnahme von erwachsenen, 1 – 2jährigen Hunden, die im Welpenalter in die Obhut einer Familie gelangten, dort ihre Jugend verbrachten und Umwelterfahrungen sammeln konnten.

Auslesekriterien erwachsener Hunde

a. In physischer Hinsicht:

— Alter: 1 – 2 Jahre
— Größe: 55 – 65 cm
— Äußere Erscheinung: ansprechend
— Konstitution: kräftig, weder zu mager noch zu fett
— Fell: gesund, pflegeleicht, wenig Haarausfall
— Gelenke: dysplasiefrei, röntgenologische Untersuchung im Alter von 12 Monaten (Toleranz: bis 2. Grad)
— Pfoten: ekzemfrei
— Augen: klar, gutes Sehvermögen (frei von ererbten Augenkrankheiten)
— Ohren: entzündungsfrei
— Freßlust: normal
— Verdauung: normal
— Allgemeiner Gesundheitszustand: gut, tierärztliche Untersuchung

b. In psychischer Hinsicht:

— Temperament: normal
— Härte: normal
— Ausdauer: groß
— Hemmungsfaktor: normal
— Erregungsfaktor: normal
— Arbeitsfreude: groß
— Zugfreude: groß
— Selbständigkeit: groß
— Führigkeit: normal
— Verhalten im Verkehr: sicher
— Verhalten auf Schüsse: sicher
— Verhalten bei Lärm: sicher
— Verhalten bei bestimmten Gerüchen, z. B. Metzgereien, Tierfelle: unbeeindruckt
— Verhalten bei optischen Erscheinungen: sicher
— Triebveranlagungen: keine, die die Führarbeit erschweren könnten

Grunderziehung

Es ist wichtig, daß bei der Auslese des Hundes bereits schon festgestellt wird, wie es mit der Grunderziehung steht. Darunter fallen:
— Stubenreinheit
— Nichtbenützen von Polstermöbeln und Betten
— Nichtbetteln bei Tisch
— Nichtstehlen
— Nichtbenagen von Möbeln und Teppichen
— Nichtauflesen von Unrat
— Keine Neigung zum Löchergraben
— Nichtaufstehen an Personen
— Keine Neigung zum Streunen
Allfällige Mängel müssen im Lauf der Führhundausbildung behoben werden.
Selbstverständlich fallen die aufgeführten Auslesekriterien und die Feststellungen in bezug auf die Grunderziehung nur für ausgewachsene Hunde in Betracht. Die Welpentests, welche an einem dem Hündchen unbekannten Ort durchgeführt werden müssen, beschränken sich auf Feststellungen hinsichtlich:
— Hemmung
— Erregung
— Temperament
— Neugier
— Apportierfreudigkeit
— Ängstlichkeit
Um den Hemmungsfaktor beim Welpen festzustellen, legt man das Hündchen auf den Rücken. Verkrampft es sich dabei, kann von einem gehemmten Wesen gesprochen werden. Zappelt es heftig, muß damit gerechnet werden, daß es sich um ein erregtes Hündchen handelt. Diese Verhaltensweisen sind angeboren und werden auch im späteren Leben bestehen bleiben. Weder zu gehemmte noch zu erregte Hunde eignen sich für die Führausbildung. Auch fehlendes Interesse an der Umwelt, keine Apportierlust sowie Angstreaktionen müssen als Kriterien, die die Auswahl zum Führhund nicht verantworten lassen, betrachtet werden.

5. Hörzeichen

× Hörzeichen
• Kommando

Als Übersicht seien nachfolgend unsere 34 Hörzeichen oder Kennworte mit ihrer Bedeutung aufgeführt:

Hörzeichen: **Bedeutung:**

1. TAVO   Sich auf den Pflegetisch begeben
2. FERMA   a. Auf dem Pflegetisch ruhig stehenbleiben und sich kämmen und bürsten lassen
                 b. Ruhig stehenbleiben zum Anschirren
                 c. Anhalten und ruhig stehen bei der Führarbeit
3. RITOR   a. Rechtskehrtwendung auf dem Pflegetisch
                 b. Rechtskehrtwendung beim Führen nach dem Anhalten
4. SED   Sitzen
5. LIBERA   Pause (Freizeit)
6. STACCA   Notdurft verrichten
7. NEIN   Korrektur
8. NO   Verbot (Warnruf)
9. BRAVA   Lob
10. PIEDE   a. Herankommen und zur Linken des Meisters sitzen oder stehen
                 b. Dem Meister an dessen linker Seite folgen, auch bei Richtungsänderungen ohne weitere Hörzeichen
11. POSTO   Hingehen zum gewohnten Liegeplatz
12. APPORT   Tragen eines Gegenstandes
13. DAI   Hergeben des Gegenstandes
14. A TERRA   Abliegen
15. RESTA   Warten
16. AVANTI   Kommando zum Geradeausführen
17. VAI   Hörzeichen zum Weitergehen

18. DESTRA   ¼-Drehung (90°) nach rechts
   a. nach Anhalten einmaliges DESTRA
   b. vor Einmündungen mehrmaliges DESTRA
19. SINI   ¼-Drehung (90°) nach links
   a. nach Anhalten einmaliges SINI
   b. vor Einmündungen mehrmaliges SINI
20. BANCA   Aufsuchen und Anzeigen einer Sitzgelegenheit (Anzeigen mit Kinnauflegen)
   a. direkt = BANCA (wiederholend)
   b. rechtsseits: DESTRA − BANCA (wiederholend)
   c. linksseits: SINI − BANCA (wiederholend)
21. SCALA   Aufsuchen einer Treppe
   — bei Treppenaufgang mit den Vorderpfoten auf dem ersten Tritt stehenbleiben
   — Bei Treppenabgang vor dem ersten Tritt stehenbleiben
   a. direkt = SCALA
   b. rechtsseits = DESTRA − SCALA
   c. linksseits = SINI − SCALA
22. TAXI   Hinführen zu Taxi, Auto, Bus oder Eisenbahn
   a. direkt = TAXI (wiederholend)
   b. rechtsseits = DESTRA − TAXI (wiederholend)
   c. linksseits = SINI − TAXI (wiederholend)
23. PORTA   Aufsuchen einer Tür oder eines Einstiegs in ein Transportmittel
   — Türanzeigen mit Schnauze an Türgriff
   — Einstieg anzeigen durch Aufsetzen der Vorderpfoten auf das Trittbrett
   a. direkt = PORTA (wiederholend)
   b. rechtsseits = DESTRA − PORTA (wiederholend)
   c. linksseits = SINI − PORTA (wiederholend)
24. ENTRA   Einsteigen in ein Transportmittel
   Aussteigen: Für das Aussteigen gibt es kein bestimmtes Hörzeichen; man läßt den Hund die Ausgangstüre mit FUORI anzeigen, läßt ihn auf dem Absatz vor dem Ausstieg mit RESTA warten und steigt mit PIEDE aus.

25. ZEBRA   Aufsuchen und Anzeigen des Fußgängerstreifens (das Anzeigen erfolgt durch Anhalten vor dem Streifen)
               a. direkt = ZEBRA
               b. rechtsseits = DESTRA − ZEBRA (wiederholend)
               c. linksseits = SINI − ZEBRA (wiederholend)
26. PASSARE   Überqueren der Straße nach Gutdünken des Hundes
27. BILLETA   Anzeigen des Schalters in Bahnhöfen, Postämtern, Banken usw.
               a. direkt = BILLETA
               b. rechtsseits = DESTRA − BILLETA (wiederholend)
               c. linksseits = SINI − BILLETA (wiederholend)
28. TELEFON   Hinführen zu einer Telefonzelle mit Anzeigen der Türe durch Berühren des Türgriffes mit der Schnauze
               a. direkt = TELEFON
               b. rechtsseits = DESTRA − TELEFON (wiederholend)
               c. linksseits = SINI − TELEFON (wiederholend)
29. LETBOX   Hinführen zum Briefkasten. Dieser wird angezeigt, indem der Hund daran hochsteht.
               a. direkt = LETBOX
               b. rechtsseits = DESTRA − LETBOX (wiederholend)
               c. linksseits = SINI − LETBOX (wiederholend)
30. DA PARTE   Auf Straßen ohne Trottoir auf der rechten Seite führen
31. DI LATO   Auf Straßen ohne Trottoir auf der linken Seite führen
32. COMOD   Langsam gehen
33. TEMPO   Schnell gehen
34. FUORI   Ausgang anzeigen, z. B. in Transportmittel

Erläuterungen zu einigen Hörzeichen

NEIN und NO

Wenn der Hund auf ein Kennwort nicht sofort oder falsch reagiert, ohne daß er dabei etwas Verbotenes macht, darf das Hörzeichen nicht einfach mit verstärkter Stimme wiederholt werden. Wir korrigieren mit NEIN und fügen gleich das Kennwort an. Ein Beispiel: Wenn der Hund auf das Hörzeichen SED stehen bleibt oder abliegt, sagen wir NEIN – SED.
Wenn der Hund etwas Verbotenes macht, warnen wir ihn mit NO und fügen das Kennwort für die von uns gewünschte Handlung an.

AVANTI und VAI

Auf das Kennwort AVANTI muß der Hund vorangehen; es ist ein Befehl.
Auf das Kennwort VAI darf der Hund weitergehen; es ist ein Wunsch. Wenn aber durch das Weitergehen der Blinde gefährdet würde, muß der Hund sich weigern weiterzugehen. Mit andern Worten: der Entscheid liegt beim Hund.

POSTO und A TERRA

POSTO bedeutet, zu einem bekannten Platz hingehen und dort warten. Es steht dem Hund frei, dort abzuliegen, abzusitzen oder stehenzubleiben.
A TERRA bedeutet, auf der Stelle abliegen.

BRAVA

Das Loben mit BRAVA darf erst erfolgen, wenn der Hund eine Handlung zu Ende geführt hat. Dies gilt besonders, wenn es sich um eine Aufgabe handelt, die ein Ausharren in einer bestimmten Haltung verlangt. Dies ist der Fall bei:
PIEDE, FERMA, SED, A TERRA, RESTA, POSTO, APPORT

Laska

(von Werner Rutishauser, Effretikon/ZH)

1974 wanderte ich nach Südafrika aus und fand dort eine interessante und abwechslungsreiche Anstellung. Vor kurzem war ich 29 Jahre alt geworden und von einer zweieinhalbmonatigen Reise in einem VW-Campingbus kreuz und quer durch das südliche Afrika nach Johannesburg zurückgekehrt. Es war so unvergeßlich schön, daß ich die Bilder mit den Landschaften, Tieren und Pflanzen sowie den Leuten heute noch vor mir sehen kann. Gleich anschließend an diese Reise mußte ich nach Rhodesien. Dort tobte der grausame Unabhängigkeitskampf, und es war nicht ungefährlich, allein im Wagen herumzufahren. Nach zwei Wochen in Rhodesien flog ich nach Johannesburg zurück, wo am Flughafen mein Auto parkiert war. Spät abends fuhr ich der lichterfüllten Stadt entgegen, als ich bemerkte, daß ich mit einem Auge nicht mehr richtig sehen konnte. Das war bestimmt die Müdigkeit. Als der Schleier vor meinem Auge aber auch nach Tagen nicht verschwand, suchte ich einen Augenarzt auf. Ohne Diagnose schickte er mich sogleich zu einem Kollegen ins Universitätsspital. Zweimal wöchentlich wurde ich mit Laserstrahlen therapiert. Jeden Morgen nach dem Aufwachen testete ich meine Sehfähigkeit an Gegenständen in meiner Wohnung. Jeden Tag sah ich weniger, bis ich an einem Wochenende – etwa drei Wochen später – den Weg ins Büro nur noch knapp finden konnte. Verzweifelt konsultierte ich meinen Augenarzt, der mich ins Krankenhaus einwies. Tags darauf wurde ich einem Ärzteteam vorgeführt, das meine Augen gründlich untersuchte. Als ich beim Nachtessen mit dem Besteck im Teller herumstocherte, trat ein junger Assistenzarzt in das Spitalzimmer. Er nahm mich in ein kleines, muffiges Räumchen mit, wo es nach Putzmitteln roch. Es war die Besenkammer. Hier erklärte er mir die Diagnose und die sich ergebenden Folgen: Eine abgelöste Netzhaut bedeutete vollständige Blindheit ohne jegliche Hoffnung auf eine Besserung.
Jetzt bin ich also blind. In meinen Gedanken sehe ich den älteren

Zur vorhergehenden Seite:
Zügig voran . . . (vgl. auch Seite 68)
«Laska leistet jeden Tag einen wesentlichen Beitrag zu meiner guten psychischen und physischen Verfassung!»

blinden Mann, der manchmal in der Bahnhofunterführung von Örlikon mit seiner Handorgel aufspielte. Daneben sein weißer Stock, am Boden eine Mütze, in die Passanten Kleingeld hineinwarfen. Einmal sah ich sogar, wie ihn eine Frau dorthin führte und auf seinen Klappstuhl setzte. Man führt auch mich herum. Auf die Toilette, in den Gymnastiksaal, auf die Bank im Garten usw. Jedermann ist nett zu mir und hilfsbereit. Doch nun bin ich blind, und ich will nicht mehr leben.
Ich höre Schritte, die auf mein Bett zusteuern. Eine unbekannte Stimme begrüßt mich und stellt sich als Sozialarbeiterin Pam vor. Pam arbeitet in einem Rehabilitationszentrum für Blinde und kann mir deshalb nicht nur Geschichten und Schicksale von Blinden erzählen, sondern auch über berufliche Möglichkeiten und über Hilfsmittel Auskunft geben. So berichtet sie auch über die großartigen Leistungen von Blindenführhunden und dabei werde ich auf einmal hellhörig. Diese Nacht kann ich in meinem Spitalbett nicht schlafen. Ich wälze mich hin und her, und immer wieder kommt mir das Buch «Buddys Augen sahen für mich», das ich in meiner Jugend interessiert gelesen hatte, in den Sinn. Ich mit einem Blindenführhund? Das kann ich doch nicht bezahlen. Und überhaupt, wo soll ich denn einen herkriegen?
Schon am nächsten Morgen begleitet mich Pam zu einem blinden Physiotherapeuten im Krankenhaus. Er besitzt seit mehreren Jahren einen Führhund. Es ist ein Schäferhund. Nach diesem eindrücklichen und freundschaftlichen Gespräch werde ich die Idee, Besitzer eines Blindenführhundes zu werden, nicht mehr los. Immer noch im Generalhospital holt mich Pam eines Morgens ab, um mit dem Wagen zur Blindenführhundschule außerhalb von Johannesburg zu fahren. Beim Rundgang durch die Einrichtungen und Gebäude der South African Gaitox Association berichtet Ken Lord, der Direktor, ausführlich über die Zucht und Ausbildung von Blindenführhunden. Auf der Hindernisanlage führt mich ein richtiger Blindenführhund an seinem Bügel problemlos an verschiedenen Hindernissen vorbei. Dieses eindrückliche Erlebnis sowie das abschließende Abklärungsgespräch mit Ken Lord wecken in mir neue Hoffnung und Mut.
Am 11. September 1976 fährt mich mein Chef Marcel Munz für einen dreiwöchigen Einführungskurs nach Benmore in die Führhundschule, wo ich zusammen mit drei anderen Sehbehinderten von der Familie Lord und den Ausbildern herzlich begrüßt und

aufgenommen werde. Während der nächsten drei Wochen werden wir vier Blinden einfach in die Familie Lord mit ihren vier Kindern integriert. Im oberen Stockwerk des Hauses hat jeder von uns sein eigenes Zimmer. Auf der Wiese vor dem Wohnhaus findet die erste Begegnung mit unseren Hunden statt. Mein zukünftiger Führhund, ein heller Labradorrüde namens Laska, zeigt vorerst kein großes Interesse an seinem neuen Meister, sondern nur ungestüme Begierde nach den Hundekuchen in meiner Hand. Ab Montag wird täglich in Theorie und Praxis mit und ohne Hund gearbeitet, wobei die Anforderungen für die Einheit Hund und Halter stetig steigen. Natürlich erfährt jeder von uns auch Rückschläge, die jedoch in der fröhlichen Gemeinschaft und durch die ausgezeichnete Betreuung rasch weggesteckt werden können. Weil es rechtlich nicht statthaft ist, an Geschenke Bedingungen zu knüpfen, müssen wir unsere Hunde durch einen symbolischen Betrag von der Stiftung erkaufen. Unter Anwesenheit eines Rechtsanwaltes werden die Verträge mit den Bedingungen der Schule unterzeichnet. An der Abschiedsparty am Ende des Kurses können die Hundegespanne ihre Mobilität bei einem Orientierungslauf dem anwesenden Publikum unter Beweis stellen. Dieser dreiwöchige Aufenthalt an der Blindenführhundschule ist ein wichtiger Markstein in meinem Leben. Zusammen mit Laska werde ich versuchen, meine Behinderung zu akzeptieren.

Unsere nächste Zwischenstation in einem Rehabilitationszentrum für Blinde ist leider nur von kurzer Dauer. Ich will aber die kurzfristig angesetzte Augenuntersuchung am Universitätsspital in Zürich nicht verpassen. Ein fünfzehnstündiger Flug mit kurzer Zwischenlandung in Windhoek bringt uns also in meine Heimat zurück. Hier herrscht gerade tiefer Winter, und Laska macht freudig Bekanntschaft mit dem Schnee. Nach gründlichen Abklärungen entscheide ich mich für eine berufliche Umschulung zum Masseur und medizinischen Bademeister.

In der Zwischenzeit ist Laska dreizehn Jahre alt geworden, und er leistet jeden Tag einen wesentlichen Beitrag zu meiner guten psychischen und physischen Verfassung. Was Laska für mich wirklich bedeutet, kann ich in Worten allein nicht ausdrücken. Ein Kondukteur im Zug erzählte mir, daß Laska in tschechischer Sprache Liebe heiße. Für mich persönlich bedeutet Laska auch Freude, Freundschaft und Freiheit im Erleben unzähliger gemeinsamer Abenteuer.

6. Ausbildungsgrundsätze

Nicht der Ausbilder, sondern die Umwelt soll den Blindenführhund formen. Die Aufgabe des Ausbilders besteht primär darin, den Hund mit den verschiedenen Umweltmustern bekannt zu machen. Dabei soll der Hund von sich aus lernen, sich der jeweiligen Situation anzupassen. Dies geschieht, indem er ein Gebilde, das für den Blinden Gefahren in sich birgt, wahrnimmt und dabei etwas empfindet. Wahrnehmung und Empfindung müssen mit dem Führgeschirr verknüpft werden und dann zur richtigen Handlung führen.

Nach der Führhundausbildungsmethode Uexküll/Sarris lernte der Hund beim Ziehen eines Wagens, daß er damit nicht überall durchkam. Bei unserer Ausbildung ersetzt das Führgeschirr den Wagen. Der Ausbilder vermittelt dann aus dem Hintergrund über das Führgeschirr jene Impulse, die bei der Uexküll/Sarris-Methode vom Wagen her kamen. Die Kunst des Ausbilders vermittelt dem Hund den Eindruck, daß er lediglich wegen des Eingespanntseins im Führgeschirr nicht überall durchkomme und er sich damit der Umwelt anders anpassen müsse, als wenn er nur angeleint oder sogar frei wäre.

Dazu gesellt sich eine Reihe weiterer Grundsätze, an die man sich bei der Ausbildung halten muß:

1. Wir müssen immer daran denken, daß wir einen Hund für einen blinden Menschen ausbilden, und uns vorstellen, wie sich dieser verhalten würde.
2. Wir dürfen den Hund nur das lehren, was dem Blinden später auch dient.
3. Mit der Ausbildung im Führgeschirr darf erst begonnen werden, wenn der Hund von der Umwelt nicht mehr oder nur noch unbedeutend abgelenkt wird.
4. Es darf mit dem Hund nicht gearbeitet werden, solange er durch bestimmte Umstände erregt oder gehemmt ist, z. B. unbändige Freude oder Angst zeigt.
5. Es muß berücksichtigt werden, daß starker Wind, Gewitter oder zu heißes Wetter das Lernen erschweren.

6. Das Verhalten des Hundes ist durch bestimmte Einwirkungen in solche Bahnen zu lenken, die später dem Blinden dienlich sind.
7. Die Lenkung des Hundes mit dem Führbügel hat so zu erfolgen, daß der Hund keine Einwirkung mit dem Ausbilder verknüpft.
8. Die Stärke der Einwirkungen muß sich nach dem Gefährlichkeitsgrad des Hindernisses richten.
9. Richtiges Verhalten muß gefestigt werden, indem mit der Zeit an Orten mit Ablenkungen gearbeitet wird und indem absichtlich falsche Einwirkungen und Hörzeichen gegeben werden.
10. Wir lehren den Hund zwischen Hörzeichen (Hinweisen) und Befehlen einerseits, Korrektur und Tadel andererseits zu unterscheiden.
11. Erst wenn der Hund gelernt hat, auf Hindernisse und Hörzeichen richtig zu reagieren, wird das Befolgen von Befehlen gelehrt.
12. Sobald der Hund im Führgeschirr auf die Hörzeichen richtig reagiert, muß er lernen, die damit verbundenen taktilen Zeichen zu mißachten.
13. Wir müssen Sichtkontakt mit dem Hund meiden, damit keine Mann-Verknüpfung entsteht.
14. Regelmäßige Arbeitszeit, verbunden mit einem klaren Ausbildungsprogramm, verkürzt die Lehrzeit.
15. Gegen Ende der Ausbildungszeit ist das Tagesprogramm des Blinden einzuhalten. Damit soll der Hund an seinen künftigen Arbeitsrhythmus gewöhnt werden.
16. Suche nie den Fehler beim Hund.
17. Die Arbeitszeiten im Führgeschirr dürfen anfangs 10 Minuten und später 30 Minuten nicht übersteigen. Danach muß eine Pause von mindestens 30 Minuten eingeschaltet werden.
18. Ein und dieselbe Übung, ob gelungen oder nicht, darf frühestens am folgenden Tag wiederholt werden.
19. Zeigt der Hund keine Lernbereitschaft, muß diese geweckt werden. Ist dies nicht möglich, darf nichts Neues gelehrt werden.
20. Es dürfen keine harten Einwirkungen, sei es mit der Leine oder mit dem Führbügel, unmittelbar auf ein Hörzeichen folgen, wenn es sich um ein Hörzeichen handelt, das während der Führarbeit gegeben wird.

21. Leichtem Druck geben die meisten Hunde nach; starker Druck erzeugt Gegendruck.
22. In bestimmten Fällen müssen wir den Hund das Richtige lehren, bevor er das Falsche tut.
23. Bei der Führhundausbildung darf der Hund nie für eine falsche Handlung gescholten werden.

7. Ausbildungslehrgang

Bevor wir mit der Führhundeausbildung beginnen, müssen wir dem Hund die Möglichkeit bieten, uns kennenzulernen. Wir müssen warten können, bis er den Kontakt mit uns sucht. Auf keinen Fall dürfen wir uns ihm aufdrängen, nicht mit Worten, nicht mit Liebkosungen oder Leckerbissen. Auch dürfen wir das Tier nicht unterordnen und es uns damit gefügig machen.

Wenn wir dem Hund Zeit lassen, seine frühere Bezugsperson zu vergessen, indem wir mit ihm an der Leine spazieren gehen, ihn dabei überall schnuppern lassen und wenn er nach Zärtlichkeiten verlangt, ihm diese geben, wird es nicht lange dauern, bis er uns morgens freudig begrüßt und gerne mit uns ausgeht. Dann ist der Zeitpunkt gekommen, ihn mit dem Führgeschirr vertraut zu machen und mit leichten Führübungen zu beginnen. Der morgendliche Spaziergang zum Versäuberungsplatz erfolgt dann nicht mehr an der Leine, sondern nur noch im Führgeschirr, auch wenn der Hund noch keine Übung im Führen hat. Diese wird sich ergeben, wenn wir jede Möglichkeit zur Führarbeit ausschöpfen. Parallel zur Führarbeit machen wir während der ganzen Ausbildungsdauer verschiedene Übungen an der Leine, einesteils als Vorstufe für Führaufgaben und andernteils zur Festigung des gegenseitigen Kontaktes.

Der Blinde und sein Hund

Ein «Abschlepphund»?

Zwei Jungen beobachteten einmal einen Führhundausbilder mit seinem Hund im Führgeschirr. Da sagte der eine zum andern: «Ein Blindenhund.» «Du spinnst», erwiderte der andere und belehrte ihn: «Das ist ein Abschlepphund.» Hätte diese Begegnung mit einem Blinden und seinem Führhund stattgefunden, hätte sich der Blinde wahrscheinlich geärgert, denn abgeschleppt zu werden bedeutet, sich nicht mehr selbst fortbewegen können. So hilflos ist ein Blinder jedoch nicht. Auch ohne Hund kann er sich fortbewegen, nur muß dies vorsichtig und mit Hilfe eines Stockes, mit dem er seinen Weg abtasten kann, geschehen. Der Führhund indes befreit ihn vom Tasten. Er führt seinen Herrn oder seine Herrin unaufgefordert an den Hindernissen vorbei oder zeigt sie durch Stehenbleiben an. Doch zurück zum «Abschlepphund»: Diese Bezeichnung hat schon etwas für sich, insbesondere für den Ausbilder, aber auch später für den Blinden. Das Abschleppen muß so verstanden werden, daß der Hund beim Führen seinen Partner ziehen und der Partner sofort anhalten muß, sobald kein Zug mehr spürbar ist. Wir können also sehr gut den Vergleich mit einem Fahrzeug, das von einem andern abgeschleppt wird, anstellen. Der Fahrer im Pannenfahrzeug muß stets darauf achten, daß das Abschleppseil angespannt ist, damit er notfalls bei einem Stopp des Zugfahrzeugs frühzeitig genug bremsen kann. So soll es auch beim Gespann Führhund/Ausbilder sein, wobei nicht ein Seil das Gespann verbindet, sondern ein Führgeschirr. Über dieses gibt der Ausbilder seinem Hund Signale zum richtigen Verhalten. Umgekehrt aber muß auch der Ausbilder die Signale, die ihm der Hund über das Führgeschirr vermittelt, beachten und sich entsprechend verhalten.

Damit wird klar, wie wichtig es ist, daß der zur Führausbildung ausgewählte Hund gerne zieht. Natürlich sind noch verschiedene andere Faktoren zu beachten, bevor man sich entschließt, einen Hund auszubilden. Es muß immer festgestellt werden, ob die entsprechenden Eigenarten, die eine Ausbildung zum Führhund nicht verantworten lassen, angeboren oder im Laufe der Zeit erworben wurden. Alles was angelernt ist, kann durch neue Impulse im richtigen Zeitpunkt und entsprechende Stärke wieder gelöscht werden. Das Angeborene dagegen kann wohl vorübergehend unterdrückt werden; früher oder später wird es aber wieder durchdringen. Nun könnte man einwenden, daß mangelnde Zugfreude in den meisten Fällen doch sicher nur auf unangenehmen Erfahrungen beim Ziehen an der Leine beruhe, weshalb dieser Mangel mit einem Zug an der Leine nach vorne oder mit viel Aufmunterung behoben werden könne. Das mag stimmen, doch dürfen wir nie vergessen, daß wir den Hund nicht für uns oder für einen Sehenden ausbilden, sondern für einen Blinden. Die Einwirkungen, die wir mit der Leine ausüben, und auch das Loben veranlassen den Hund, sich auf uns einzustellen; er ordnet sich ein und verliert an Selbständigkeit. Bei seinem Ausbilder fühlt er sich sicher und arbeitet genausogut, auch wenn dieser seine Augen verbindet. Beim Blinden jedoch, dessen Sicherheit im Gehen nicht an die des sehenden Ausbilders herankommt, fühlt sich der nicht zugfreudige Hund unsicher; seine Zugfreude läßt noch mehr nach, ab und zu steht er still, schaut zu seinem Meister zurück und wartet auf Ansporn. Wenn ihn der Blinde aufmuntert und einen kurzen leichten Leinenruck ausführt, wird der Hund gehen. Aber eines Tages passiert dann folgendes: Der Hund zögert vor einem frisch ausgehobenen Graben, denn der Weg, der daran vorbeiführt, ist sehr schmal. Der Blinde weiß nichts von diesem Aushub. Nichts Schlimmes ahnend, muntert er routinemäßig seinen Hund auf, führt einen leichten Ruck mit der Leine nach vorn aus, macht dabei einen Schritt ins Leere und fällt in die Vertiefung. Wer ist schuld? Ich meine, der Ausbilder ist es, denn er allein muß und kann die Verantwortung für die Verläßlichkeit seines ausgebildeten Hundes übernehmen. Natürlich können auch bei Beachtung aller Vorsichtsmaßnahmen Unfälle passieren; wir haben es mit lebenden Wesen zu tun, die nicht wie ein Computer programmiert sind und nicht stets nur das tun, was ihnen eingegeben wird. Es gehört jedoch zur Pflicht jedes gewissenhaften Ausbilders, sich bewußt zu sein, daß er einen Hund für einen nichtsehenden Menschen ausbildet. Er muß deshalb bei der Auslese des Hundes, nebst vielen andern Faktoren, ganz besonders darauf achten, daß der Hund arbeits- und damit auch zugfreudig ist.

Doch selbst wenn alle guten Anlagen vorhanden sind, darf das Tier bei der Ausbildung nie überfordert werden. Es empfiehlt sich deshalb, die Arbeitszeit im Führgeschirr von anfangs 10 und später 30 Minuten nicht zu überschreiten. Nach einer Übung muß mindestens eine Pause von einer halben Stunde eingeschaltet werden. Während dieser Zeit soll sich der Hund entspannen können. Hat er jedoch alles gelernt, muß die Arbeitszeit nach und nach bis auf drei Stunden ausgedehnt werden, damit er mit genügend Konditionstraining dem Blinden übergeben werden kann.

Angeschirrter Hund beim Führen
Je zügiger der Hund führt, desto sicherer fühlt sich der Blinde.

Ausbildungshilfsmittel

Bei der Ausbildung des Führhundes verwenden wir folgende *Hilfsmittel:*
1 Leine mit Zughalsband aus gutem Leder
1 Führgeschirr mit starrem Bügel
1 Fernsteuerung zum Bewegen der Hindernisse
1 weißer Taststock. Damit wird auf bestimmte Hindernisse geschlagen, um den Hund darauf aufmerksam zu machen.
1 Wurfkette
1 Eisenring mit Schellen
Verschiedene Bretter, Stangen, Schrauben, womit bestimmte Hindernisse erstellt werden.
Die Leine soll etwa 1 m lang, leicht und handlich sein. Am einen Ende ist ein Karabinerhaken befestigt, das andere Ende bildet eine Schlaufe. Das Zughalsband mit zwei rostfreien Eisenringen an den Enden sollte nur so lange sein, daß es noch knapp über den Kopf des Hundes gestülpt werden kann. Die Breite des Bandes sollte etwa 1 cm betragen.
Das Führgeschirr, ebenfalls aus widerstandsfähigem Leder, sollte so wenig Schnallen aufweisen wie möglich und muß der Größe des Hundes angepaßt werden.

Anschirren des Hundes

Es gibt verschiedene Möglichkeiten, dem Hund das Führgeschirr anzuziehen. Man kann das Geschirr so vor den Kopf des Hundes halten, daß er mit der Zeit selber hineinschlüpft. Man kann aber auch das Geschirr über den Kopf stülpen, es anschnallen und darauf achten, daß die Leine nicht unter dem Geschirr eingeklemmt ist. Wie auch immer: Wir müssen stets daran denken, daß wir den Hund für einen Nichtsehenden ausbilden. Dies bedingt, daß wir bei den verschiedensten Übungen die Augen schließen, um selbst festzustellen, wie sinnvoll es ist, jede Übung systematisch aufzubauen, und den Hund nur das zu lehren, was dem Blinden später dient.

Also müssen wir beim Anschirren vorerst darauf achten, daß der Hund links neben uns zu stehen kommt und dabei mit dem Kopf an unser linkes Knie stößt. So weiß auch der Blinde später sofort, wo sein Hund ist. Er kann dessen Kopf abtasten, ihn streicheln und, mit der Hand weiter nach hinten fahrend, die genaue Stellung des Hundes wahrnehmen und ihm dann das Geschirr anziehen. Wenn wir uns dies alles vorstellen, kommen wir zu folgender

Reihenfolge für das Anschirren des Hundes

1. Wir lehren den Hund, sich von hinten her kommend links neben uns zu begeben, wo er ruhig stehen bleiben und gleichzeitig mit dem Kopf unser linkes Knie berühren muß.
2. Wir ergreifen das Führgeschirr und hängen es vorerst an unseren rechten Unterarm. Mit der linken Hand halten wir den Führbügel mit dem sonst hinunterhängenden Bauchriemen fest. Danach suchen wir mit der rechten Hand den Fang und stülpen das Geschirr vom Arm weg über den Kopf des Hundes.
3. Wir schließen den Bauchriemen und kontrollieren, ob das Geschirr gut sitzt, ob es nicht zu eng oder zu locker ist.
4. Wir streicheln den Hund, ergreifen den Führbügel, lassen ihn wieder fallen, ergreifen ihn noch zwei, drei Mal und achten darauf, daß der Hund weiter ruhig stehen bleibt.

Wir wissen, daß der Hund ein sehr guter Beobachter ist und sehr schnell erfaßt, wann er spazieren gehen darf. Kaum haben wir die Leine ergriffen, ist er auch schon da und wartet darauf, angeleint zu werden. Wir müssen somit das Herankommen des Hundes gar nicht erst lehren, sondern können damit beginnen, sein Kommen so zu steuern, daß er auf unsere linke Seite zu stehen kommt. Dies ist möglich, wenn wir uns rechtsseitig an eine Wand stellen, am besten in einem Flur vor der Ausgangstüre. Damit hat der Hund gar keine andere Wahl. Ist er da, kraulen wir ihn mit der linken Hand unterhalb seines Ohrs und stülpen ihm das Zughalsband mit Leine über den Kopf. Dann bleiben wir ruhig stehen und warten, bis der Hund ungeduldig wird und der Türe zustrebt oder wieder von uns weg will. Wir lassen ihn gewähren und führen im Moment, da er uns nicht beobachtet, wortlos einen kurzen Leinenruck aus, ohne jede weitere Bewegung. Damit lernt der Hund: Weggehen ist unangenehm, an der Seite des Meisters ist es angenehm. Also kehrt

1

(Legenden s. S. 76)

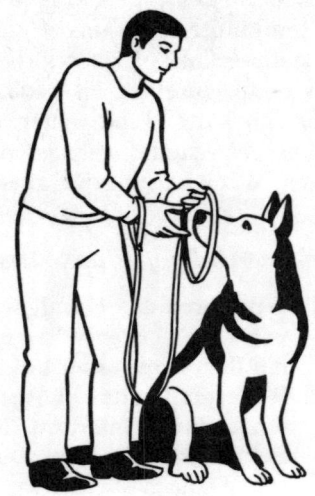

2

3

4

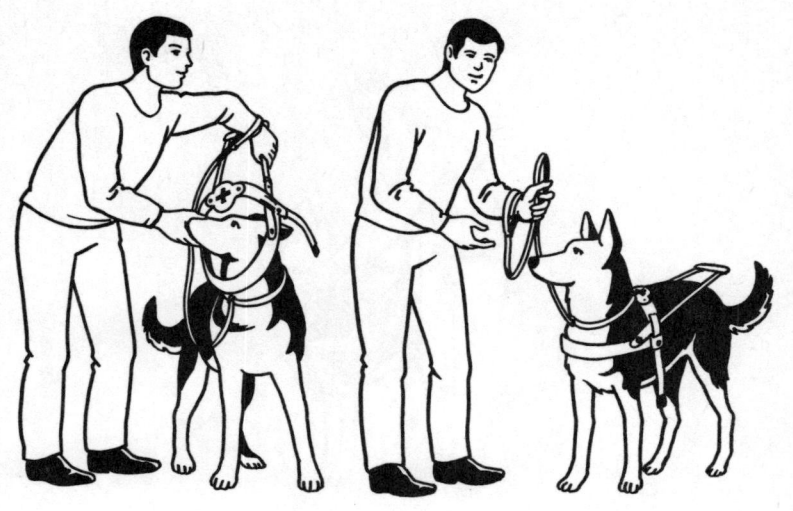

5

6

7

8

9

Anleinen und Anschirren des Hundes *(siehe auch Seite 74/75)*
1. *Kaum hat der Ausbilder die Leine ergriffen, ist der Hund auch schon da. Er weiß, daß er jetzt spazierengehen darf.*
2. *Während der Ausbilder dem Hund seine rechte Hand zum Beschnuppern hinstreckt, hält er das offene Halsband vor die Nase des Hundes.*
3. *Nun umfaßt der Ausbilder den Fang des Hundes und stülpt ihm das Halsband über den Kopf.*
4. *Nach dem Anleinen des Hundes hängt der Ausbilder die Schlaufe der Leine an sein linkes Handgelenk. Die linke Hand umfaßt den linken Führbügel, die rechte schiebt sich in die Öffnung des Geschirrs ...*
5. *... umfaßt den Fang des Hundes und schiebt das Geschirr über den Kopf des Hundes.*
6. *Vor dem Schließen des Bauchriemens wird die Leine hochgezogen, damit sie sich nicht im Geschirr verklemmt.*
7. *Damit beide Hände zum Schließen des Bauchriemens frei sind, wird schon vorher das Leinenende an das linke Handgelenk gehängt.*
8. *Da das Geschirr weder zu straff noch zu locker sein darf, wird stets kontrolliert, ob es gut sitzt.*
9. *Der Hund darf nach dem Anschirren nicht sofort losgehen. Er wird daher vom Ausbilder gestreichelt, der den Führbügel abwechselnd losläßt und wieder ergreift.*

er zurück und wird dafür wieder unter dem Ohr gekrault. Wir warten ruhig ungefähr eine Minute, ergreifen dann das Geschirr und ziehen es dem Hund, wie unter Ziffer 4 bis 9 beschrieben, an. Entfernt sich der Hund vor Ablauf dieser Minute, muß die Übung mit dem Leinenruck wiederholt werden. Im Laufe der Zeit lassen wir das Kraulen weg. Manchen Hunden fehlt dies dann und sie fordern uns auf, mit dem Fang an unser Knie oder unsere Hand stupsend, mit dem Kraulen weiterzufahren. Damit wäre auch der erwünschte Körperkontakt beim Herankommen hergestellt. Kommt der Hund nicht selbst darauf, drücken wir mit der linken Hand den Kopf des Hundes sanft an unser linkes Knie. Die Leine halten wir locker, jedoch nicht herabhängend in der rechten Hand. Sobald der Hund seinen Kopf vom Knie wegwendet, führen wir einen kurzen Leinenruck aus. Auch dieser Leinenruck darf aus der Sicht des Hundes nicht von uns herrühren. Er muß ihn einfach als unangenehm empfinden und daraus lernen: Weggehen vom Meister ist unangenehm, den Kopf an sein Knie halten ist angenehm, also schnell wieder dorthin zurück. Wenn der Hund mit seinem Kopf 3 Sek. an unserem Knie verharrt, dürfen wir ihn loben. Tut er dies nicht, muß die Übung wiederholt werden. Allmählich muß die Wartezeit mit angelegtem Kopf auf 10 Sek. ausgedehnt werden. Damit diese Übung noch besser sitzt, gehen wir dazu über, mit der Leine den Kopf des Hundes leicht von uns wegzuziehen, um den Leinenruck in dem Moment zu wiederholen, da er dem Zug nachgibt. Damit lernt der Hund erneut: Ich darf mich nicht dazu verleiten lassen, den Kopf vom Knie abzuwenden, sonst wird es unangenehm. Auf diese Art wird es ihm mit der Zeit Spaß machen, jeder Ablenkung, egal ob mit der Leine oder sonstwie ausgeführt, zu widerstehen. Wir bahnen mit dieser Methode auch bei andern Übungen eine sichere, auf die Umwelt bezogene Führleistung an, an der sich der Blinde später erfreuen kann.

Führen in gerader Richtung

Wenn wir einen Führhund bei der Arbeit beobachten, staunen wir über seine Leistung bezüglich Umgehen der Hindernisse, Anhalten vor Bordsteinkanten, Anzeigen von Türen, Treppen usw. Über die Ausbildungszeit und den Aufbau jeder einzelnen Aufgabe macht man sich weniger Gedanken. Es gibt sogar Leute, die meinen, der Hund hätte sein Wissen mit auf die Welt gebracht. So ist es nun wirklich nicht, sondern alles, was er tut, beruht auf Erfahrungen, die er während der Ausbildung machte. Schon allein für das Führen in gerader Richtung sind eine Menge Erfahrungen und Anforderungen nötig. Es ist wichtig, daß hier der Ausbilder mit dem Hund sorgfältig arbeitet und in kleinen Schritten vorgeht. Der Lehrgang für das Führen in gerader Richtung umfaßt folgende

Ausbildungsstufen:
1. Starten auf ein bestimmtes Kommando
2. Einhalten der eingeschlagenen Richtung
3. Führen, ohne zu schnuppern
4. Führen, ohne zu markieren, zu harnen oder zu koten
5. Führen ohne Panik bei Schießlärm jeder Art
6. Führen ohne Panik bei starkem Lärm (Motorengeräusch, Donner)
7. Führen ohne Panik bei Wahrnehmung spezifischer Gerüche
8. Führen ohne Panik bei optischen Wahrnehmungen
9. Vorbeiführen an Personen, die der Hund begrüßen möchte
10. Vorbeiführen an Personen, vor denen sich der Hund fürchtet
11. Vorbeiführen an Artgenossen
12. Vorbeiführen an andern Tieren
13. Gleichmäßiger Zug im Führgeschirr
14. Anhalten auf ein entsprechendes Kommando

Starten auf ein bestimmtes Kommando: AVANTI

Wir machen einen Unterschied zwischen Kommandos und Hörzeichen: Das Kommando bedeutet soviel wie *Befehl;* es *muß* befolgt werden. Das Hörzeichen ist ein *Hinweis;* es *sollte* befolgt werden, wenn die Situation es erlaubt.

Für das Starten verwenden wir das Kommando AVANTI. Es bedeutet soviel wie VORAN. Dieses Kommando wird auch später noch verwendet, wenn der Hund von der eingeschlagenen Richtung abweicht oder sich von seiner Führarbeit ablenken läßt. Vorerst aber wollen wir uns mit dem AVANTI als Startzeichen auseinandersetzen, denn wir stoßen bereits auf einen gewissen Widerspruch zu einem der wichtigsten Ausbildungsgrundsätze bei der Ausbildung des Führhundes im Führgeschirr. Er heißt:

Die Lenkung des Hundes mit dem Führbügel hat so zu erfolgen, daß der Hund keine Einwirkungen mit seinem Ausbilder verknüpft.

Wenn wir dem Hund nun das Start-Kommando geben, sind wir wenigstens anfangs gezwungen, dazu auch ein taktiles Zeichen, welches den Hund zum Ziehen veranlaßt, zu geben. Wir könnten schließlich auch durch Sichtzeichen den Hund zum Ziehen veranlassen, z. B. durch Schrittbewegungen. Wir hätten somit drei verschiedene Sinneskanäle, durch die wir zum zentralen Nervensystem des Hundes gelangen und damit das erwünschte Verhalten erwirken: Kommando AVANTI = Gehörsinn, Leinenruck nach vorne = Tastsinn, Schrittbewegungen = Gesichtssinn. Damit entsteht beim Hund eine klare Mann-Verknüpfung, d. h. er richtet sich nach uns. Gerade das aber wollen wir beim Blindenführhund nicht. Sonst erreichen wir, daß der Hund wohl den sehenden Ausbilder gut führt (auch wenn dieser ab und zu die Dunkelbrille trägt), aber später beim Blinden versagt.

Aufgrund dieser Erkenntnisse benützen wir das Führgeschirr zur Vermittlung von Impulsen, die den Hund zum richtigen Verhalten lenken, ohne daß dieser die Einwirkungen mit uns in direkten Zusammenhang bringt. Nach der Methode Uexküll-Sarris wurden die Impulse mittels eines speziellen Führhundewagens mit «künstlichem Menschen» übermittelt. Dieser Wagen hat sich in der ersten Ausbildungsphase sehr gut bewährt und würde sich auch heute noch bewähren, falls der Ausbilder damit umgehen kann.

Die Handhabung des Führgeschirrs ist nicht unbedingt leicht. Sie erfordert eine gute Beobachtungsgabe, schnelle Reaktion, Fingerspitzengefühl, Exaktheit und Körperbeherrschung. Nur wenn diese Voraussetzungen erfüllt sind, wird es möglich, dem Hund über das Führgeschirr die Impulse zum richtigen Verhalten zu geben, ohne daß er die Einwirkungen mit seinem Ausbilder verknüpft.

Wir geben somit zuerst das Startzeichen mittels des Führgeschirrs. Es geht hier um den ersten Schritt, bei dem der Hund lernt: Das Führgeschirr zwingt mich zum Vorangehen. Auch hier erfolgt das Lehren in Stufen.

Stufe 1

Ort: Vor dem Wohnhaus auf der Straße
Zeit: Erster Auslauf am Morgen

Wie unter «Anschirren des Hundes» beschrieben, ziehen wir dem Hund das Führgeschirr an. Wir halten die Leine am Schlaufenende in der rechten Hand und ergreifen mit der linken den Führbügel. So warten wir einige Sekunden, dann ziehen wir mit zunehmender Stärke den Führbügel nach hinten. Wir sprechen nichts und achten darauf, daß sich, außer dem linken Arm, nichts an unserem Körper bewegt. Je nach Hund wird dieser nach vorne ziehen, und schon geht es voran. Dieses Resultat ist leichter erreichbar, wenn wir damit beim üblichen Morgenspaziergang beginnen, denn dann hat der Hund bereits ein Ziel. Wenn der übliche Morgenspaziergang mit dem Hund zum Bäcker oder an einen andern bestimmten Ort hinführt, kann man damit rechnen, daß dieser Weg bereits zur Gewohnheit wurde; er wird ihn deshalb auch im Führgeschirr zurücklegen.

Stufe 2

Nicht jeder Hund wird beim Nachhintenziehen des Führbügels nach vorne streben. Der eine oder andere wird starr stehen bleiben oder sich sogar nach hinten ziehen lassen. In solchen Fällen brechen wir die Übung wortlos ab, lassen den Führbügel fallen und gehen mit dem Hund an der Leine weiter, wobei wir ihn zum Vorangehen, ja zum Ziehen an der Leine aufmuntern. (Dies dürfen wir, denn die Arbeit im Führgeschirr beginnt mit dem Ergreifen des Führbügels und endet, wenn wir diesen fallen lassen. Außerhalb der Führarbeit ist auch der Führhund ein Hund wie jeder andere, er darf, ja muß sich auf seinen Meister einstellen und sich ihm unterordnen. Wenn wir diese zwei Situationen stets gut auseinanderhalten, begreift der Hund sehr schnell: im Führgeschirr ist er «Menschenführer», sobald sein Meister das Führgeschirr fallen läßt, ist dieser «Hundeführer».) Wenn nun der Hund an der Leine zu ziehen beginnt, wechseln wir diese in die rechte Hand, ergreifen mit der linken den Führbügel und lassen dann den Hund am Führgeschirr ziehen. Auf diese Weise werden wir jeden einigermaßen arbeitsfreudigen Hund dazu bringen, daß er auch seinen Spaß daran haben wird.

Zur vorhergehenden Seite:
Bewegliche Hindernisse (vgl. auch Seite 183)
Nicht ängstlich, sondern vorsichtig und mit genügendem Abstand führt Gill seinen Partner auch an beweglichen Hindernissen – hier am Radfahrer – vorbei.

Ohne Erinnerung an einmal Geschautes

(von Moncef Genoud, Genf; vgl. auch Seite 13—14)

Ich bin blind geboren, hatte aber das Glück, daß mein Vater mich von frühester Kindheit an mit allen Mitteln zu fördern und für das Leben als Blinder unter Sehenden vorzubereiten suchte. Mit viel Einsatz und Geschick vermittelte er mir ein sehr klares Bild meiner engeren und weiteren Umgebung. So kaufte er mir die verschiedensten Spielzeugautos und andere Miniaturfahrzeuge, um mir den Straßenverkehr begreiflich zu machen. Zum Verständnis des Bahnverkehrs schenkte er mir eine Modelleisenbahn und spielte stundenlang mit mir. Von Beruf Grafiker, stellte er für mich abtastbare Pläne von Stadtteilen, Verkehrssituationen und von Innenräumen größerer Gebäude her. So lernte ich sehr früh, mich aufgrund meiner inneren Vorstellung von räumlichen Gegebenheiten zurechtzufinden.

Ebensofrüh sorgte mein Vater für meine bewegungsmäßige Ertüchtigung. Wir trieben zusammen manche Sportart. Das reichte vom Wandern über das Joggen und Radfahren bis zum Rollschuh- und Schlittschuhlaufen sowie zu einfachen Bergtouren mit Kletterpartien. Dazu kamen Schwimmen und Kanufahren.

Die Primarschule durchlief ich in Lausanne in der Blindenschule. Dann aber wechselte ich in die normale Schule über, wo ich unterstützt von Lehrern und Kameraden die Sekundarschulstufe und das Gymnasium durchlief. Schon von klein auf hatte ich Freude am Klavierspiel, und mit 16 Jahren stand es für mich fest: Ich wollte Musiker werden. Während des Gymnasiums war ich bereits Schüler am Genfer Konservatorium. Hier begeisterten mich meine Lehrer Chaix und Scotti für den Jazz. Ich lernte dieses Metier von Grund auf in Theorie und Praxis. Meine ersten Engagements als Jazzpianist gehen noch auf meine Gymnasialzeit zurück. Heute bin ich als Musiker voll beschäftigt, und zwar als Komponist und Arrangeur, als Pianist in Jazzbands und als Leiter meiner eigenen Formation, des Trio Genoud.

Natürlich bin ich mit meinem braven Führhund Gill in der glücklichen Lage, sehr beweglich zu sein. Aber ohne das Verständnis und die Unterstützung meiner Frau könnte ich mein Arbeitspensum nicht bewältigen.

Selbstverständlich macht man sich auch ab und zu seine Gedanken über das besondere Schicksal, das einem ja mit der Sehbehinderung zuteil wird. So habe ich mich schon gefragt, was denn eigentlich der Unterschied zwischen dem Leben geburtsblinder Menschen und dem der später Erblindeten sei. Nun, ich glaube, es gibt im Grunde nur etwas, das völlig anders ist. Unsere Lehrer und Trainer haben es beim Erklären irgendeines Vorganges oder einer Sache mit uns Geburtsblinden bedeutend schwerer, da uns die optischen Vergleichsmöglichkeiten fehlen. Wir verfügen eben nicht über Erinnerungen an einmal Geschautes. Dagegen haben wir uns von Kindheit auf an das augenlose Dasein anpassen können und sind mit dem Verlust des Augenlichtes nicht so akut belastet, wie es der Spätererblindete zumindest am Anfang ist.

Freilich gibt es gewisse Bewegungsabläufe, die wir nicht so gut beherrschen lernen wie der Spätererblindete, der ja früher dank seines Sehvermögens nachmachen konnte, was ihm vorexerziert wurde. Zum Beispiel wird ein Geburtsblinder beim Gehen und Laufen seine Arme nicht rhythmisch mitbewegen, wenn man ihn dies nicht lehrt. Und beim Skilaufen wird er auch nie so elegante Schwünge machen können, da er die entsprechende Körperhaltung nicht abzuschauen vermag.

Eines jedoch – so scheint mir – ist den von Geburt an Blinden in hohem Maße gegeben: Wir lernen sehr konzentriert zuhören, und das wirkt sich später in den zwischenmenschlichen Beziehungen positiv aus.

Stufe 3

Sobald der Hund gelernt hat, auf das leichte Anziehen des Bügels voranzugehen, können wir zur Stufe 3 übergehen. Wir geben das Kommando AVANTI kurz vor dem Anziehen des Bügels. Der Hund wird sehr schnell begreifen, daß auf das Wort AVANTI auch noch der Zug folgen wird. Mit der Zeit wird er diesen gar nicht mehr abwarten, sondern bereits schon auf AVANTI losgehen. Ja es wird sogar nicht lange dauern, bis beim arbeitsfreudigen Hund bereits das Erfassen des Führbügels als Startzeichen gedeutet wird. Er wird dann nicht einmal mehr das Kommando abwarten. Dies dürfen wir aber nicht einreißen lassen und kommen somit zur Stufe 4 (Seite 83).

1

Starten auf ein bestimmtes Kommando (Seite 81—82)

1. *Bereit zum Start!*
2. *Unmittelbar vor dem Start wird der Führbügel leicht angezogen ...*
3. *... dann ertönt das Kommando AVANTI.*
4. *Damit der Ausbilder dem Hund beim Starten nie auf die Füße tritt, macht er den ersten Schritt stets mit dem rechten Bein.*
5. *Schließlich darf das Lob BRAVA nach gelungenem Start nicht fehlen.*

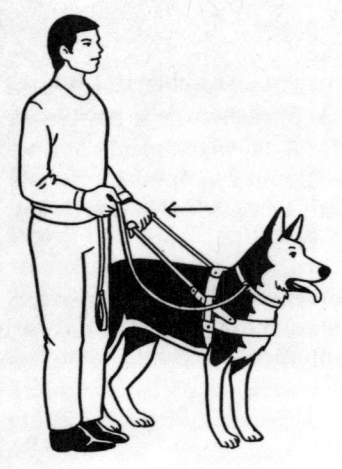
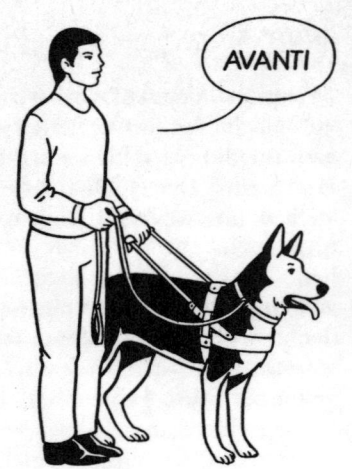

Stufe 4

Wir müssen darauf vorbereitet sein, daß der Moment kommt, da der Hund auf das Erfassen des Bügels loszieht. Dann halten wir den Bügel fest, stehen starr wie ein Pfahl da, sagen nichts und sehen nichts. Der Hund wird erstaunt sein und uns ansehen. Sobald er von uns wegsieht, sagen wir AVANTI und lassen den Hund führen.

Wichtig: Beim Starten machen wir stets den ersten Schritt mit dem rechten Bein. Wir können so vermeiden, daß wir dem Hund mit dem Fuß auf die Pfoten treten und ihm den Start unangenehm machen. Dazu käme noch, daß er seinen Blick stets auf unsere Füße richtete anstatt auf den Gehweg vor ihm. Sobald der Hund gelernt hat, auf die Hörzeichen richtig zu reagieren, dürfen beim Start mit dem Führbügel keine Impulse mehr gegeben werden.

Einhalten der eingeschlagenen Richtung

Ort: Eine dem Hund unbekannte Wegstrecke ohne Trottoir, mit Wegeinmündungen von rechts, in ruhigem Wohngebiet oder in ländlicher Umgebung
Zeit: Erste Übung am Morgen

Wir fahren mit dem Hund an eine ausgewählte Wegstrecke in ruhigem Wohngebiet oder in ländlicher Umgebung. Die meisten Hunde sind von neuen Umgebungen begeistert. Sie besitzen eine angeborene Seitenstetigkeit, d. h. sie gehen gerne einer Randlinie entlang, auf Straßen ohne Trottoir meistens linksseits. Dies mag daran liegen, daß der Hund von der Wildbahn her offene Flächen meidet und sie am Rande umgeht. Am Straßenrand erhält er auch Informationen, z. B. durch Markierungen der Artgenossen. So können es auch diese Informationen sein, die unseren Hund dazu verleiten, am Straßenrand entlangzugehen. Da wir ihn linksseits führen, befindet er sich unmittelbar neben dem Straßenbord und kann dort besser schnuppern als auf der rechten Straßenseite, wo wir uns dazwischen befinden. Damit der Hund weniger in Versuchung kommt, während des Führens zu schnuppern, schirren wir ihn an der rechten Straßenseite an und lassen ihn auf dieser Seite losziehen. Sollte er mit der Zeit nach links ziehen, lassen wir ihn gewähren. Links angekommen, lassen wir das Geschirr fallen und gehen mit dem Hund an der Leine wieder zur rechten Straßenseite. Dort ergreifen wir den Führbügel wieder und starten von neuem. Mit der Zeit wird der Hund begreifen, daß er der rechten Straßenseite entlanggehen muß; bei einer Straßeneinmündung wird er dann von rechts in diese Nebenstraße einbiegen. Damit hat er die eingeschlagene Richtung nicht beibehalten, und es liegt jetzt an uns, ihm begreiflich zu machen, daß er die Nebenstraße überqueren und auf der andern Seite geradeaus weitergehen muß. Wir gehen wie folgt vor.

a. Wir lassen den Hund vorerst 5 – 10 m in die Seitenstraße hineinführen, dabei bereiten wir uns auf die Stopp-Einwirkung vor, d. h. wir fahren mit der Leine in der rechten Hand zur linken Hand, knapp über den Griff des Führbügels. Dabei verkürzen wir die Leine so weit, daß sie nicht mehr hinunterhängt, sondern fast gestreckt ist. Dann stoßen wir plötzlich den Führbügel nach vorne und ziehen gleichzeitig die Leine nach hinten. Auch hier ist sehr wichtig, daß wir wortlos und ohne für den Hund sichtbare Körperbewegung einwirken und anschließend bewegungslos stehen bleiben, denn auch der Hund wird auf diese Einwirkung hin sofort stoppen.

b. Dann lassen wir uns vom Hund auf der Nebenstraße bis zur Abbiegung zurückführen. Dort überqueren wir die Nebenstraße und gehen auf der andern Seite etwa 50 m geradeaus weiter. Die Übung ist damit für diesen Tag beendet.

c. Am nächsten Tag wird das Ganze wiederholt, um festzustellen, ob der Hund wieder abschwenkt. Würde er dies tun, wäre die Einwirkung am Vortag zu schwach gewesen und müßte jetzt verstärkt werden. Ist dies nicht notwendig, wird wie am Vortag die Nebenstraße passiert und etwa 50 m weitergegangen; dann ist die Übung zu beenden.

Beginn der Ausbildung
Die ersten Übungen beginnen in ruhigem Wohngebiet oder in ländlicher Umgebung.

Führen ohne zu schnuppern

Ort: Übungsstrecke auf dem Lande, Straße ohne Trottoir
Zeit: beliebig

Wir gehen mit dem Hund auf der linken Straßenseite und warten, bis er schnuppert. Wir lassen ihn ungestört eine Weile gewähren. Während dieser Zeit heben wir den Führbügel in die Höhe und bringen ihn in senkrechte Stellung. Der Hund darf dies nicht merken; er wird es auch nicht, wenn er intensiv am Schnuppern ist. Dann stoßen wir plötzlich so kräftig wie möglich den Führbügel nach unten, dabei hält die rechte Hand die leicht angespannte Leine vor dem Kopf des Hundes. Der Hund wird nun versuchen, diesem Druck von oben zu entgehen. Nach oben kann er nicht ausweichen, weil ihn der Führbügel daran hindert; seitlich oder nach hinten geht es auch nicht, denn da hält ihn die Leine zurück. So bleibt nur ein Ausweg aus dieser unangenehmen Situation: die Flucht nach vorne.
Auch bei dieser Einwirkung dürfen wir nicht sprechen und uns nicht bewegen, damit der Hund den unangenehmen Druck mit dem Bügel nicht mit uns, sondern mit dem Führgeschirr und dem Geruch, den er wahrgenommen hat, verknüpft. Wir lassen den Hund dann noch einige Meter weiterziehen, lassen den Bügel wieder fallen und beendigen diese Übung. Der Hund braucht jetzt Zeit, sich zu entspannen. Dabei wird sich dieses unangenehme Erlebnis im Gedächtnis verankern. Wir wiederholen diese Wegstrecke anderntags. Wenn die Verknüpfung «Geruch und Einwirkung des Führgeschirrs» richtig zustande kam, wird der Hund dieses Mal an dem Geruch oder ähnlichen Gerüchen vorbeigehen. Bei andern Gerüchen wird er aber wieder schnuppern, und wir müssen dann die Einwirkung gegen das Schnuppern wiederholen. Auch dann brechen wir nach einigen Schritten die Übung ab. Mit der Zeit brauchen wir den Stoß mit dem Bügel nur noch anzutönen, wenn der Hund sich zum Schnuppern anschickt, worauf er sofort weiterziehen wird. Dann dürfen wir die Führübung fortsetzen.

Führen ohne zu markieren, zu harnen oder zu koten

Bevor wir uns mit Maßnahmen gegen das Markieren, Harnen und Koten befassen, sollten wir uns fragen, weshalb und wann der Hund diese für ihn lebenswichtigen Bedürfnisse befriedigt.

Markieren gründet auf dem Arterhaltungstrieb und ist ein angeborenes Verhalten. Es ist vor allem der Rüde, der mit seiner Duftnote die Artgenossen informiert. Er tut das nicht willkürlich, sondern nur auf entsprechende Impulse über seine Sinnesorgane. Er sieht oder riecht etwas, das ihn reizt, seine Duftnote anzubringen. Nun muß der Hund lernen: «Markieren im Geschirr ist unangenehm.»
Er lernt dies sehr gut, wenn wir gleichermaßen einwirken wie beim Schnuppern. Doch gilt es hier, den Hund gut zu beobachten. Wir müssen bemerken, wann er einen Impuls empfängt, der ihn zum Markieren reizt, damit wir auf die Einwirkung vorbereitet sind, bevor der Hund das Bein zu heben beginnt. In dem Moment stoßen wir, wie beim Schnuppern beschrieben, den Führbügel senkrecht nach unten. Dabei ziehen wir gleichzeitig leicht mit der Leine nach vorne, damit er geradeaus weitergehen muß.
Auch hier darf der Hund nicht lernen: Wenn ich markiere, bestraft mich mein Meister. Sonst findet er später beim Blinden bald heraus, daß dieser gegen sein Markieren nichts unternimmt. (Er sieht es nicht und bemerkt es deshalb zu spät.) So geschieht es dann, daß der Hund beim Ausbilder nicht markiert, beim Blinden aber doch. Richtig ist, wenn er lernt: Das Führgeschirr hindert mich, meine Instinkthandlung durchzuführen. Wenn ich aber all das ignoriere, was mich zu meiner Handlung reizt, passiert nichts. Da es verschiedene Reizquellen sind, die den Hund zum Markieren animieren, müssen die Einwirkungen entsprechend wiederholt werden.

Harnen und koten fallen in den Bereich des natürlichen Stoffwechsels, wobei meistens auch seelische Regungen mitwirken. Oft empfindet der Hund erst durch die Wahrnehmung von Urin- und Kotgerüchen seiner Artgenossen den Drang, seine Notdurft zu verrichten. Außerdem kann eine große seelische Belastung Harnfluß oder Kotabsatz auslösen. Da es nicht möglich ist, alle Zusammenhänge dieses biologischen Ablaufes zu kennen, sollte man auf

Einwirkungen, wie es beim Markieren geschieht, verzichten und sich damit begnügen, vorzubeugen. Wir kennen ja den Hund und wissen, zu welchen Zeiten er normalerweise seine Notdurft verrichtet. Wir müssen uns hier dem Hund anpassen und ihm die Möglichkeit geben, sich zu regelmäßigen Zeiten zu versäubern. Das ergibt sich sozusagen automatisch, wenn er auch immer zu gleicher Zeit gefüttert wird. Es ist überhaupt sehr wichtig, daß der Hund während der Ausbildung und auch später einen geregelten Zeitablauf hat.

Führen ohne Panik bei Schießlärm jeder Art

Ein Führhund, der auf Schießlärm panisch reagiert, bedeutet für den Blinden eine große Gefahr. In panischem Zustand mißachtet er alles Gelernte. Je nach Wesensart blockiert er und ist durch nichts zum Weitergehen zu bewegen, oder er reagiert mit zielloser Flucht. Beide Reaktionen deuten auf eine angeborene Anlage hin, gegen die nichts unternommen werden kann.
Wir können davon ausgehen, daß eine angeborene Angst vor Schießlärm sich mit zunehmendem Alter des Hundes noch verstärkt. In diesem Fall muß auf die Ausbildung des Hundes zum Führhund verzichtet werden.
Anders ist es, wenn der Hund durch einen Knall erschrickt, sich aber nach einigen Sekunden vom Schreck wieder erholt. Hier können durch langsames Angewöhnen an Schüsse verschiedenster Art die Schreckreaktionen verringert werden. Dabei ist es wichtig, daß der Hund, vor allem anfangs, die schießende Person sieht und dabei lernt, daß auf den Schuß hin weiter nichts Unangenehmes folgt.

Führen ohne Panik bei starkem Lärm (Motorengeräusch, Donner)

Es gibt Hunde, die absolut schußsicher sind, sich aber bei Lärm unbekannter Herkunft wie z.B. Donner ängstigen. Ich habe hier mit Absicht das Wort «ängstigen» gewählt. Denn ich möchte damit klar zwischen Angst und Furcht unterscheiden. Angst hat man vor etwas Unbekanntem, Furcht vor etwas Bestimmtem. Natürlich gibt es da oft Verschmelzungen. Angst ist etwas Angeborenes, Furcht etwas Erlerntes. Dies zu wissen scheint mir wichtig, denn das Angeborene kann nicht wegdressiert werden. Hingegen kann man etwas Erlerntes durch neue Erlebnisse in gleicher oder ähnlicher Situation überdecken.

In Anbetracht dieser Erkenntnisse müssen wir deshalb herausfinden, ob ein bestimmtes Verhalten des Hundes ererbt oder erlernt ist. Dies geschieht, indem wir ihn wiederholt in der gleichen Situation beobachten, in der er sich ängstigt oder fürchtet. Verstärkt sich der Angstzustand, können wir nichts dagegen unternehmen. Stellen wir fest, daß der Hund mit der Zeit eher ruhiger wird, besteht gute Hoffnung auf Besserung. Wir können dann noch mit angenehmen Einwirkungen die Verhaltensänderung beschleunigen.

In keinem Fall jedoch dürfen wir einen Hund ausbilden, der weiterhin bei starkem Lärm panisches Verhalten zeigt.

Führen ohne Panik bei Wahrnehmung spezifischer Gerüche

Es gibt sensible Hunde, die auf besondere Gerüche heftig, ja panikartig reagieren, z. B. beim Vorbeigehen an Schlachthäusern, Gerbereien und Pelzgeschäften. Dabei handelt es sich um eine angeborene Reaktion, gegen die nichts unternommen werden kann. Für den Blinden kann dies sehr unangenehm sein. Deshalb sollten solche Hunde nicht zum Führhund ausgebildet werden. Andererseits muß man sich fragen: «Wie oft führt der Weg eines Blinden mit seinem Hund an Schlachthäusern, Gerbereien und Pelzgeschäften vorbei?» Die Antwort wird bestimmt «Sehr selten!» lauten. So finde ich, daß hier ausnahmsweise diese Eigenart toleriert werden sollte, wenn das Tier sonst hervorragende Qualitäten zeigt. Selbstverständlich muß der Blinde auf diese besondere Überempfindlichkeit des Hundes aufmerksam gemacht werden. Bei der Einführung müssen dann entsprechende Orte aufgesucht werden, damit der Blinde das Verhalten des Hundes erlebt und dabei lernt, sich richtig zu verhalten.

Führen ohne Panik bei optischen Wahrnehmungen

Bekanntlich sind der Gehörsinn und der Geruchssinn beim Hund höher entwickelt als der Gesichtssinn. Dies mag dazu beitragen, daß der Hund von dem, was er hört oder riecht, stärker erregt werden kann als von dem, was er erblickt. Trotzdem gibt es Hunde, die sich vor flatternden Gegenständen wie Fahnen, Plastikfolien, Vogelscheuchen sowie vor besonderen Statuen, die Tiere oder Menschen darstellen, ja sogar vor Licht oder Schatten fürchten. Die Erfahrungen haben jedoch gezeigt, daß hier durch geduldiges Angewöhnen an diese Gegenstände die Furcht abgebaut werden kann. Dies geschieht, indem wir den Hund an die furchterregenden Objekte hinführen – nicht im Führgeschirr, sondern nur an der Leine – und diese immer enger umkreisen. Dabei können wir dem Hund etwas Belangloses erzählen. Versucht er in der Nähe des Objektes zu flüchten, lassen wir ihn bis Leinenlänge gehen und machen ihm dann die Flucht mit einem kurzen Leinenruck unangenehm. Dann lassen wir den Hund an uns herankommen, denn er wird bei uns Schutz suchen, bringen ihn zum Sitzen und beruhigen ihn. Nachher umkreisen wir den furchtauslösenden Gegenstand nochmals und entfernen uns gemeinsam. In den folgenden Tagen wiederholen wir diese Übung und versuchen dabei, immer näher an das Objekt heranzukommen, bis der Hund davor keine Furcht mehr zeigt.

Furcht vor Unbekanntem
Durch geduldiges Umkreisen furchterregender Gebilde läßt sich das anfängliche Mißtrauen des Hundes abbauen.

Vorbeiführen an Personen, die der Hund begrüßen möchte

Allgemeine Feststellungen

Wenn ein Hund bestimmten Personen begegnet, kann dies bei ihm Freude oder Furcht auslösen. Solche Gemütsregungen können bei manchen Hunden so stark sein, daß sie nicht mehr weiterführen. Dies verunsichert den Blinden sehr, weshalb wir uns während der ganzen Ausbildung darum bemühen müssen, den Hund zu lehren, bei bekannten Personen, obwohl er diese gerne begrüßen möchte, weiterzugehen. Das gleiche gilt bei Personen, die ihm Furcht einflößen. Wir könnten den Hund ganz einfach mit einem Ruck an der Leine zum Weitergehen zwingen. Das würde dazu führen, daß der Hund mit dem Ausbilder zwar an allen Personen vorbeigeht, beim Blinden aber wieder versagt, weil er während der Ausbildung nur den Ruck mit der Leine seines Ausbilders kennen lernte. Er sollte aber lernen, daß ihn das Führgeschirr zum Weitergehen zwingt. Hier leistete der Führhundewagen mit dem «künstlichen Menschen» von Uexküll/Sarris gute Dienste. In diesen Wagen eingespannt war die Bewegungsfreiheit des Hundes so eingeschränkt, daß ihm eine Begrüßung von bekannten Personen gar nicht möglich war. Damit lernte er schon zu Beginn, sich richtig zu verhalten. Dieses richtige Verhalten änderte sich bei der Umstellung auf das Führgeschirr nicht. Bilden wir den Hund jedoch von Anbeginn mit dem Geschirr aus, fühlt er sich bald frei genug, auch eingeschirrt an ihm bekannten Personen freundlich begrüßend hochzuspringen oder vor Personen, vor welchen er sich fürchtet, zu erstarren oder zu flüchten. Da der Hund je nach Personengruppe anders reagiert, muß auch in der Ausbildung unterschiedlich vorgegangen werden.

Einwirkungen gegen das Begrüßen von Personen

Anfangs fühlt sich der Hund im Ausbildungsgeschirr noch einigermaßen eingeengt und wird an Personen, die er sonst freudig begrüßen würde, vorbeigehen, wenn auch schwanzwedelnd. Vom Schwanzwedeln bis zum Stehenbleiben und zur freudigen Begrüßung ist aber nur noch ein kleiner Schritt. Deshalb gilt hier der Ausbildungsgrundsatz: **Wir müssen den Hund das Richtige lehren, bevor er das Falsche tut.** Wir gehen wie folgt vor:

Wir müssen den Hund stets gut beobachten. Sehen wir, wie er zu wedeln beginnt und sein Blick der ihm bekannten Person zuwendet, drehen wir den Griff des Führbügels ruckartig nach links und rechts. Damit drücken wir die Bügelenden dort, wo das Brustgeschirr befestigt ist, abwechslungsweise an den Körper des Hundes. Diese unangenehmen Einwirkungen verknüpft er nun mit der Person, die er begrüßen möchte. So schwindet das Interesse an Leuten, denen er im Geschirr begegnet, und er führt an ihnen vorbei. Dabei ist sehr wichtig, daß wir sofort aufhören einzuwirken, sobald wir beobachten, daß der Hund sich von der Person abwendet. Dadurch lernt er, daß nichts passiert, wenn er beim Führen andere Personen nicht beachtet.

Unangenehme Einwirkungen mit dem Führbügel, z. B. ruckartige Links- und Rechtsbewegungen, verknüpft der Hund mit dem, was seine Aufmerksamkeit erregt. So lernt er, daß er sich von anderen Personen nicht ablenken lassen darf.

Nun gibt es aber Hunde, die auf Personen, die ihnen viel bedeuten, losstürmen. Dann ist es für den Ausbilder aussichtslos, im Führgeschirr irgendwelche Einwirkungen zu versuchen. In einem solchen Fall muß er sich vom Hund zur Person hinreißen und, über den eigenen Fuß stolpernd, der Länge nach hinfallen lassen. Dabei darf er auf keinen Fall den Führbügel fahren lassen, sondern muß ihn, fest mit beiden Händen haltend, zu Boden drücken, damit auch der Hund umfällt. Dieser Sturz wird dem Ausbilder mehr weh tun als dem Hund; Hautschürfungen werden kaum ausbleiben. Aber auch für den Hund wird der Sturz nicht angenehm sein, und er wird bestimmt dabei lernen, daß ein Losstürzen unangenehm endet. Er wird es in Zukunft unterlassen.

Vorbeiführen an Personen, vor denen sich der Hund fürchtet

Es gibt Hunde, die sich vor bestimmten Personengruppen fürchten. Es sind dies Leute, die ihn anstarren, hinken oder sonst einen ungewohnten Gang haben, die auffällig gekleidet sind, sich mit Krücken oder einem Rollstuhl fortbewegen – kurz, sich ungewöhnlich benehmen. In diesen Fällen, wo Furcht im Spiele ist, darf keine unangenehme Einwirkung erfolgen, sonst fürchtet sich der Hund nur noch mehr.
Deshalb schirren wir den Hund aus und geben ihm Gelegenheit, das Furchterregende zu beschnuppern. Wir bitten die Person, vom Hund wegzusehen und sich ruhig zu verhalten. Verzichtet der Hund auf ein Beschnuppern, gehen wir mit ihm, auf Fluchtdistanz vor der furchterregenden Person, mehrmals hin und her. Dann schirren wir ihn wieder an und gehen weiter. Damit sollte der Hund sehr schnell die Furcht verlieren. Wenn nicht, darf er nicht zum Führhund ausgebildet werden.

Vorbeiführen an Artgenossen

Wenn sich Hunde begegnen, begrüßen sie sich gegenseitig. Es beginnt mit gegenseitigem Nasenkontakt, dann wird die Anal- und Genitalregion beschnuppert und anschließend wird markiert. Dieses Ritual ist angeboren und im Dasein des Hundes etwas Lebensnotwendiges. Wenn ein Hund nie Gelegenheit dazu hat, diese Begrüßungszeremonie durchzuführen, kommt es zu seelischen Stauungen und zu aggressivem Verhalten gegenüber Artgenossen. Deshalb muß auch ein Führhund ab und zu andere Hunde begrüßen dürfen, wobei das ganze Instinktverhalten wie geschildert ablaufen sollte.

Wir müssen also einerseits dem Hund die Kontaktpflege mit Artgenossen ermöglichen, andererseits ihm beibringen, daß dies im Führgeschirr nicht geht.

Wenn der Hund frei oder angeleint ist, lassen wir ihn stets andere Hunde begrüßen. Wir suchen auch Hundespielplätze auf, lassen dort den Hund frei, auf das Risiko hin, daß es einmal zu einer Rauferei kommen könnte. Auch eine Rauferei ist für einen normal veranlagten Hund lehrreich. Im Normalfall sollten wir uns in diese Auseinandersetzungen nicht einmischen, sondern uns vom Kampfplatz entfernen. Sollte jedoch unser Hund an einen notorischen Raufer geraten, der ihm kräftemäßig überlegen ist, müssen wir einschreiten. Dabei lassen wir uns auf unseren eigenen Hund fallen, drücken ihn am Nacken zu Boden und schützen ihn so vor den Angriffen des fremden Hundes.

Wenn unser vierbeiniger Lehrling im Führgeschirr einen Artgenossen begrüßen möchte, lassen wir ihn auf diesen zugehen. Beim andern Hund angekommen, stoßen wir kräftig mit dem Führbügel nach vorne, lassen ihn fallen, machen, den Hund nur noch an der Leine haltend, eine Rechtsumkehrtwendung und gehen mit ihm zum Ausgangspunkt zurück. Die Übung ist damit für heute beendet.

Sollte unser Hund bei einer späteren Begegnung mit einem Artgenossen nicht vorbeigehen, war die im vorherigen Abschnitt beschriebene Einwirkung zu schwach und muß nun in verstärkter Weise wiederholt werden.

Falls sich ein fremder Hund uns nähert und sich anschickt, den unseren nach Hundeart zu begrüßen, lassen wir den Führbügel fallen und lassen die beiden gewähren. Wir müssen uns vorerst damit zufrieden geben, daß unser Hund während des Führens nicht mehr auf andere Hunde zugeht. Später, wenn er das A TERRA gelernt hat, können wir etwas dagegen tun, wenn er von andern Hunden gestört wird. Wir lassen dann die Begrüßungszeremonie ablaufen und befehlen am Ende der Begrüßung A TERRA, gehen vom Hund weg und wieder zu ihm zurück. Dann geht's mit AVANTI weiter.

Bei späteren «Belästigungen» durch andere Hunde lassen wir ihn schon früher abliegen, damit es gar nicht zur Begrüßungszeremonie kommen kann. Wir bedienen uns bei dieser Übung zweier Kommandos: des A TERRA und des AVANTI. Zu Beginn ist dies notwendig. Doch mit der Zeit genügt in solchen Situationen das AVANTI allein. Es wird sogar so weit kommen, daß der Hund, wenn ein Artgenosse auf ihn zukommt, stramm vorwärtsgehen wird. Damit hätten wir unser Ziel erreicht.

Begegnung mit Artgenossen
In seiner Freizeit darf sich der Führhund nach Lust und Laune mit anderen Hunden vergnügen. Beim Führen jedoch sollte er seine Artgenossen ignorieren.

Zur vorhergehenden Seite:
Vorbeiführen an Artgenossen (vgl. auch Seite 94)
Eine Bitte des Blindenführhundes an Hundehalter: «Haltet fremde Hunde von mir fern. Bleibt nicht mit ihnen stehen, sondern umgeht uns schnellen Schrittes. Sonst lenken sie mich ab und bringen damit meinen blinden Partner in Gefahr.»

Mein Kumpel Senta

(von Rose-Marie Lüthi, St. Gallen)

Bereits als Kind war ich infolge einer Erbkrankheit progressiv sehbehindert. Mit sechzehn Jahren konnte ich nicht mehr lesen. Das Sehen von Schatten, Farben und sehr kleinen Ausschnitten von Gegenständen blieb noch einige Jahre erhalten, verlor sich aber nach und nach. Heute fühle ich mich noch manchmal geblendet.
Nach meiner Erblindung besuchte ich das Gymnasium II der Töchterschule der Stadt Zürich, das Oberseminar und studierte an der Universität Zürich Sonderpädagogik.
Seit 1979 arbeite ich beim Ostschweizerischen Blindenfürsorgeverein als Blindenpädagogin mit einem sehr vielfältigen Arbeitsgebiet. Unter anderem erteile ich Punktschriftunterricht in der ganzen Ostschweiz, nehme aber auch oft an Sitzungen in der übrigen Schweiz teil.
Schon im Gymnasium wünschte ich mir einen Führhund. Ich malte mir manchmal aus, welche Erleichterungen mir ein Führhund bringen könnte. Für mich als Stadtmenschen blieben diese Träume lange Zeit unrealistisch, zumal ich eigentlich keine Ahnung vom Wesen eines Hundes hatte. Schließlich kam ich aber doch zu Blindenführhunden.
Die beiden ersten Hunde führten mich gut, zeigten mir indes auch, worauf es bei der Haltung eines Führhundes wirklich ankommt.
Im Juli 1986 übernahm ich Senta. Die gegenseitige Angewöhnung hatte ich sorgfältig geplant, um in kleinen Schritten vorgehen zu können und Senta nicht unnötig zu überfordern oder zu verunsichern. Es dauerte relativ lange, bis ich wußte, ob sich Senta tatsächlich versäuberte oder ob sie nur in der Gegend rumstaunte.
Ich schätze Sentas ruhiges, sicheres Wesen sehr und genieße ihre guten Manieren. Wenn ich arbeite oder an Sitzungen bin, wartet sie geduldig das Ende meiner Beschäftigung ab. Sie klaut absolut keine Eßwaren und ist freundlich zu anderen Lebewesen.
Senta führt mich täglich sicher zu meinem Arbeitsplatz (30 Minuten Fußmarsch) und setzt dabei alle erlernten Führkünste ein. Bei der Umgehung von Hindernissen ist sie besonders vorsichtig und achtet darauf, daß wir nie vom Trottoir heruntertreten, wenn ein Auto vorbeifährt. Auch läßt sie sich von Artgenossen kaum ablenken.

Kommen Schüler oder Besucher zu mir, begrüßt sie Senta kurz, aber stürmisch und zieht sich danach wieder diskret zurück.
Ich benütze oft öffentliche Verkehrsmittel. Dabei schätze ich es, daß mich Senta zielstrebig zu einer Türe führt und rasch einsteigt. Beim Aussteigen weiß sie meist über den einzuschlagenden Weg Bescheid und führt mich sofort an mein Ziel. Sie liebt Orte mit vielen Hindernissen, z.B. den Hauptbahnhof Zürich.
Unsere erste Flugreise führte uns nach Paris. Senta verhielt sich in der Kabine völlig ruhig. Auf den Flugplätzen folgte sie zügig dem mich begleitenden Personal.
Es ist für mich selbstverständlich, daß ich Ferien so plane, daß auch Senta auf ihre Rechnung kommt. Beim Langlaufen darf sie mit auf die Hundeloipe, beim Wandern folgt sie stolz der Reiseleiterin.
Senta ist auch mein Kumpel. Unser gutes Verhältnis schließt Beziehungen zu andern Menschen nicht aus, sondern macht mich frei und sicher, um auf meine Umgebung zugehen zu können.

Vorbeiführen an andern Tieren

Ein Hund, der in seiner Jugend viele verschiedene Tiere kennen und dulden lernte, wird in der Führhundausbildung problemlos an andern Tieren vorbeigehen. Zwischen dem Hund und andern Tierarten gibt es kein angeborenes Begrüßungsbedürfnis. Was hingegen leicht geweckt werden könnte, ist der Jagdtrieb. Dies vor allem, wenn das andere Tier flüchtet. Ist dieser Trieb beim angehenden Führhund zu stark entwickelt, darf er keinesfalls zum Blindenführer ausgebildet werden, denn es ist nicht oder nur mit äußerster Härte möglich, diesen Trieb einzudämmen. Man könnte vielleicht den Jagdtrieb in entsprechende Bahnen lenken, d. h. den Hund gelegentlich jagen lassen. Dies aber nur, wenn er weder angeschirrt noch angeleint ist. Im Geschirr müßte dann jeder Jagdversuch mit einer äußerst unangenehmen Einwirkung vereitelt werden. Dies wäre kaum ohne Mann-Verknüpfung möglich. Das Resultat wäre, wie schon früher beschrieben, ein tadelloses Verhalten unter dem Einfluß des Ausbilders. Nach einem Halterwechsel würde der Jagdtrieb aber wieder aufkommen, so daß in bestimmten Situationen keine verläßliche Führarbeit mehr zu erwarten wäre.

Wir müssen deshalb unserem Hund das Interesse an andern Tieren nehmen, bevor mit der Führarbeit begonnen wird. Dies geschieht, indem wir in Tierparks gehen und unseren Hund in der Nähe der verschiedensten Tiere anbinden oder von einer fremden Hilfsperson halten lassen und uns entfernen. Unser Entfernen verunsichert den Hund; er möchte lieber mit uns kommen, und so wird sein Interesse an den andern Tieren schwinden.

Oft ist es eine Katze, die den Hund aufregt und in ihm den Verfolgungstrieb weckt, obwohl er zu Hause an die dortigen Katzen gewohnt ist und friedlich mit ihnen zusammenlebt. Wir sollten es daher nicht versäumen, bei Begegnungen mit einer Katze während des Führens anzuhalten. Dann binden wir den Hund, sofern möglich, in ihrer Nähe an und gehen allein weiter. Dabei müssen wir ihn gut beobachten. Sobald wir sehen, daß er uns folgen möchte, kehren wir zu ihm zurück, binden ihn los, ergreifen das Führgeschirr und setzen unseren Weg fort. Ein Lob ist nicht nötig; unsere Rückkehr allein beglückt den Hund genügend, und er wird freudig losziehen. Bei der nächsten Begegnung mit einer Katze wird er sich an diese Situation erinnern und die Katze kaum mehr beachten,

weil er befürchtet, in ihrer Nähe angebunden zu werden und uns zu verlieren.
Gelegentlich sind es auch Eichhörnchen in Parkanlagen, die die Aufmerksamkeit des Hundes erregen. Auch hier wird sich das gleiche Vorgehen bewähren. In den meisten Fällen aber wird es länger dauern, bis der Hund unsere Abwesenheit bemerkt und uns zu suchen beginnt. Auf keinen Fall dürfen wir vorher zum Hund zurückkehren.

Gleichmäßiger Zug im Führgeschirr

Die meisten Führhundehalter lieben ein zügiges Vorangehen ihres Hundes und einen guten Zug im Führbügel. Wir müssen deshalb stets mit dem Hund schnell gehen. So gewöhnt auch er sich an eine rasche Gangart. Ab und zu gibt es welche, die sich nicht getrauen oder keine Lust haben, kräftig zu ziehen. In solchen Fällen müssen wir versuchen, den Hund ohne Geschirr, d.h. nur an der Leine, mit aufmunternden Worten und freudigem Lob zum Ziehen zu bringen. Als Halsband verwenden wir ein breites Lederhalsband, das den Hund nicht würgt. Auch leichte Spurengeschirre eignen sich gut für diese Übungen. Wir müssen uns anfangs damit zufrieden geben, wenn der Hund einige Meter gut zieht. Dann loben wir ihn freudig, brechen die Übung ab und kehren nach Hause zurück. Wir lassen ihn vorübergehend nicht mehr frei springen. Dafür bieten wir ihm die Möglichkeit, an der Leine zu rennen, wobei wir aber darauf achten müssen, daß beim Rennen ein starker Zug an der Leine spürbar ist. Ist das der Fall, auch ohne unsere Aufmunterung und unser Lob, allein aus Spaß am Zug, versuchen wir es wieder mit dem Führgeschirr. Hier fahren wir mit sehr wenig Aufmunterung und Lob fort, denn wir wollen erreichen, daß der Hund nicht unsertwegen arbeitet, sondern weil ihm die Arbeit Freude macht. Wir selbst müssen oft auch ohne sichtbaren Erfolg zufrieden sein.

Anhalten auf Kommando: FERMA

Bis jetzt haben wir erst ein Kommando verwendet: das AVANTI als Startzeichen. Für das Anhalten bedienten wir uns des taktilen Mittels: Stoßen mit dem Führbügel nach vorne bei gleichzeitigem

Leinenzug nach hinten und anschließendem Fallenlassen des Bügels. Nun gehen wir dazu über, kurz vor der Anhalteeinwirkung das Kommando FERMA zu geben. Vorerst hat dieses Wort für den Hund keinerlei Bedeutung. Mit der Zeit jedoch lernt er, daß jedesmal nach dem Wort FERMA die Stopp-Einwirkung kommt, weshalb er bereits vor der Einwirkung anhält.
Es ist sehr wichtig, daß der Hund auf dieses Kommando ruhig stehen bleibt. Wenn beispielsweise der Blinde nach dem Anhalten jemanden begrüßt, an einem Kiosk etwas kauft, seine Schuhe bindet etc. und der Hund sich in der Zwischenzeit entfernt, ist dies unangenehm. Der Hund muß also lernen, nicht nur anzuhalten, sondern auch am Ort stehen zu bleiben. Wir bringen ihn dazu, indem wir nach dem Fallenlassen des Bügels unterschiedlich lange stehenbleiben, einen Schritt nach vorne, dann wieder einen nach hinten tun und schließlich den Hund umkreisen. Sobald sich der Hund mitbewegt, ziehen wir kurz und ruckartig an der Leine. Danach führen wir den Hund wieder an die Stelle, wo er stehenbleiben sollte, und wiederholen das Kommando FERMA. Dann entfernen wir uns von neuem, jedoch weniger weit weg und weniger lange. Sobald wir beim Hund zurück sind, loben wir ihn für das Stehenbleiben.

Weitergehen: VAI

Würden wir unseren Hund für einen Sehenden ausbilden, wäre das Hörzeichen VAI überflüssig. Wir könnten an seiner Stelle AVANTI anwenden. Wie wir aber gesehen haben, entspricht AVANTI einem Befehl, den der Hund auszuführen hat. Nun gibt es aber hin und wieder Situationen, wo der Hund infolge eines Hindernisses nicht geradeaus weitergehen, also diesen Befehl nicht ausführen kann. Ein Sehender würde ihm den richtigen Weg zum Weitergehen angeben. Dies wären dann für den Hund klare Anweisungen, die er zu befolgen gelernt hat. Beim Blinden ist das etwas anderes. Er kann und darf nur klare Anweisungen geben, wenn er sicher ist, daß sie befolgt werden können. Es gibt deshalb nur drei Kennworte (AVANTI, A TERRA und FERMA), die den Charakter eines Befehls haben. Alle andern sind sozusagen Wünsche, die der Sehbehinderte seinem Hund mitteilt. Der Hund ist dann frei, sie auszuführen oder nicht. Dies zeigt, wie wichtig es

ist, daß der Hund in erster Linie zugfreudig und damit auch arbeitsfreudig ist, denn dann wird er die Wünsche seines Partners gerne erfüllen.
Ein kritischer Leser könnte nun fragen: «Warum braucht es dann überhaupt noch die drei Befehle, wenn Arbeitsfreude für die Erfüllung der Wünsche des Blinden genügt? Dann könnte man doch z. B. statt AVANTI stets VAI sagen!» Bis zu einem gewissen Grade stimmt dies. Doch müssen wir bedenken, daß der Hund ein Lebewesen ist, das stark den Gesetzen der Natur unterworfen ist und Neigungen besitzt, die stärker sind als die Arbeitsfreude. Wenn wir wissen, wie wichtig für den Hund als soziales Wesen Partnerschaften sind, verstehen wir auch, daß selbst der arbeitsfreudigste Hund mit bester Ausbildung angesichts eines geliebten Artgenossen oder Menschen beim Führen stehenbleibt und auf die Wünsche seines Patrons nicht mehr eingeht. Hat dann der Blinde keine Möglichkeit, ihn mit einem Befehl zum Weitergehen zu veranlassen, wird der Hund mit der Zeit immer mehr seinen Urinstinkten gehorchen und unzuverlässig führen. Auch der beste Hund muß ab und zu daran erinnert werden, wer Rudelführer ist. In der Partnerschaft Mensch/Hund muß der Mensch Rudelführer sein und bleiben. Dies heißt nicht, daß er dabei seinen Hund ständig unterordnen muß, aber er muß stets die Aufsicht über ihn ausüben, ihn vor Fehlleistungen warnen, ihn korrigieren und ihm genaue Anweisungen geben. Deshalb brauchen wir beide Kennworte: AVANTI als Befehl für das unbedingte Weitergehen bei Ablenkungen, VAI nach Verweisen von Hindernissen. Jetzt könnte man wieder einwenden: «Ja, das ist alles recht und gut, aber wie weiß der Blinde, ob sein Hund nun z. B. vor einem Graben stehenbleibt, den es am Vortag noch nicht gab, oder ob er eines andern Hundes wegen stillsteht und nicht weiterwill? Erteilt er seinem Hund den Befehl AVANTI und dieser gehorcht, den Graben überspringend, fällt er doch hinein.» Es gibt tatsächlich Fälle, wo es für den Blinden sehr schwer ist zu wissen, wieso der Hund stehen bleibt. Reagiert dieser nicht auf VAI, ist er gezwungen, das AVANTI anzuwenden. Nun aber darf der Hund den Graben trotzdem nicht überspringen; er muß also einen Befehl verweigern. Das lehren wir ihn im Verlauf der Ausbildung. Auch der Blinde muß für solche Situationen entsprechend orientiert werden. Wir werden noch darauf zurückkommen. Vorerst lehren wir VAI, unser erstes sogenanntes Hörzeichen. Es soll für den Hund

«weitergehen» bedeuten; wohin, das entscheidet er. Nachdem er bisher gelernt hat, geradeaus zu führen, wird er auch, falls der Weg frei ist, die eingeschlagene Richtung beibehalten und geradeaus weitergehen. Sind Hindernisse vorhanden, umgeht er sie. Ist dies nicht möglich, macht er rechtsumkehrt und sucht sich einen neuen Weg. All dies lernt er im Laufe der Ausbildung. Uns geht es vorerst nur darum, ihm die Bedeutung des VAI verständlich zu machen. Das ist nicht schwer, denn wir haben ja bereits AVANTI gelehrt. Wir sagten es jeweils vor dem Zug mit dem Führbügel. Der Hund wartet schon bald den Zug mit dem Bügel gar nicht mehr ab und startet bereits auf das Wörtchen AVANTI. In gleicher Weise gehen wir jetzt mit VAI vor. Bevor wir AVANTI sagen, heißt es noch VAI, und auch da wird der Hund mit der Zeit schon auf VAI weitergehen. AVANTI wenden wir jetzt nur noch für den Start an oder wenn der Hund durch irgend etwas abgelenkt ist und deshalb stillsteht.

Übungen an der Leine

Parallel zur Ausbildung im Führgeschirr erfolgen verschiedene Übungen an der Leine. Dazu gehört auch die tägliche Pflege des Hundes. Wir haben es bei diesen Übungen bedeutend leichter, denn hier darf oder muß der Hund sich auf uns, anstatt wie im Führgeschirr auf die Umgebung einstellen. Mit den verschiedenen Übungen an der Leine möchten wir die Rudelbeziehung Hund / Mensch fördern und die Rangordnung klarstellen. Auch wenn der Hund im Führgeschirr weitgehend selbständig handelt, darf er dies nicht aus einer Überlegenheit heraus gegenüber seinem menschlichen Gefährten tun. Deshalb muß er lernen, sich diesem unterzuordnen. Durch die Anerkennung des Menschen als ranghöherem Wesen entsteht gleichzeitig beim Hund das Gefühl von Geborgenheit. Wir müssen uns indes sehr davor hüten, ihn durch unnötige Drillübungen zu unterjochen, denn damit würden wir bei ihm nicht das Gefühl von Geborgenheit, sondern nur Unterwürfigkeit hervorrufen. Dies verunmöglicht aber eine verläßliche Führarbeit. Wir dürfen den Hund auch nicht im menschlichen Sinne züchtigen oder strafen. Alles was er tut oder nicht tut, entspringt seiner Triebhaftigkeit, der er gehorchen muß, oder seinen positiven oder negativen Erfahrungen. Angesichts dieser Erkenntnisse wollen wir auch bei der Ausbildung des Hundes an der Leine ihm nicht durch Drill etwas beibringen, sondern durch einmalige taktile Einwirkungen. Diese müssen der Wesensart des Hundes angepaßt sein und im richtigen Moment erfolgen. Auch die Übungsorte sind sinnvoll zu wählen und oft zu wechseln.

Sich auf den Pflegetisch begeben: TAVO

Da beklagte sich einmal ein Führhundehalter, daß sein Hund oft auf den Schreibtisch springe, und das gehe doch nicht. Wo liegt die Ursache dieses Verhaltens am falschen Ort und zur falschen Zeit? Was kann man dagegen tun?
Dieser Hund liebte es sehr, gebürstet, gekämmt und liebkost zu werden. Hatte er das Verlangen danach, sprang er auf irgendeinen Tisch und wollte so seinem Meister kundtun, daß er gepflegt werden möchte. Hier wurde bei der Ausbildung des Hundes zuwenig konsequent gearbeitet, indem man ihn auf den Pflegetisch springen ließ, bevor ihm das Hörzeichen TAVO gegeben wurde. Bei sorgfältigem Aufbau der verschiedenen, oft belanglos scheinenden Übungen lernt auch der Hund, exakt zu arbeiten, was für den Blinden später wichtig ist.

Der Pflegetisch

Jeder Hundehalter sollte sich einen soliden zirka 50 cm hohen, 40 cm breiten und 80 cm langen, fest auf dem Boden stehenden Tisch anschaffen, auf dem er seinen Hund bequem kämmen und bürsten kann. Außerdem kann dem Hund auf einem solchen Tischchen müheloser und schneller als auf dem Boden beigebracht werden, sich hinzulegen, sich zu setzen und ruhig stehen zu bleiben.
In der Führhundausbildung ist ein solcher Tisch unentbehrlich. Wir suchen uns deshalb einen geeigneten Raum oder einen Platz im Freien, wo wir unseren Pflegetisch von allen Seiten her gut zugänglich aufstellen.

Übungs-Anleitung

a. Wir begeben uns mit dem angeleinten Hund zum Pflegetisch. Dann sagen wir TAVO und heben ihn, ohne die Leine loszulassen, auf den Tisch. Oben halten wir die Leine leicht angespannt in die Höhe und warten. Sobald der Hund versucht, vom Tisch hinunterzuspringen, halten wir die Leine wirklich fest, denn jetzt hängt er ja mit den Vorderbeinen im Leeren. Er wird versuchen, wieder Boden unter seine Füße zu bekommen. Wir helfen ihm dabei, indem wir die Leine lockern, bis er seine Füße wieder auf dem Tisch abstellen kann. Danach streicheln, bürsten und kämmen wir ihn, was er als angenehm empfindet und wobei er uns gerne gewähren läßt. Dann üben wir das Sitzen (siehe Seite 115). Wenn wir damit fertig sind, heben wir den Hund mit beiden Armen vom Tisch weg und stellen ihn auf den Boden. Dabei dürfen wir die Leine nicht loslassen; am besten stülpen wir die Schlaufe über die linke Hand bis zum Handgelenk. Danach lassen wir den Hund zu unserer Linken absitzen, warten eine Weile und beenden die Übung.
Sie wird eine Woche lang täglich wie beschrieben wiederholt. Dabei lernt der Hund:
1. daß er, einmal auf dem Tisch, dort bleiben muß, was für ihn ja angenehm ist;
2. daß er auf das Wörtchen TAVO auf den Tisch gehoben wird.

b. Wir begeben uns wiederum mit dem angeleinten Hund an den Pflegetisch, lassen ihn davor absitzen, sagen dann «TAVO» und warten. Der Hund, der in der Zwischenzeit die Behandlung auf dem Pflegetisch schätzen gelernt hat, möchte, daß wir ihn wieder hochheben. Nun bleibt dies aus, und er wird selbst versuchen, auf den Tisch zu springen. Gelingt ihm dies, ist alles gut, und wir loben ihn. Gelingt es ihm nicht, helfen wir nach, indem wir ihn an den Hinterbeinen hochheben, nachdem er seine Vorderpfoten auf die Tischplatte abgesetzt hat. Nach einigen weiteren Tagen wird er es bestimmt schaffen, selbst auf den Tisch zu springen. Damit wäre unser Ziel erreicht. Doch wir dürfen uns damit noch nicht zufrieden geben. Es wird nicht lange dauern, bis der Hund ohne unser Zeichen auf den Tisch springt. Wenn wir das tolerieren, wird uns eines Tages der neue Halter dieses Hundes telefonieren und sich über dessen

1 *(Legenden siehe Seite 108)*

2

3

4

5

7

9

10

11

Übungen auf dem Pflegetisch *(Seite 104 – 108)*

1. Vor Beginn jeder Übung hat sich der Hund zu setzen.
2. Sitzend wartet er auf ein weiteres Zeichen.
3. Auf das Hörzeichen TAVO darf er auf den Tisch springen.
4. Auf dem Tisch bleibt er stehen und wartet auf das Weitere.
5. Das Kämmen und Bürsten dient sowohl der Körper- als auch der Kontaktpflege.
6. Auf dem Pflegetisch wird unter anderm auch das Sitzen geübt: Der Ausbilder zieht dabei die Leine straff an und drückt gleichzeitig mit gespreiztem Daumen und Zeigefinger auf die Kruppe des Hundes.
7. Diese Einwirkung veranlaßt den Hund zum Sitzen.
8. Sobald sich der Hund zum Sitzen anschickt, läßt auch der Zug mit der Leine und der Druck auf die Kruppe nach.
9. Das Sitzenbleiben wird gefestigt durch leichten Zug an der Leine, dem der Hund nicht folgen darf.
10. Erst auf das Hörzeichen PIEDE darf der Hund vom Tisch hinunterspringen.
11. Danach hat er sich an der linken Seite des Ausbilders zu setzen, wofür er auch gehörig gelobt wird.

schlechte Manieren beklagen. Nach Lust und Laune springe er auf irgendwelche Tische. Mit ein bißchen Phantasie kann man sich gut vorstellen, wie es wäre, wenn dies in einem Restaurant bei gedecktem Tisch passieren würde.

c. Inzwischen haben wir dem Hund auch das Sitzen beigebracht. Wir lassen ihn jetzt stets vor dem Pflegetisch absitzen, warten eine Weile und geben dann das Hörzeichen TAVO. Auch hier wird der Zeitpunkt kommen, wo der eifrige Hund das TAVO gar nicht abwartet und selbständig auf den Tisch springt. Wir müssen uns deshalb auf dieses Verhalten einstellen, d.h. die Leine fest in der Hand halten. Wenn der Hund nun springen will, wird ihn die Leine daran hindern. Wir lassen ihn dann absitzen. So lernt der Hund, daß er nur dann auf den Pflegetisch springen darf, wenn er zuerst absitzt und das Hörzeichen TAVO abwartet. Wir dürfen ihn auch *nie unangeleint* hochspringen lassen.

Später muß die exakte Ausführung aller mit TAVO verbundenen Hörzeichen durch verschiedene Ablenkungsmanöver gefestigt werden, z.B. indem wir an der Leine ziehen, nachdem wir den Hund auf dem Tisch mit dem Hörzeichen SED zum Sitzen bewegt haben. Auch andere Personen können den Hund in Versuchung führen, den Tisch zu verlassen, indem sie ihn zu sich locken. Haben sie Erfolg, müssen wir ihn weggehen lassen und nachher bei der betreffenden Person oder am Ort, wo sich der Hund hinbegeben hat, mit einem schnellen Leinenruck abholen. So lernt er, daß das Weggehen unangenehm endet.

Ruhig stehen: FERMA

Wie wir schon unter TAVO gesehen haben, dient der Pflegetisch nicht nur dazu, den Hund zu liebkosen, zu kämmen und zu bürsten. Er wird auch benützt, einige Aufgaben an der Leine zu lehren und zu festigen. So eignet sich der Tisch besonders gut dazu, das FERMA zu lehren. Auf dieses Hörzeichen soll der Hund folgendes tun:
a. beim Führen anhalten,
b. ruhig stehenbleiben, egal ob angeschirrt, angeleint oder frei,
c. in dieser Stellung warten, wenn wir uns kurzfristig vom Hund entfernen.

Das FERMA im Zusammenhang mit dem Anhalten im Führge-

schirr habe ich bereits beschrieben (Seite 98). So können wir uns dem Ruhigstehen auf dem Pflegetisch zuwenden:
Die Tierärzte wissen sehr gut, warum sie ihre vierbeinigen Patienten auf dem Untersuchungstisch behandeln. Es ist nicht nur bequemer für sie – sie müssen sich nicht zum Hund hinunterbeugen –, sondern auch einfacher. Auf dieser Erhöhung bleiben zappelige wie aggressive Hunde ruhiger stehen als auf dem Boden. Dies nicht etwa, weil es ihnen auf diesem Tisch besonders gut gefällt, sondern weil es für sie etwas Ungewohntes ist. Sie stehen dann mehr oder weniger steif und ängstlich da und lassen die Behandlung über sich ergehen. Wir möchten jedoch das Stehenbleiben auf dem Tisch dem Hund angenehm machen. Wir streicheln, bürsten und kämmen ihn. Die anfängliche Angst des Hundes schwindet dann sehr schnell, und es wird nicht lange dauern, bis das Tier das Sitzen bequemer findet als das Stehen. Diese Versuchung muß ein guter Ausbilder voraussehen, damit er verhindern kann, daß der Hund sich setzt. Auch hier gilt der Ausbildungsgrundsatz: **Wir müssen den Hund das Richtige lehren, bevor er das Falsche tut.** Gelingt dies nicht, setzt sich der Hund und lernt dabei, daß Absitzen möglich ist. Wenn nun der Ausbilder den Hund wieder hochhebt, lernt dieser, daß er wohl absitzen darf, aber dann wieder aufstehen muß. Resultat: Er wird beim nächsten Mal wieder absitzen und selbst wieder aufstehen. Es wäre ein Irrtum, anzunehmen, der Hund wisse genau, daß er nicht absitzen dürfe und daß er deshalb wieder aufstehe. Leider trifft man solche Auffassungen immer wieder, und mancher Hund wird infolge dieser irrigen Ansicht gescholten. Soweit würde dann der Hund lernen:
a. ich darf absitzen,
b. ich muß sofort wieder aufstehen,
c. wenn ich stehe, werde ich getadelt.
Als Ergebnis hätten wir einen Hund, der nicht mehr gerne auf dem Pflegetisch stehen würde und hinunter möchte. Alles bisher Erreichte wäre damit zunichte gemacht; es müßte wieder von vorne begonnen werden.
Deshalb sollte bei jeder Hundeausbildung der Grundsatz gelten: **Der Hund darf nie für eine falsche Handlung gescholten werden.** Wenn also, wie im vorigen Fall, die Absicht des Hundes zu spät erkannt wird, sollte dessen Handlung weder getadelt noch korrigiert werden.
Aufgrund dieser Erkenntnis bleibt in unserem Fall dem Ausbilder nichts anderes übrig, als an einem andern Tag zu verhindern su-

chen, daß der Hund sich setzt. Dies geschieht, indem er mit der freien Hand unter den Bauch des Hundes fährt, die Finger nach oben gerichtet. Im Moment, da der Hund sich setzen möchte, berührt sein Bauch die Fingerspitzen des Ausbilders. Dies ist ihm unangenehm, und er zieht es vor, stehen zu bleiben. Doch nach einer Weile wird er nochmals einen Sitzversuch wagen, weil die Einwirkung mit den Fingern nur schwach war. Nach einigen vergeblichen Versuchen wird ihm klar, daß Stehenbleiben angenehmer ist. Damit wäre das ruhige Stehenbleiben auf dem Pflegetisch geschafft, und wir können dazu übergehen, dies auch auf dem Boden zu üben. Wir tun es vorerst mit angeleintem Hund. Dazu hat er zu unserer Linken zu stehen. Wir kraulen ihm die Kruppe. Dies lieben die meisten Hunde sehr, und sie stemmen sich geradezu nach oben, um dem Krauler entgegenzukommen. Es gibt aber andere, die sich auch hier sehr bald setzen möchten. Dann schiebt der Ausbilder schnell seine flache Hand unter den Bauch des Hundes und verhindert so das Absitzen.

Nun wären wir bei der letzten Stufe, beim Stehenbleiben auf das Hörzeichen FERMA, angelangt. Wir möchten, daß der Hund auch dann noch stehen bleibt, wenn wir uns kurzfristig von ihm entfernen. Damit er auch das lernt, gehen wir wie folgt vor:

1. Wir kraulen dem *auf dem Pflegetisch* stehenden Hund die Kruppe. Danach entfernen wir uns etwa 2 m und gehen wieder auf den Hund zu, kraulen ihn von neuem und entfernen uns wieder, nähern uns ihm erneut, umkreisen ihn, gehen zu ihm hin, kraulen ihn und brechen die Übung lobend ab.
2. Nachdem wir die unter Ziffer 1 beschriebene Übung mehrere Tage wiederholt haben, die Distanz unserer Entfernung von Tag zu Tag steigernd, dürfen wir dazu übergehen, den Hund *neben dem Pflegetisch* warten zu lassen, während wir uns wie beschrieben mehrmals entfernen.
3. Schließlich üben wir das Ganze auf die beschriebene Weise *an den verschiedensten Orten* und zu verschiedenen Zeiten, mit angeschirrtem, angeleintem oder unangeleintem Hund. Hier ist zu beachten, daß wir beim angeschirrten oder angeleinten Hund beim Weggehen das Leinenende stets auf den Rücken des Hundes legen. Wenn wir dann zuletzt das Weggehen vom unangeleinten Hund üben, legen wir die einmal zusammengefaltete Leine noch auf den Rücken des Hundes. Dies hemmt ihn vorerst ein wenig vor dem Weglaufen.

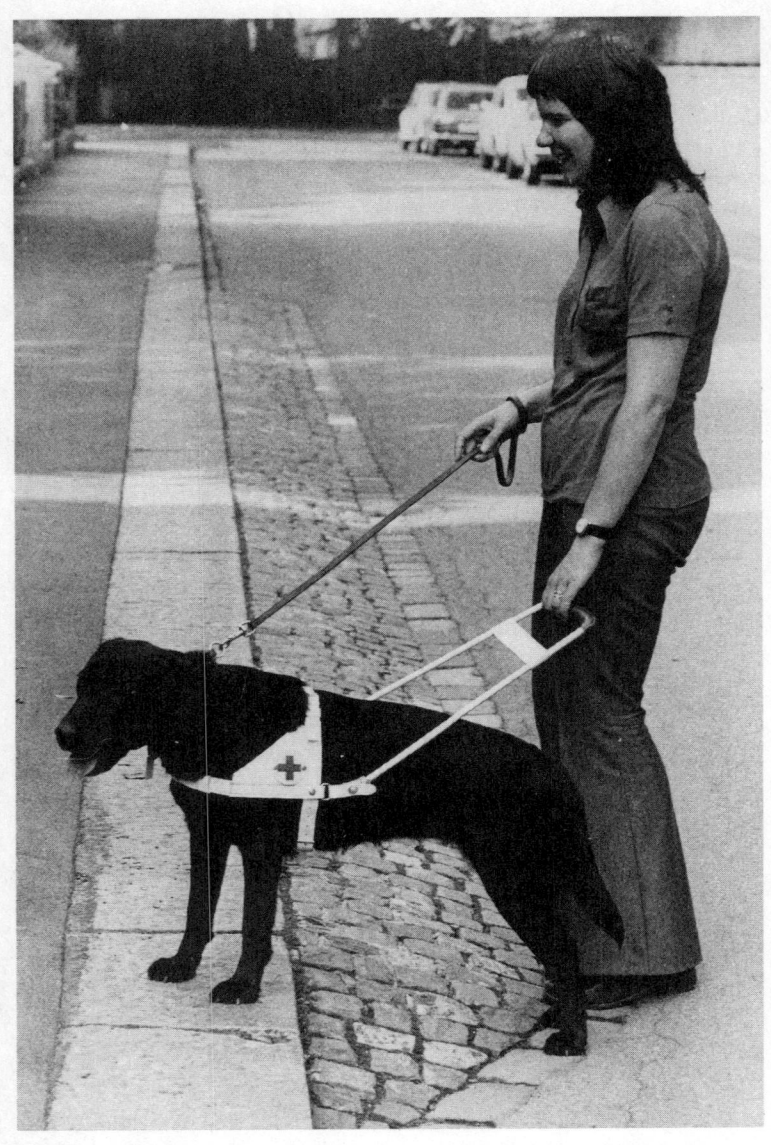
Bei einem gut eingespielten Führgespann genügen andeutungsweise Impulse, um die Stopp-Einwirkung auszuführen.

All diese Übungen erfordern viel Geduld und Fingerspitzengefühl; es wird immer wieder Mißerfolge geben, doch darf die Schuld nie beim Hund gesucht werden.
Manchmal meint man auch, der Hund hätte nichts begriffen; bei einer späteren Wiederholung der Übung macht er es aber richtig.

Kehrtwendung nach rechts: RITOR

Auf das Hörzeichen RITOR soll sich der Hund um 180° nach rechts drehen. Dies kommt in Frage:
1. auf dem Pflegetisch, damit wir die von uns abgekehrte Seite des Hundes vor uns haben,
2. beim Führen, wenn wir umkehren möchten.

Hörzeichen, die der Hund sowohl bei der Führarbeit als auch an der Leine befolgen muß, müssen zuerst an der Leine gelehrt werden. Bei der Führarbeit sollten wir dem Hund möglichst wenig Anweisungen geben, damit er sich nicht auf uns, sondern auf die für den Blinden gefährlichen Hindernisse einstellt. Deshalb ist es gut, wenn möglichst viel an der Leine gelehrt werden kann und später nur noch auf die neue Situation im Geschirr umgesetzt werden muß. Das Befolgen von RITOR (rechtsumkehrt) üben wir in fünf Stufen:

Stufe 1: Auf dem Pflegetisch, an der Leine
Stufe 2: Auf dem Pflegetisch, unangeleint
Stufe 3: Auf einem freien Platz, an der Leine
Stufe 4: Während der Führarbeit im Geschirr bei gesperrtem Weg
Stufe 5: Während der Führarbeit im Geschirr auf freier Straße

Nach dem Ausbildungsgrundsatz «**Mit sanftem Druck läßt sich der Hund lenken, auf starken Druck leistet er Gegendruck**» zeigen wir dem Hund zuerst, daß es ihm möglich ist, sich auf dem Pflegetisch zu drehen. Dabei benützen wir das Wörtchen RITOR noch nicht. Wir lassen ihn auf das Hörzeichen TAVO so auf den Tisch springen, daß wir seine rechte Seite vor uns haben, sein Kopf also nach rechts zeigt. Nun stülpen wir die Schlaufe der Leine über das linke Handgelenk und erfassen mit der linken Hand die Leine ganz vorne beim Karabinerhaken. Mit der Rechten, von unten kommend, umfassen wir den Kopf des Hundes knapp hinter den Ohren. Dann drücken wir den Kopf des Hundes sanft gegen uns und bewegen uns langsam, den Hund mit der rechten Hand hinter

den Ohren kraulend, nach links. Auf diese sanfte Weise wird uns der Hund folgen und die erwünschte Wendung um 180° rechtsherum ausführen. Wir loben ihn freudig und brechen die Übung ab, d.h. wir heben ihn vom Tisch, liebkosen ihn zu unserer Linken und lassen ihn ruhen.
In den folgenden Tagen wiederholen wir die Übung in der beschriebenen Art und geben beim Erfassen der Leine am Karabinerhaken das Hörzeichen RITOR. Wenn das Wenden auf diese Weise problemlos geht, berühren wir mit der rechten Hand den Kopf des Hundes nicht mehr, sondern ziehen ihn nur noch sanft mit der Leine nach hinten. Mit der Zeit prägt sich auf diese Weise jedem Hund ein, daß auf das Wörtchen RITOR ein leichter Zug mit der Leine nach hinten folgt. Er wird bald allein auf RITOR die Rechtskehrtwendung ausführen. Bei diesem Lernvorgang ist es sehr wichtig, daß nichts unmittelbar wiederholt wird, egal ob die Übung gelang oder nicht. Dies gilt übrigens auch bei jeder anderen Übung. Ich möchte dies hier als Ausbildungsgrundsatz festhalten: **Egal ob eine Übung gelingt oder nicht: sie darf nie unmittelbar wiederholt werden.**
Sobald der Hund die Rechtskehrtwendung an der Leine auf das Hörzeichen RITOR zuverlässig befolgt, können wir zur Stufe 2 übergehen. Der Hund sollte nun unangeleint diese Wendung ausführen. Wir wollen auch hier etappenweise vorgehen und entfernen die Leine nicht sofort, sondern lassen sie vorerst noch am Halsband herabhängen. So können wir sie ergreifen und nach hinten ziehen, falls der Hund das Hörzeichen nicht sofort befolgt. Sobald die Wendung bei herabhängender Leine gut befolgt wird, kommt die nächste Etappe: Wir falten die Leine und legen sie auf den Rücken des Hundes. Auch so könnten wir die Leine erfassen und sanft ziehen, wenn es nötig wäre. Wenn auch dies klappt, entfernen wir die Leine und lassen den Hund ohne jegliche Hilfe wenden. Wir behalten dies während der ganzen Ausbildung bei.
Als dritte Stufe möchten wir, daß der Hund diese Wendung an verschiedenen Orten ausführt. Wir suchen uns einen freien, ungestörten Platz aus. Der Hund befindet sich jetzt nicht mehr quer vor uns, sondern linksseits von uns. Da er das Hörzeichen RITOR vom Pflegetisch her bereits kennt, ist es für ihn eine Hilfe, wenn wir ihm bei Beginn der Übung sagen, was wir von ihm wollen. Jetzt geht es nicht mehr darum, daß sich der Hund vor uns, sondern um uns herum dreht. Deshalb müssen wir uns jetzt sofort

nach dem Hörzeichen um 180° nach rechts drehen und darauf achten, daß der Hund uns folgt. Wenn nötig, können wir mit einem leichten Leinenruck nachhelfen. Klappt dies gut, gehen wir wieder eine Etappe weiter und lassen den Hund die Wendung um uns herum ausführen, ohne daß wir selber uns umdrehen. Auch hier können wir anfangs die Leine zu Hilfe nehmen. Die nächsten zwei Etappen gestalten sich gleich wie auf dem Pflegetisch: Wir lassen die Leine herabhängen und können so, sollte sich der Hund entfernen, den Fuß darauf setzen. Beherrscht der Hund dies alles problemlos, legen wir die noch am Halsband befestigte Leine auf seinen Rücken und können sie dort ergreifen, falls er die Wendung nicht korrekt ausführt. Schließlich, wenn alles gut geht, lassen wir den Hund unangeleint arbeiten und wenden uns selber erst dann um, wenn er die Aufgabe gelöst hat.

Dank dieser Vorübungen mit und ohne Leine sollte es später mit dem Hörzeichen RITOR im Führgeschirr keine Probleme geben. Wenn doch, gibt es auch dort entsprechende Anweisungen. Unser Lehrgang für RITOR an der Leine ist mit diesen Ausführungen beendet. Wenn etwas nicht klappt, muß stets wieder an dem Punkt neu begonnen werden, an dem der Hund sich noch richtig verhielt.

Selbstverständlich wird unser Vierbeiner am Ende jeder Übung zum Dank und zur Aufmunterung zärtlich liebkost. Dann läßt man ihn auf seinem gewohnten Platz ruhen. Dies ist besser, als ihn frei umherlaufen zu lassen, wozu er natürlich auch ein Anrecht hat, jedoch zu seiner Zeit und an einem bestimmten Ort.

Sitzen: SED

SED = sitzen: Dies ist sicher die Position, die der Hund von sich aus oder auf Wunsch seines Meisters am häufigsten einnimmt. Vom Führhund verlangen wir, daß er absitzt:

a. wenn wir ihm das Halsband umhängen
b. wenn wir ihm das Halsband abnehmen
c. vor jeder neuen Aufgabe
d. nach jeder erfüllten Aufgabe
e. wenn die Führarbeit unterbrochen wird
f. immer vor dem Hörzeichen LIBERA

Am schnellsten und einfachsten bringen wir dem Hund das Sitzen auf dem Pflegetisch bei, wo er ruhig steht. Auch hier gehen wir etappenweise vor:
1. Der Hund steht so auf dem Pflegetisch, daß seine rechte Seite uns zugekehrt ist. Nun ergreifen wir mit der rechten Hand die Leine etwa 10 cm oberhalb des am Halsband befestigten Karabinerhakens und ziehen sie senkrecht in die Höhe. Gleichzeitig drücken wir sanft mit gespreiztem Daumen und Zeigefinger der linken Hand auf die Kruppe des Hundes. Damit erreichen wir, daß dieser absitzt, denn er fügt sich dem sanften Druck. Es ist sehr wichtig, daß die Leine gelockert wird, sobald der Hund sich zu setzen beginnt. So lernt er, daß der unangenehme Zug am Hals nachläßt, sobald er absitzt. Es ist nicht nötig, daß wir jetzt den Hund überschwenglich loben, sonst besteht die Gefahr, daß er gleich wieder aufsteht. Anstelle des Lobes kraulen wir ihn ein bißchen hinter den Ohren, denn das liebt er sehr und bleibt dabei ruhig sitzen. Wir lassen ihn in dieser Stellung während einigen Minuten und verlängern diese Zeitspanne von Mal zu Mal. Wir beenden jede Sitzübung mit reichlichem Lob, das nicht dem Absitzen, sondern dem Ausharren in der Sitzstellung gilt.
2. Sobald der Hund bereits bei schwachem Leinenzug absitzt, sagen wir kurz davor SED. Es wird nicht lange dauern, bis er sich auf dieses Hörzeichen hin setzt und nicht wartet, bis an der Leine gezogen wird. Von jetzt an hat er unsere Hilfe nicht mehr nötig.
3. Wir dürfen uns mit dem Erreichten aber nicht zufrieden geben, denn das Ausharren in der Sitzstellung muß noch gefestigt werden. Zu diesem Zweck entfernen wir uns vom Hund, gehen wieder zu ihm hin, umkreisen ihn, zuerst in engem, dann in weiterem Bogen. Sollte der Hund dabei aufzustehen versuchen, gehen wir zu ihm hin, sagen SED, entfernen uns wieder, warten eine Weile, kehren zurück, warten noch ein bißchen und brechen die Übung mit Lob ab.
4. Jetzt erschweren wir die Aufgabe noch mehr, indem wir an der Leine zu ziehen beginnen, als wollten wir den Hund vom Tisch wegziehen. Folgt der Hund dem Zug, heißt es sofort SED; leistet er aber Widerstand, wird er gelobt und liebkost. Dieses Vorgehen steigert zudem sein Selbstwertgefühl.

5. Sobald der Hund auf dem Pflegetisch das SED ohne jegliche Einwirkung schnell befolgt und sicher sitzen bleibt, können wir die beschriebenen Etappen mit dem auf dem Boden stehenden Hund durchgehen. Dabei müssen wir anfangs darauf achten, daß den Hund nichts ablenkt, weder andere Hunde noch bekannte Personen.

Selbstverständlich ist nach jeder einzelnen Übung ein Ruhetag einzuräumen. Eine höhere Stufe darf erst begonnen werden, wenn die vorherige beherrscht wird.

Mit diesen Sitzübungen bereiten wir das spätere Absitzen während des Führens vor. Es kommt oft vor, daß der Blinde mit dem Führhund Bekannte antrifft, stehenbleibt und sich mit ihnen unterhält. Während dieser Zeit muß der Hund sitzen. Wenn man hier nicht konsequent ist, besteht die Gefahr, daß er an den Leuten herumschnüffelt, womöglich an ihnen hochspringt, seinen Kopf in Einkaufstaschen steckt, auf Artgenossen achtet und zu ihnen hinzerrt usw. So hat jede Übung ihren Sinn und steigert bei Hund und Mensch die Sicherheit und Arbeitsfreude.

Pause (Freizeit): LIBERA

LIBERA soll für den Hund soviel wie Freizeit, Pause, Ende der Übung bedeuten. Dieses Hörzeichen darf aber nur gegeben werden, wenn sich der Hund vorher gesetzt hat. Es ist sozusagen die Belohnung für das Warten in der Sitzstellung. Wenn wir LIBERA mit einer aufmunternden Geste, verbunden mit spielerischen Bewegungen geben, begreift jeder Hund die Bedeutung dieses Wortes sehr schnell.

Am Anfang halten wir den Hund auch nach dem LIBERA angeleint, lassen ihn aber schnuppern und folgen ihm nach. Später, wenn er gelernt hat, auf unseren Ruf heranzukommen, lassen wir ihn je nach Situation frei.

Notdurft verrichten: STACCA

Mit dem Hörzeichen STACCA erlauben wir dem Hund, seine Notdurft zu verrichten. Ein anständiger, rücksichtsvoller Hundehalter läßt es nicht zu, daß sich sein Hund irgendwo versäubert,

sondern sucht einen Platz auf, wo der Hundekot keinen Anstoß erregt. Streunende Hunde koten und harnen gerne, wo es nach Artgenossen und deren Exkrementen riecht. Es muß angenommen werden, daß damit auch ein Kommunikationsbedürfnis befriedigt wird. Wir wollen diesem Bedürfnis so gut wie möglich entgegenkommen und wählen die für Hunde erlaubten Versäuberungsorte, bestimmte Straßenborde an Nebenstraßen, Hundespazierwege und den Straßengraben (Rinnstein), wenn z. B. in der Stadt keine dieser Möglichkeiten anzutreffen sind. Sogenannte Hundetoiletten, die voll Kot sind, ziehen den Hund nicht mehr an und sollten gemieden werden. Wir kennen den Versäuberungsrhythmus unseres Hundes und helfen ihm, indem wir ihn zu seiner gewohnten Zeit ausführen. Dabei gehen wir sehr konsequent vor:
Wir lassen den *angeleinten* Hund am gewünschten Platz mit SED absitzen, warten eine Weile, sagen dann LIBERA. Der Hund darf jetzt schnuppern, sich «seinen Platz» aussuchen, sein Geschäft erledigen. Sobald er sich anschickt, zu koten oder zu harnen, sagen wir wiederholend das Wörtchen STACCA, und wenn er fertig ist, loben wir ihn überschwenglich. Mit der Zeit bringt der Hund das Hörzeichen STACCA mit seinem Tun in Verbindung, und es wird uns möglich, ihn damit zu veranlassen, sich zu entleeren. Es ist für den Blinden später eine große Hilfe, wenn sich sein Hund auf ein bestimmtes Hörzeichen hin versäubert. Deshalb müssen wir uns auch dieser Aufgabe mit viel Geduld und Ausdauer widmen.

Legenden zu den Zeichnungen Seite 119—120

1. *Bevor der Ausbilder dem Hund erlaubt, seine Notdurft zu verrichten, läßt er ihn mit dem Hörzeichen SED absitzen.*
2. *Danach gibt er ihm das Hörzeichen LIBERA.*
3. *Sobald der Hund eine Stelle zu suchen beginnt, wo er sich versäubern möchte, gibt der Ausbilder wiederholt das Hörzeichen STACCA.*
4. *Während der Hund seine Notdurft verrichtet, wiederholt der Ausbilder mehrmals das Hörzeichen STACCA.*
5. *Hat der Hund sein «Geschäft» verrichtet, heißt es PIEDE: der Hund begibt sich zur Linken seines Ausbilders.*
6. *Wie die Übung begann, endet sie wieder mit SED ...*
7. *... wobei auch das Lob nicht fehlen darf.*

5

6

7

Korrektur: NEIN

Wir müssen immer wieder daran denken, daß der Führhund für einen blinden Menschen ausgebildet wird, den er dann führen soll, und dies so selbständig wie möglich. Das heißt aber nicht, daß der Hund − in der Hundesprache ausgedrückt − Rudelführer oder Alphatier sein soll. Die Rolle des Ranghöheren hat der Blinde einzunehmen. Er muß dem Hund Anweisungen geben, ihn beaufsichtigen, wenn nötig korrigieren und vor falschem Verhalten warnen. Die Anweisungen erfolgen durch bestimmte Hörzeichen, von denen wir schon einige kennen. Das NEIN hat nicht den Sinn einer Anweisung, sondern eines Stopp-Zeichens. Der Hundeführer will damit ein unerwünschtes Verhalten des Hundes stoppen, um danach die gewünschte Anweisung erteilen zu können. Dadurch hat der Hund einen Moment Zeit, sich auf das Kommando einzustellen. Man könnte das NEIN auch als Korrekturzeichen betrachten. Es wird in folgenden Situationen angewendet:

a. Wenn der Hund während seiner Arbeit, seinen Instinkten gehorchend, etwas anderes tut, als er sollte.
b. Wenn der Hund eine angenehmere Aufgabe ausführt als jene, die ihm aufgetragen wurde.
c. Wenn der Hund, einem Leitbild folgend, eigenmächtig handelt.

Dazu die entsprechenden Beispiele:

Zu Situation a.
Der Führhund erblickt beim Führen eine Katze, die er gerne verjagen würde. Der Blinde kennt sein Tier, alle seine Bewegungen, seine Körpersprache, er weiß, was los ist. In ruhigem, aber bestimmtem Ton sagt er: NEIN − AVANTI. Damit stoppt er den Wunsch des Hundes, die Katze zu jagen, und gibt ihm unmittelbar danach das Kommando AVANTI zum Weitergehen.

Zu Situation b.
Der Blinde kommt an einem Regentag mit seinem nassen Hund zu Hause an und läßt sich von ihm in den Raum führen, wo sich der Pflegetisch befindet. Dort weist er ihn an, sich auf diesen zu begeben und FERMA zu machen, d. h. dort ruhig zu stehen. Der Hund, vom langen Laufen etwas müde, findet, daß Sitzen angenehmer wäre und schickt sich deshalb an, abzusitzen. Auch hier

unterbricht der Blinde die unerwünschte Handlung seines vierbeinigen Lieblings mit NEIN − FERMA. Das heißt für den Hund: Absitzen wird nicht toleriert, ich muß stehen bleiben.

Zu Situation c.
Der Blinde ist mit seinem Hund unterwegs. Der Weg führt an einem Café vorbei, wo die beiden schon früher einmal waren. Der Hund erinnert sich, daß es dort sehr angenehm ist. Er sieht sich schon drinnen unter einem bestimmten Tisch. Dieses Bild verleitet ihn, seinem Meister den Eingang zum Café anzuzeigen; eine Aufgabe, für die er übrigens stets gelobt wurde. Nun aber, weil er zum Anzeigen der Türe gar keinen Auftrag erhielt, heißt es: NEIN − AVANTI. Damit wird das Vorhaben des Hundes, den Blinden ins Lokal zu führen, mit NEIN gestoppt und anschließend der Befehl zum Weitergehen erteilt.

Bei zwei der angeführten Beispiele wird das NEIN während der Führarbeit angewendet. Es wäre jedoch falsch, wenn wir es auch während der Führarbeit lehren würden, denn damit käme eine folgenschwere Mann-Verknüpfung zustande: Der Hund würde auf das Nein des Ausbilders stets gut reagieren, beim Blinden aber versagen.

Deshalb gehört NEIN in die Reihe der Übungen an der Leine, wo der Hund sich auf seinen Meister einstellen muß. So wie der Ausbilder parallel zur Führarbeit mit seinem Hund Rangordnungsübungen an der Leine durchführt, muß dies später auch vom Blinden ausgeführt werden, damit er gegebenenfalls während der Führarbeit mit einem NEIN kurzfristig einen Führerwechsel einschalten kann. Damit werden wir uns später noch auseinandersetzen. Vorerst nun zum Lehrgang:

Wir besorgen uns einen Metallring mit einem Durchmesser von zirka 10 cm. Rings um den Ring befestigen wir 5 bis 10 kleine Schellen. Diesen Schellenring versteckt auf uns tragend, gehen wir mit unserem Hund aus. Wir schreiten zügig vorwärts. Der Hund wird uns dementsprechend folgen. Dann vermindern wir das Tempo und gehen schließlich nur noch ganz langsam. Dem Hund wird dies zu langweilig werden, und er wird zu schnuppern beginnen. Wenn er stehen bleibt, tun wir das auch, nehmen − für den Hund unsichtbar − unseren Schellenring hervor, stülpen ihn über das Leinenende, halten die Leine hoch und sagen zum Hund NEIN. Er wird darauf nicht reagieren, denn dieses Wort sagt ihm noch gar nichts. Dies ist der Moment, um den Ring der Leine entlang hinuntergleiten zu lassen. Es muß im Bruchteil einer Sekunde geschehen, nachdem wir NEIN sagten. Unten beim Karabinerhaken und an den Ringen des Halsbandes werden die Schellen lärmend aufschlagen. Dies wird den Hund leicht erschrecken, und er wird sofort das Schnuppern unterbrechen. Sobald er sich von seinem Schrecken erholt hat, nehmen wir den Ring weg, als wäre nichts geschehen, und lassen ihn verschwinden. Die Übung ist damit beendet. Sie darf erst anderntags wiederholt werden, wenn möglich mit einem andern Gegenstand, den wir wieder an der Leine hinabgleiten lassen und der unten ebenfalls lärmend aufschlägt. Auf diese Weise verknüpft der Hund das NEIN mit dem nachfolgenden unangenehmen Erlebnis. Es bekommt für ihn die Bedeutung eines Halt-Signals. Er wird von seinem Tun lassen, uns ansehen und gerne unsere Anweisung entgegennehmen. Diese werden wir ihm unmittelbar nach dem NEIN geben, sobald die Einwirkung mit dem Ring nicht mehr notwendig ist und die erwünschte Reaktion auf das NEIN von selbst erfolgt.

Wenn es uns gelingt, das NEIN mit dem Schellenring zu üben, ohne daß der Hund intensiv schnuppert und ohne daß er sichtlich abgelenkt ist, dabei aber auch unsere Vorbereitungsbewegungen nicht beachtet, ist es noch besser. Damit das Ganze noch erfolgversprechender ausfällt, können die Vorbereitungsbewegungen vorher simuliert werden. Es ist auch ratsam, diese Übung später mit dem Blinden zu wiederholen.

Lob: BRAVA

Es scheint fast müßig, etwas über BRAVA, das soviel wie Lob bedeutet, zu schreiben. Jeder Hund begreift ja sehr schnell, daß wir mit dem Lob unsere Zufriedenheit ausdrücken. Auch braucht niemand das Loben zu lernen, das kann man doch! Aber der Schein trügt. Es wird immer wieder zur falschen Zeit gelobt, genauso wie zur falschen Zeit getadelt wird. Zudem wird oft mit viel zuvielen Worten und Gesten gelobt, statt mit einem einzigen liebevoll gesprochenen Wörtchen.

Mit unserem BRAVA zeigen wir dem Hund, daß wir mit ihm zufrieden sind. Dies steigert sein Selbstwertgefühl. Zu überschwengliches Lob kann indes unangenehme Folgen haben. Ein eigenes Erlebnis, das über dreißig Jahre zurückliegt, mag dies veranschaulichen:

Ich hatte damals einen prächtigen dreijährigen Deutschen-Schäfer-Rüden, der Donos hieß und dem ich Appell beibringen mußte. Ich kam überraschend gut voran und war außer mir vor Freude, als Donos auf meinen Ruf hin galoppierend zu mir kam. Ich lobte ihn überschwenglich, als hätte er die Welt gerettet, und weckte damit ungewollt seinen Spieltrieb. Donos sprang übermütig um mich herum, dann von mir weg. Ich war für ihn plötzlich nicht mehr das Alphatier, sondern ein ihm untergeordneter Spielgefährte. Als ich ihn zu mir rief, schaute er mich von weitem mitleidig an und rannte noch weiter von mir weg, dem Nachbardorf zu. Dort gab es eine heiratslustige Hündin, die aufzusuchen Donos als seine höchste Berufung empfand.

Anweisungen für das Loben:

1. Der Hund wird mit einem einmaligen liebevollen BRAVA gelobt. Wenn die Möglichkeit besteht, ihn dabei zu streicheln, soll dies geschehen.
2. Der Hund darf erst gelobt werden, wenn er unsere Anweisung befolgt hat.
3. Wenn wir vom Hund ein begrenztes Ausharren in einer bestimmten Position verlangen, z. B. bei FERMA, muß diese Übung mit einem SED enden. Der Hund darf erst nach dem Befolgen des SED gelobt werden.

Dies alles sieht klar und leicht aus. Doch die Praxis zeigt, daß maßvolles Loben im richtigen Zeitpunkt von jedem Ausbilder gelernt werden muß.

Herankommen: PIEDE

Auf den Ruf PIEDE muß der Hund herkommen, sich zur Linken seines Meisters begeben und ihn dort mit dem Kopf oder der Schulter berühren.

Es sind also drei Phasen, die gelehrt werden müssen:

a. **Herkommen**
   Jeder Hund hat einen Namen. Die meisten haben bereits in ihrer Jugend gelernt, auf diesen Namen zu hören und danach die

Person, die ihn ausgesprochen hat, aufzusuchen in der Hoffnung, daß dort etwas Angenehmes passiert. Meistens erhält er Liebkosungen und möglicherweise auch einen Leckerbissen. Wir machen uns diese Vorbildung zunutze und rufen den Hund beim Namen, bevor wir unser PIEDE sagen. Es heißt dann beispielsweise: ASTOR – PIEDE!
Wir beginnen mit der Übung PIEDE vom Pflegetisch aus. Bis jetzt haben wir den Hund jeweils vom Tisch gehoben und ihn auf den Boden gestellt. Jetzt sagen wir den Namen des Hundes und anschließend PIEDE, ziehen mit einem kurzen Ruck an der Leine, locken ihn, mit der linken Hand auf unseren linken Oberschenkel klopfend und das PIEDE wiederholend, vom Tisch herunter. Vielleicht müssen wir mit einem zweiten kleinen Leinenruck verständlich machen, daß es jetzt auf dem Tisch nicht mehr angenehm ist, und so wird er bestimmt herunterspringen. Unten wird er von uns sofort anerkennend gelobt und an seinen Ruheplatz geführt.

b. Zur Linken seines Meisters
Nach zwei bis drei Übungen, mit Unterbruch von jeweils einem Tag von Übung zu Übung, wird jeder Hund auf das Hörzeichen NAME des Hundes – PIEDE vom Pflegetisch herunterspringen. Jetzt muß er noch lernen, sich an unsere Linke zu begeben. Die meisten Hunde gehen nicht geradewegs auf eine Person zu, sondern umkreisen sie vorher. Wir wollen diese Anlage ausnützen und leiten mit der Leine den vom Tisch herabgesprungenen Hund rechts um uns herum, so daß er von hinten her an unsere linke Seite gelangt. Dort wird er gelobt und liebkost und anschließend an den Ruheplatz geführt. Das Lob nach dem Herunterspringen fällt weg, denn die Übung des Herankommens ist nun verlängert und endet erst, wenn der Hund an unserer linken Seite ist. In einigen Tagen sollte es soweit sein, daß er das von selbst kann.

c. Körperkontakt
Wir wissen, daß der Hund sanftem Druck nachgibt. Deshalb drücken wir ihn jetzt, bevor wir ihn zu unserer Linken streicheln, sanft an unser Knie und loben ihn, nachdem er eine Weile in dieser Stellung ausgeharrt hat. Diese Übung kennt der Hund bereits vom Anschirren her, so daß es kaum Probleme

5

Herankommen: PIEDE (Zeichnungen S. 126—127)

1. Das Herankommen vom Pflegetisch aus beginnt mit SED.
2. Dann ruft der Ausbilder den Hund beim Namen und gibt ihm das Hörzeichen PIEDE.
3. Freudig springt der Hund vom Tisch hinunter und erhält vom Ausbilder erneut das Hörzeichen PIEDE ...
4. ... worauf sich der Hund zur Linken des Ausbilders begibt.
5. Nach kurzem Ausharren zur Linken wird der Hund gelobt und gestreichelt.

gibt. Auch nach Beendigung dieser Übung wird der Hund an seinen Ruheplatz geführt. Damit wären die drei Phasen – herkommen, sich an die linke Seite begeben und dort Tuchfühlung nehmen – aneinandergefügt.
Es genügt natürlich nicht, daß der Hund lediglich vom Tisch her und angeleint zu uns herankommt. Wir möchten, daß er auch aus größerer Entfernung und unangeleint herankommt. Um dies zu erreichen, befestigen wir an Stelle der Leine eine etwa 10 m lange Schnur am Halsband des auf dem Pflegetisch stehenden Hundes. Dann gehen wir etwa 5 m von ihm weg und

rufen ihn mit NAME und PIEDE heran. Wenn dies gut geht, verlängern wir die Distanz von Übung zu Übung. Sollte der Hund einmal versuchen, statt zu uns zu kommen wegzulaufen, können wir ihm mit einem kräftigen Ruck an der Schnur das Weglaufen unangenehm machen. So wird er lernen, daß Herankommen immer angenehme, Weggehen jedoch unangenehme Folgen hat. Später lassen wir, wenn wir den Hund vom Tisch abrufen, auch die Schnur fallen. Wir hätten immer noch die Möglichkeit, den Fuß darauf zu stellen und ihn so zu stoppen, falls er sich von uns entfernen sollte. Schließlich verkürzen wir die Schnur und lassen nur etwa 1½ bis 2 m am Halsband hängen. Der Hund wird aber immer noch annehmen, daß er angeleint ist und wir dadurch ein Weggehen verhindern könnten. Er wird jedoch kaum mehr weggehen, denn das Herankommen ist ihm so zur Gewohnheit geworden, daß er daran festhält.

Zeigt ein Hund schon am Anfang die Tendenz, direkt links an uns heranzukommen, statt uns rechts zu umkreisen, üben wir das PIEDE direkt, d. h. ohne Bogen rechts um uns herum. Wir machen dann mit der Leine einen Linksbogen, wobei wir gleichzeitig ein bis zwei Schritte nach hinten und dann wieder nach vorne tun.

Sich auf den Ruheplatz begeben: POSTO

Jeder Hund sollte einen Platz haben, der ihm gehört, auf dem er ausruhen oder schlafen kann, ohne daß ihn dort jemand stört. Wir nennen diesen Platz POSTO.

Wir haben bisher unseren Hund nach Abschluß einer Übung stets an einen solchen Platz geführt, wo er sich erholen konnte. Somit ist ihm der Platz vertraut. Das Hörzeichen, das ihn veranlaßt, sich an diesen Platz zu begeben, kennt er aber noch nicht. Es ist jetzt unsere Aufgabe, ihn zu lehren, auf das Wort POSTO selbständig seinen Ruheplatz aufzusuchen. Dies geschieht, indem wir vor und während dem Hingehen zum Ruheplatz POSTO zu ihm sagen. So begreift jeder Hund schon nach kurzer Zeit, daß POSTO sein Platz ist, und es genügt, wenn wir ihm das als Nahziel, d. h. sobald der Platz für den Hund sichtbar ist, bekanntgeben. Es ist wichtig, daß von diesem Platz aus das Geschehen in unmittelbarer Umgebung verfolgt werden kann, denn es entspricht der Natur des Hundes, zu beobachten und zu wachen. Dabei kann er ohne weiteres vor sich hindösen, seine Ohren und seine Nase nehmen trotzdem alles wahr. So übernimmt jeder normal veranlagte Hund mit dem Einnehmen dieses Platzes die Rolle des Aufsehers, des Wächters. Um diese Rolle noch zu verstärken, empfiehlt es sich, ein Kleidungsstück seines Meisters dort zu deponieren. Dann wird er nicht nur die Umgebung beaufsichtigen, sondern auch noch über das Kleidungsstück wachen, worauf er besonders stolz ist. Es soll uns nicht kümmern, ob der Hund auf seinem POSTO steht, sitzt oder liegt. Wenn er seinen Platz verläßt, führen wir ihn POSTO sagend an seinen Platz zurück. Die Wartezeit darf vorerst nicht zu lange dauern. Wir dürfen mit ihm zufrieden sein, wenn er anfangs etwa eine Minute ausharrt. Dann holen wir ihn ab, machen noch SED und loben ihn kurz mit BRAVA. Auf diese Weise wird die Wartezeit allmählich bis auf 10 Minuten ausgedehnt.

Warten: RESTA

RESTA heißt warten. Dieses Hörzeichen wird immer angewendet, wenn wir uns vorübergehend aus dem Sichtbereich des Hundes entfernen. Man könnte nun einwenden, daß RESTA ein überflüssiges Hörzeichen ist; der Hund hat ja bereits gelernt zu warten, wenn wir ihm POSTO, TAVO, FERMA oder SED sagten. Wir dürfen jedoch nicht vergessen, das er ohne Sichtkontakt leichter in Versuchung kommt, bei FERMA abzusitzen oder abzuliegen, bei SED aufzustehen oder abzuliegen. Wenn dies geschieht, haben wir keine Möglichkeit, diese Handlungen mit NEIN zu stoppen und zu korrigieren. Deshalb ist es sinnvoll, wenn wir für das Warten ein eigenes Hörzeichen haben. Es soll für den Hund allein die Bedeutung von warten haben, egal ob sitzend, liegend oder stehend; er darf sich beliebig am Ort bewegen, aber ihn nicht verlassen. Wenn er ihn verläßt, tut er es, um uns zu suchen. Dann ist es uns wieder möglich, seine Handlung zu unterbrechen und zu korrigieren, indem wir ihn an den Ausgangspunkt zurückführen. Damit wäre auch schon das Lernen des RESTA angedeutet:
1. Wir sagen dem Hund, bevor wir uns aus seinem Sichtbereich entfernen, RESTA! Dies vorerst beim POSTO, dann bei TAVO, FERMA, SED und schließlich an beliebigen Orten,

wobei wir mit solchen beginnen, die dem Hund vertraut sind, z.B. in unserem Auto oder in unserer Wohnung.
2. Wir entfernen und verstecken uns. Aus unserem Versteck beobachten wir den Hund und warten, bis er uns zu suchen beginnt. Dann verlassen wir unser Versteck, noch bevor uns der Hund gefunden hat, rufen ihm NEIN zu, gehen zu ihm hin, leinen ihn an und führen ihn an den Ausgangspunkt zurück.
3. Dort angelangt, leinen wir den Hund wieder ab, sagen RESTA und verstecken uns erneut. Nach einer Wartezeit von vorerst einer Minute kehren wir zum Hund zurück, nehmen ihn an die Leine, entfernen uns mit ihm einige Meter, lassen ihn absitzen und beenden die Übung mit BRAVA. Die Versuchung, den Hund sofort bei der Rückkehr zu loben, ist groß. Wir würden ihm damit jedoch die Aufgabe nur unnötig erschweren, denn er würde uns mit der Zeit, sobald er uns erblickt, in Erwartung des Lobes freudig entgegenkommen, anstatt zu warten, bis wir bei ihm sind. Dann müßten wir ihn wieder korrigieren. So aber lernt er, daß seine Aufgabe bei unserer Rückkehr noch nicht erfüllt ist, sondern erst, wenn wir *gemeinsam* den Ort verlassen und die Übung mit SED abgeschlossen haben.

Abliegen: A TERRA

A TERRA heißt: «auf den Boden». Der Hund muß sich auf dieses Kommando hinlegen. Ob er sich seitlich hinlegt oder die sogenannte Sphinx-Stellung einnimmt, ist gleichgültig. Wichtig ist nur, daß er sich sofort hinlegt, sobald wir ihm dies befehlen. Mit A TERRA erteilen wir dem Hund einen Befehl, der in jeder Situation schnell befolgt werden muß. Ich muß dies sehr betonen, denn von der unmittelbaren Befolgung dieses Kommandos hängt in bedeutendem Maße die Sicherheit des Blinden ab. Es kommt immer wieder vor, daß ein Führhund von einem andern Hund angegriffen wird. Dem kann entgegengewirkt werden, indem sich der Führhund auf das Kommando A TERRA sofort hinlegt. Jedermann, der schon Begegnungen von Hunden auf Spaziergängen beobachtet hat, konnte sicher einmal feststellen, wie sich ein Hund (es sind dies vor allem jüngere) vor einem Artgenossen seitlich hinlegte, die Genitalregion und die Halsseite freigab, worauf der andere Hund den am Boden liegenden kurz beschnupperte und sich dann wieder abwandte. Es kann aber auch vorkommen, daß ein Hund angesichts eines auf ihn zukommenden Artgenossen anhält, sich, auf seine Ellbogen gestützt, erst vorne, dann auch mit dem Hinterkörper niederlegt. In der Hundesprache ist dies eine Aufforderung zum Spiel, wodurch ein allfälliger Angreifer die Lust zum Angreifen verliert. In der Folge wird der auf dem Boden liegende Hund plötzlich aufspringen, wegrasen, umkehren und in unvermindertem Tempo am perplexen Artgenossen vorbeistürmen, um ihn zum Fang-mich-Spiel zu animieren. In einer solchen Situation läßt sich der Fremde entweder auf das Spiel ein oder er wendet sich ab; nie aber wird es zu einer Rauferei kommen.

Aus diesen Erfahrungen geht klar hervor, wie wichtig es ist, daß wir dem angehenden Blindenführhund ein einwandfreies Platzmachen beibringen, damit später der Blinde keine Angst vor angriffslustigen Hunden haben muß. Es gibt verschiedene Arten, das A TERRA zu lehren. Man wird indes nie Erfolg haben, wenn man versucht, den Hund mit Gewalt niederzudrücken. Dann wird er je nach Veranlagung entweder versuchen, dem Druck zu entgehen, oder er verkrampft sich und leistet Widerstand.

Die wirkungsvollste, aber für den Ausbilder schwierigste Methode ist das seitliche Umwerfen des Hundes. Wenn dies auf Anhieb gelingt, hat der Hund im Bruchteil einer Sekunde das Platzmachen begriffen und wird es, nach wenigen Übungen, für immer schnell und sicher befolgen.

Es ist notwendig, diesen Wurf vorerst an einem «künstlichen Hund» zu üben. Zu diesem Zweck bastelt der Ausbilder einen mittelgroßen Hund aus einem soliden Holzgestell mit entsprechender Polsterung. Dann stellt er diese Attrappe zirka 30 cm links neben sich hin und übt das Umwerfen. Es hat blitzartig, ohne Kraftanstrengung und mit so wenig Körperbewegungen als möglich zu erfolgen. Sehen wir ihm in der Zeitlupe zu:

Leicht nach vorne gebeugt, steht er rechtsseits der Attrappe. Die Fußspitze des leicht eingeknickten linken Beines ist gegen das rechte Hinterbein des nachgebildeten Hundes gerichtet und zirka 15 cm davon entfernt. Der Fuß des rechten Beines ist auf Schrittlänge vom linken entfernt nach vorne gerichtet. Seine beiden Arme liegen am Körper an, die Hände sind frei. Nun dreht er seinen Rumpf um 45° gegen die Attrappe und beugt sich soweit nieder, daß die Fingerspitzen seiner rechten Hand vor dem Fang des Hundes den Boden berühren. Jetzt schwingt er diese Hand knapp

an der Hundenase vorbei in die Höhe und sagt dabei: A. (Der echte Hund wird der in die Höhe schnellenden Hand nachblicken.) Sofort fährt er mit der Hand wieder, beinahe die Nase des Hundes berührend, zu Boden, wobei er TERRA sagt. Gleichzeitig stößt er blitzartig mit der linken Hand seitlich gegen den Körper des Hundes und wirft diesen um. Die rechte Hand bleibt vor der Nase des Hundes am Boden, die linke bleibt ganz nahe über dem Hundekörper, um später beim echten Hund ein allfälliges Aufstehen verhindern zu können. Bei diesen Bewegungen mit den Armen bewegt sich zwangsläufig der Körper des Ausbilders mit, die Beine und die Füße jedoch müssen feststehen.
Dieses Umwerfen wird an der Attrappe so lange geübt, bis alle Bewegungen ohne Gedankenarbeit automatisch ablaufen und die Attrappe mit Leichtigkeit umfällt. Dann erst darf mit einem richtigen Hund geübt werden. Dazu sollte vorerst noch nicht der in Ausbildung stehende Führhund ausgewählt werden, sondern einer, der sich für die Führhundausbildung nicht eignet. Trotz fleißigem Üben an der Attrappe ist es anfangs sehr gut möglich, daß beim lebenden Hund das Umwerfen doch nicht auf Anhieb gelingt. Bei einem nicht für die Führarbeit bestimmten Hund ist das weniger schlimm. Bei diesem Lehrvorgang muß besonders beachtet werden, daß:

- der Hund ohne das Hörzeichen FERMA neben den Ausbilder zu stehen kommt, wenn möglich seitlich an einer Wand,
- der Blick des Hundes vom Ausbilder weggerichtet ist,
- das Umwerfen in keiner Weise vorbereitet wird, sondern spontan, für den Hund vollkommen überraschend erfolgt.

Gelingt es nicht auf Anhieb, darf es bei diesem Hund nie mehr wiederholt werden, denn er hat unsere Absicht durchschaut und wird späteren Versuchen entgegenwirken. Es ist dann ähnlich wie bei Judokämpfern, wo der eine genau voraussieht, wann sein Gegner zu einem bestimmten Wurf ansetzt, und sich darauf vorbereitet, diesen zu parieren. Die Übung gilt als gelungen, wenn der Hund der Ansicht ist, die Bewegung der rechten Hand hätte ihn umgeworfen. Dies ist der Fall, wenn er beim nächsten Hochheben der rechten Hand von selbst abliegt. Nach einigen weiteren Übungen sollte das Kommando A TERRA allein den gleichen Reflex auslösen.

Gelingt diese Übung beim auszubildenden Führhund nicht, muß nach folgender Lehrmethode vorgegangen werden:
Wir beginnen die Übung auf dem Pflegetisch während der Körperpflege im Anschluß an die Sitzübung, die der Hund bereits beherrscht. Nachdem sich der Hund gesetzt hat, begeben wir uns vor den Hund, erfassen seine Vorderfüße an den beiden Fußgelenken und ziehen sie sanft nach vorne. Dann streicheln wir seinen Rücken, warten eine Weile und greifen mit beiden Armen unter den Hund, heben ihn sanft in die Höhe und bringen ihn so in FERMA-Stellung. Nach einigen Übungen im Abstand von je einem Tag wird der Hund bereits beim Ergreifen der Vorderfüße sich auf seine Ellbogen abstützen. Dann ist der Zeitpunkt gekommen, wo wir jeweils kurz vorher das Kommando A TERRA geben. Der nächste Schritt besteht darin, daß wir uns nur noch vor den Hund hinstellen, A TERRA sagen und nur wenn nötig die Füße erfassen. Wir dürfen aber nie das Kommando A TERRA wiederholen.
Sobald der in Front zu uns sitzende Hund sich auf das Kommando A TERRA selbständig hinlegt, können wir dazu übergehen, das Kommando zu sagen, bevor wir vor den Hund hintreten. Wenn dies alles klappt, fordern wir ihn zum Widerstand auf, indem wir leicht an der Leine nach vorne ziehen. Diesem Zug will er widerstehen. Wir lassen ihn gewinnen und loben ihn. Dies wird sein Selbstwertgefühl steigern; er wird sich bemühen, künftig noch schneller A TERRA zu machen, um uns wieder seinen eigenen Willen zu zeigen. Später wiederholen wir diese Übungen an verschiedenen Orten und schließlich auch stets bei einer Begegnung mit andern Hunden.
Auch diese Methode stellt einige Ansprüche an den Ausbilder, besonders hinsichtlich Geduld und sorgfältiger Aufbauarbeit. Sie braucht bedeutend mehr Lehrzeit als die des Umwerfens, die mehr Vorbereitung benötigt. Der Erfolg wird jedoch nicht ausbleiben. Das ist das allein Wichtige. Ein guter Führhundausbilder sollte mit der Zeit beide Methoden beherrschen.

Einen Gegenstand tragen: APPORT

Eigentlich heißt APPORT soviel wie bringen. Nun gehen aber die Ansichten, ob ein Führhund apportieren soll oder nicht, auseinander. Für den Blinden wäre es von Vorteil, wenn der Hund einen fallengelassenen Gegenstand aufnähme und brächte. Auch wäre es höchst erfreulich, wenn er nach verlorenen Gegenständen suchte und sie herbrächte. Das Aufnehmen eines Gegenstandes kann beim Hund aber die verschiedensten Stimmungen auslösen: Er kann Lust bekommen, damit zu spielen, ihn zu packen, zu beißen, zu schütteln, zu fressen oder zu vergraben. Es ist deshalb notwendig, das Verhalten des Hundes während und auch nach der Ausbildung gut zu beobachten und wenn nötig zu korrigieren. Der Blinde wird dies nicht können, so daß ein verläßliches Apportieren nicht von Dauer sein wird. Somit darf man mit gutem Gewissen darauf verzichten, den Führhund das Apportieren zu lehren.

Anders ist es, wenn wir dem Führhund beibringen, einen Gegenstand zu tragen. Wer hat nicht schon einen Hund, mit gefalteter Zeitung im Fang neben seinem Herrn einhergehend, beobachtet und dabei bemerkt, wie hochgemut sich der Hund verhielt, auch bei der Begegnung mit Artgenossen? Genauso erfüllt es den Führhund mit Stolz, wenn er seinen Meister nicht nur führen, sondern für ihn gelegentlich auch eine «Beute» tragen darf.

Beim Hund als Nachkomme des Wolfes entspricht es einem angeborenen Bedürfnis, eine Beute heimzutragen oder an einem bestimmten Platz zu verscharren, um sie später wieder auszugraben und zu verzehren. In einem Hunderudel kann auch beobachtet werden, wie Gegenstände als Scheinbeute in Besitz genommen, fortgetragen und nicht freiwillig wieder hergegeben werden, solange das Interesse der andern Hunde am Gegenstand anhält.

Diese Verhaltensweisen machen wir uns bei der Ausbildung des Apportierens, in unserem Falle des Tragens eines Gegenstandes, zunutze. In der Fachsprache geht es hier um eine Trieb/Dressur-Verschränkung. Damit auch hier das Ziel schneller erreicht und der Erfolg von Dauer sein wird, gehen wir beim Ausbilden wieder stufenweise vor und bedienen uns einmal mehr des Pflegetisches, der nun bald zum «Ausbildungstisch» umbenannt werden könnte. Nach dem Grundsatz, den Hund das Richtige zu lehren, bevor er das Falsche tut, geben wir ihm nach Beendigung der Toilette einen mit Fleisch gefüllten Leder- oder Stoffbeutel, der in Form und

Einen Gegenstand tragen
Auch wenn der Hund nicht lesen kann, erfüllt es ihn mit Stolz, wenn ihm sein menschlicher Kumpan eine Zeitung zum Tragen gibt.

Größe einer Wurst entspricht, in den Fang. Es wird kaum einen Hund geben, der diese nach Fleisch riechende «Beute» nicht annimmt. Gäben wir sie ihm an einem anderen Platz als auf dem Pflegetisch, würde er damit sofort wegrennen und an einem sicheren Ort versuchen, an den Inhalt des Beutels heranzukommen. Er hat jedoch bereits gelernt, auf dem Pflegetisch zu warten, bis ihm erlaubt wird, hinunterzuspringen. Während der Hund seine «Beute» im Fang hält, streicheln wir ihn sanft unter dem Kinn, tun so, als hätten wir den Beutel wieder gerne zurück, indem wir ihn mit der Hand schüchtern und unsicher zu ergreifen versuchen, ihn auch zwischendurch ergreifen und leicht daran ziehen, ohne ihn jedoch zu behändigen. Damit steigert sich aus der Sicht des Hundes der Wert dieser Beute, und er ist noch mehr bestrebt, sie nicht mehr ohne weiteres herzugeben oder gar fallen zu lassen. Danach dürfen wir den Hund mit PIEDE vom Tisch herunterkommen lassen. Wenn er dabei den Beutel nicht fallen läßt, gehen wir mit ihm unverzüglich zu seinem Schlafplatz. Dort nehmen wir ihm den Beutel aus dem Fang, entnehmen ihm das Fleisch und geben es ihm als Belohnung.
Sollte der Hund seine «Beute» beim Herunterspringen oder auf dem Weg zum Schlafplatz fallenlassen, beachten wir dies nicht, führen ihn dennoch an seinen Liegeplatz und holen den Beutel nachher.
Anderntags wiederholen wir die Übung, versuchen aber, kurz vor dem Zeitpunkt, da der Hund seine Beute fallen ließ, sie ihm streitig zu machen, wobei wir ihn natürlich gewinnen lassen. Gelingt uns dies nicht, weil ihm die Lust zum Tragen des Gegenstandes fehlt und er ihn deshalb fallen läßt, machen wir uns nichts daraus. Wir heben den Beutel auf und versuchen das Ganze später mit einem andern Gegenstand, vielleicht mit einem Knochen oder mit seinem Lieblingsspielzeug, das wir ihm längere Zeit vorenthalten haben.
All dies geschieht bis jetzt ohne Worte. Wenn wir soweit sind, daß der Hund den Gegenstand sicher zu seinem Schlafplatz trägt, übergeben wir ihm diesen zusammen mit dem Hörzeichen APPORT. Mit der Zeit verbindet er die zwei Dinge, und er wird uns schon vor der Übergabe mit seinem Fang entgegenkommen. Wir lassen uns die «Beute» indes nicht so ohne weiteres wegschnappen, sondern geben sie erst her, nachdem wir APPORT gesagt haben. Erst so lernt der Hund die Bedeutung dieses Hörzeichens

richtig verstehen. Er weiß dann, daß dies das Zeichen zum Nehmen und Tragen der «Beute» ist.
Auf der letzten Stufe verwenden wir verschiedene andere Gegenstände als Scheinbeute, z.B. eine eingerollte Zeitung, ein Stück Holz, einen Regenschirm, den zusammengelegten Blindenstock etc. Geht etwas schief, bauen wir die Übung wieder neu mit einem Gegenstand auf, den der Hund gerne trägt.

Einen Gegenstand geben: DAI

Wir haben bis anhin dem Hund den Gegenstand bei der Ankunft an seinem Schlafplatz wortlos abgenommen. Jetzt gehen wir eine Stufe weiter und geben, kurz bevor wir ihm den Gegenstand abnehmen, das Hörzeichen DAI. Der eine merkt früher, der andere später, daß er auf das DAI den Gegenstand hergeben muß. Zur Festigung dieses Begriffes versuchen wir hie und da während des Gehens, ihm seine «Beute» streitig zu machen, natürlich ohne das Hörzeichen. Wir tun dies, indem wir unsere rechte Hand zaghaft dem Fang des Hundes nähern und dann ängstlich wieder zurückziehen. Später halten wir seine Beute und zerren sogar leicht daran, wobei wir, wie schon so oft, den Hund einmal mehr siegen lassen; damit steigern wir sein Selbstwertgefühl und lehren ihn gleichzeitig, daß er uns seine Beute nur dann überlassen muß, wenn wir dies mit dem Hörzeichen DAI wünschen. Wir können noch einen Schritt weitergehen und dem Hund den Gegenstand nach dem Hörzeichen DAI nur mit der linken Hand abnehmen (die rechte Hand macht immer nur Scheinversuche). Auch das merken sich manche Hunde und geben dann den Gegenstand nur noch her, wenn sie nach dem Hörzeichen DAI von der linken Hand angefaßt werden.

Bei Fuß gehen mit Wendungen (DESTRA, SINI, RITOR)

Bis jetzt hat es uns nicht gestört, wenn der Hund an der Leine zog. Es war im Gegenteil erwünscht, denn so wußten wir, daß der Hund zug- und arbeitsfreudig war. Dieses Ziehen an der Leine hilft uns jetzt auch beim Lernprozeß zum Bei-Fuß-Gehen. Wir gehen dabei wie folgt vor:

Wir machen mit dem Hund einen Spaziergang in ruhigem Wohngebiet und lassen uns von ihm an der Leine ziehen. Plötzlich machen wir eine Linkswendung um 180°. Dabei wechseln wir vor der Drehung die Leine in die rechte Hand und während des Drehens (auf dem Rücken) wieder in die linke Hand. Mit dem ersten Schritt in die entgegengesetzte Richtung muß der Hund durch unsere Kehrtwendung den Leinenzug verspüren. Er wird sich danach überrascht drehen und an unserer linken Seite, Schutz suchend, schön neben uns hergehen. Er wird dabei stets auf die Bewegungen unserer Schritte achten und sich uns anpassen. Danach machen wir Wendungen um 90° nach rechts, dann nach links und um 180° nach rechts. Sollte dabei der Hund nicht unseren Füßen linksseitlich folgen und statt dessen nach vorne oder seitlich weggehen, führen wir mit der Leine einen kurzen Ruck aus, worauf er bestimmt schnell wieder seinen Platz zu unserer Linken einnehmen wird.

Hat der Hund gelernt, sich nach unseren Schritten zu richten, können wir die Wendungen mit den entsprechenden Hörzeichen verbinden. Dies als Vorarbeit für die späteren Richtungsänderungen im Führgeschirr: nach rechts mit Hörzeichen DESTRA; nach links mit Hörzeichen SINI; rechtsumkehrt mit Hörzeichen RITOR. Wir geben jetzt vor jeder Wendung das entsprechende Hörzeichen. Dabei ist es außerordentlich wichtig, daß nie unmittelbar auf das Hörzeichen eine Einwirkung mit der Leine erfolgt, damit

Linkskehrt-Wendung (Seite 139—140)

1. *Grundstellung: Der Ausbilder hält das Leinenende in der rechten Hand; die linke umfaßt locker die durchhängende Leine.*
2. *Der Ausbilder geht voran. Der erste Schritt erfolgt mit dem linken Fuß; der Hund folgt.*
3. *Der Ausbilder dreht sich um 180 Grad.*
4. *Während der Drehung wechselt er die Leine von der rechten in die linke Hand.*
5. *Mit dem ersten Schritt in entgegengesetzter Richtung zieht der Ausbilder die Leine straff.*
6. *Der Hund folgt dem Ausbilder und sucht den Kontakt mit ihm an dessen linker Seite.*
7. *Der Ausbilder wechselt das Leinenende in die rechte Hand und nimmt ohne dabei anzuhalten wieder die Grundstellung ein.*

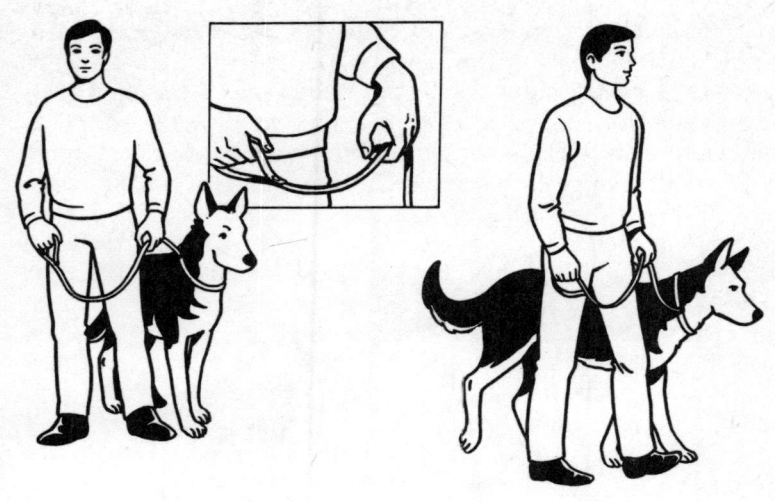

1

2

3

4

5

6 7

keine Mann-Verknüpfung entsteht. Sonst führt der Führhund beim Ausbilder die Wendungen korrekt aus, nicht aber später mit dem Blinden. Wir befinden uns hier bei der Führhund-Ausbildung am wesentlichsten Punkt, auf den nie genug geachtet werden kann: **Es dürfen keine harten Einwirkungen, weder mit der Leine noch mit dem Führbügel, unmittelbar auf ein Hörzeichen folgen, das während der Führarbeit gegeben wird.** Geschieht dies dennoch, sei es unbeabsichtigt oder weil keine andere Möglichkeit besteht, müssen diese Einwirkungen später wieder gelöscht werden. Darüber folgt später mehr. Am wenigsten Schwierigkeiten sollte uns das RITOR bieten, denn dies sollte der Hund bereits beherrschen (siehe Seite 113).

Anhalten bei Absätzen (Bordsteinkanten)

Bei vielen Blinden ist die Angst zu stürzen sehr groß. Es gehört deshalb zur elementarsten Ausbildung des Führhundes, daß dieser sicher vor jedem Absatz, über den der Führhundehalter stolpern könnte, anhält und erst dann weitergeht, wenn er dazu das entsprechende Zeichen erhält. Der Lehrvorgang, abgeleitet von der Abrichtung mit dem Führhundewagen System Brüll nach von Uexküll-Sarris, ist einfach. An Stelle des Führhundewagens stoppt der Ausbilder den Hund mit Hilfe des Führbügels und der Leine.
Es wird zuerst an einer Stufe abwärts geübt. Wir lassen uns vom Hund in zügigem Schritt gegen den Absatz führen, lassen ihn diesen mit den Vorderbeinen überschreiten, gehen selbst einen Schritt hinunter, wobei wir gleichzeitig den Hund mit dem Führbügel so in die Höhe ziehen, daß seine Vorderbeine den Boden nicht mehr berühren können. Danach ziehen wir den Hund mit Führbügel und Leine rückwärts, damit er seine Vorderbeine auf die Absatzkante stellen kann. Langsam legen wir jetzt den Führbügel auf den Rücken des Hundes nieder und lassen den Griff los. Auch die Leine legen wir quer auf den Rücken des Hundes und geben das Hörzeichen FERMA.
Da der Hund das FERMA bereits beherrscht, wird er ruhig stehenbleiben. Jetzt sagen wir noch RESTA, entfernen uns nach

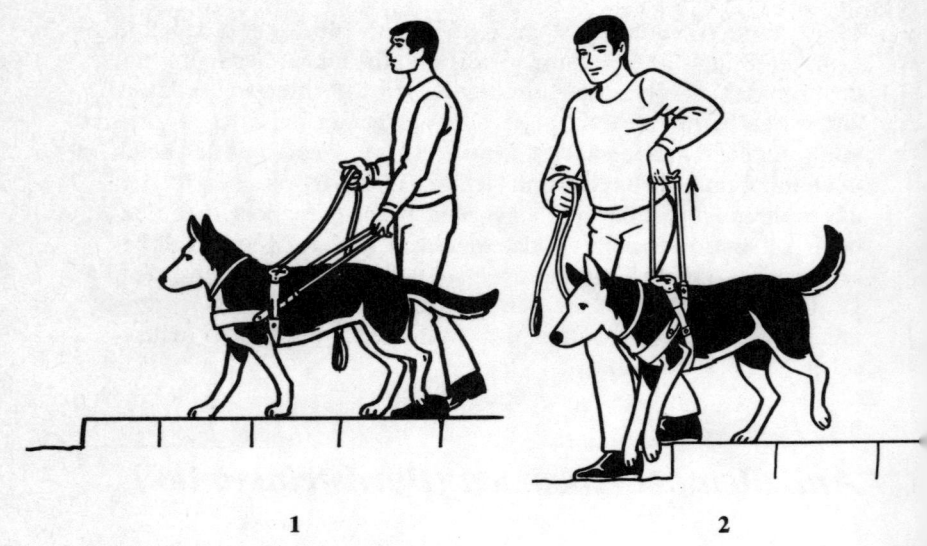

1

2

(Legenden siehe Seite 145)

3

4

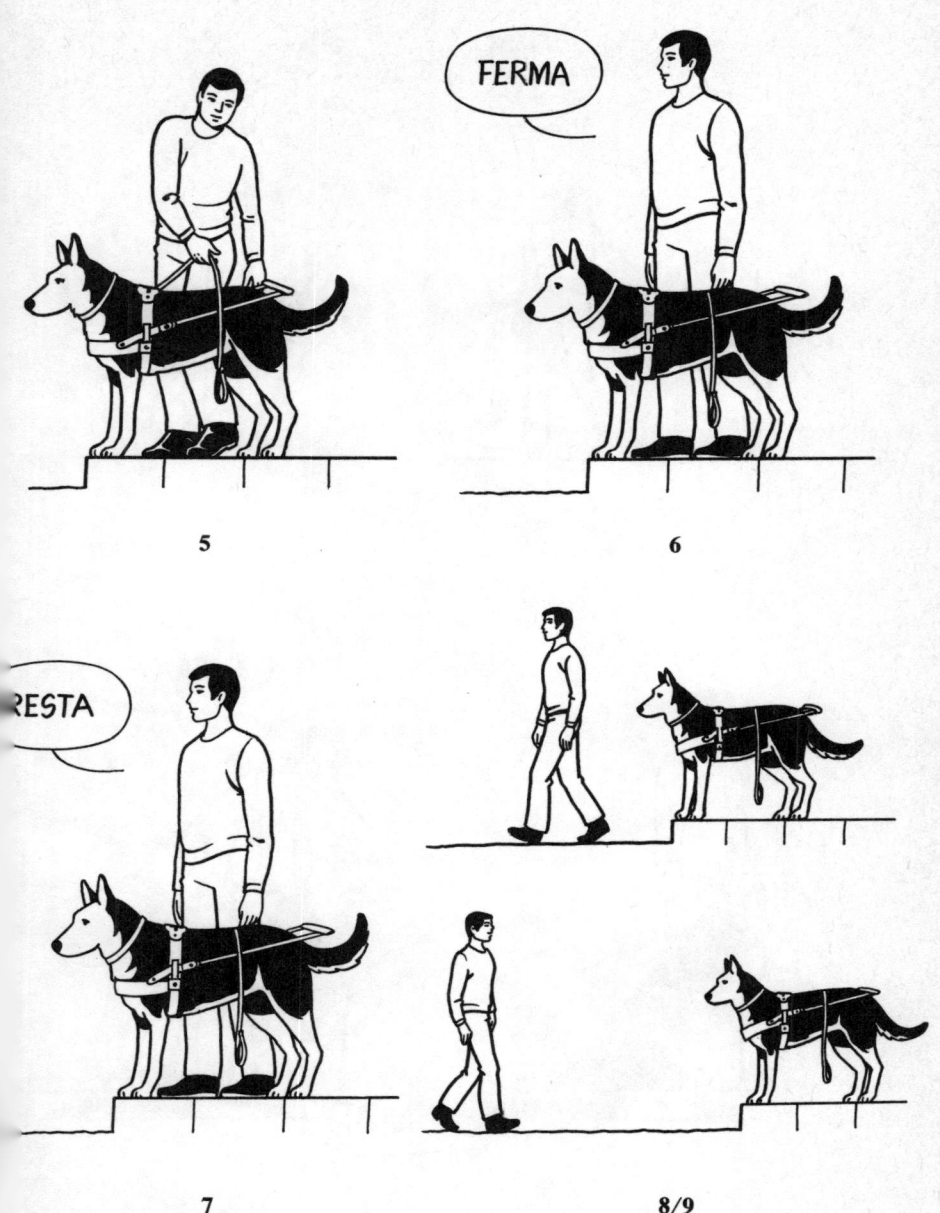

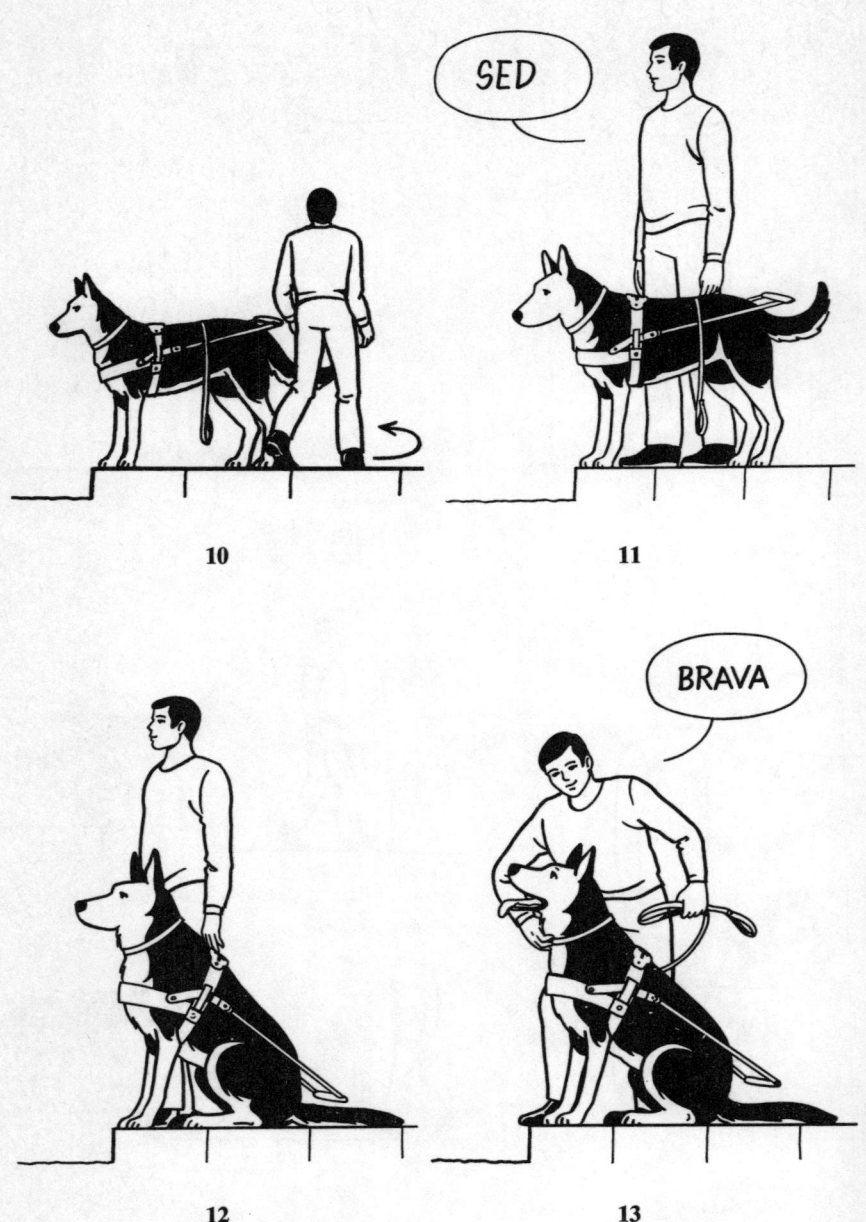

vorn, kehren zurück, umkreisen den Hund, begeben uns wieder an seine Rechte und sagen SED, worauf er absitzen wird, denn er hat auch dies bereits gelernt. Dann warten wir noch einige Sekunden, loben ihn mit BRAVA und zärtlichem Streicheln und nehmen ihm das Geschirr ab. Die Übung ist beendet. Wir führen ihn an seinen Ruheplatz zurück und lassen ihn bis zur nächsten Übung, die anderer Art sein muß, ausruhen. **Keine Übung, ob sie gelungen ist oder nicht, darf am gleichen Tag wiederholt werden.** Dies ist ein Ausbildungsgrundsatz, an dem der Ausbilder seine Geduld erproben kann.

Anderntags wiederholen wir die gleiche Übung an einem Trottoirabsatz bei einer Straßenkreuzung. Wieder brechen wir die Übung ab, nachdem der Hund auf FERMA, RESTA und SED richtig reagiert hat.

Am dritten Tag wiederholen wir die beiden vorangegangenen Übungen (zuerst an einer Stufe abwärts und dann an der Trottoirkante abwärts).

Am vierten Tag üben wir das Anhalten an einer Böschung abwärts.

1. *Der Ausbilder läßt sich vom Hund zügig zum Absatz hinführen.*
2. *Der Hund führt über den Absatz hinaus, weshalb ihn der Ausbilder mit dem Führbügel hochzieht. So kann der Hund seine Vorderfüße nicht mehr absetzen.*
3. *Der Ausbilder zieht den Führbügel höher und schräg nach hinten. Der Hund versucht, die Füße am Absatz aufzusetzen.*
4. *Der Ausbilder läßt mit dem Zug am Führbügel nach, damit der Hund auf den Absatz zu stehen kommt.*
5. *Der Führbügel wird auf den Rücken des Hundes gelegt, ebenso die Leine.*
6. *Der Ausbilder läßt den Hund mit dem Hörzeichen FERMA stehen.*
7. *Damit der Hund an dieser Stelle wartet, auch wenn der Ausbilder weitergeht, gibt dieser ihm das Hörzeichen RESTA.*
8. *Der Ausbilder entfernt sich nach vorne, während der Hund wartet ...*
9. *... und kehrt zum wartenden Hund zurück.*
10. *Der Ausbilder umkreist den wartenden Hund ...*
11. *... begibt sich zur Rechten des Hundes und gibt ihm das Hörzeichen SED.*
12. *Der Hund setzt sich.*
13. *Er wird vom Ausbilder mit dem Hörzeichen BRAVA gelobt und gestreichelt.*

An den folgenden 4 Tagen wiederholen wir das Anhalten, mit Pausen zwischen den Übungen, an einer Stufe, einem Trottoir und einer Böschung abwärts, wobei wir auf die Hörzeichen FERMA und RESTA verzichten.

Auf diese Art erfährt der Hund, daß das Überschreiten eines Absatzes im Führgeschirr unangenehm, ein Stehenbleiben an der Kante jedoch angenehm ist. Er wird deshalb sehr schnell lernen, vor jedem Absatz nach unten stehenzubleiben, nicht zuletzt auch deswegen, weil er dafür gelobt wird.

Jetzt können wir dazu übergehen, auch das Anhalten vor Stufen, Trottoirs und Böschungen aufwärts zu lehren. Hier erfolgt die Einwirkung im Moment, da er den Absatz überschreitet, d. h. seine Hinterfüße auf den Absatz stellen will. Die Einwirkung besteht darin, daß wir mit dem Führbügel nach vorne stoßen und gleichzeitig die Leine über dem Rücken des Hundes zurückziehen. Dann lassen wir mit dem Druck im Führgeschirr etwas nach, ziehen dafür stärker mit der Leine, damit der Hund einen Schritt nach hinten machen muß und mit den Hinterläufen vor den Absatz zu stehen kommt. Danach folgt dasselbe wie beim Anhalten vor Absätzen abwärts: Geschirr loslassen, Leine auf den Rücken des Hundes, FERMA, RESTA, entfernen, zurückkehren, umkreisen, neben den Hund stehen, SED, BRAVA, liebkosen.

Das Wichtigste bei dieser Ausbildung ist, daß der Ort, wo der Hund stehen bleiben und warten muß, für ihn so reizvoll ist, daß er geradezu danach strebt, dort zu verweilen. Ist es so weit, versuchen wir, ihn nach dem Anhalten durch Stoßen mit dem Bügel nach vorne zum Weitergehen zu bewegen. Dabei darf der Stoß am Anfang nicht zu sanft sein, denn wir haben ja gelernt, daß der Hund auf sanften Druck nachgibt, auf starken aber Widerstand leistet. Hier wollen wir Widerstand; auch dafür wird er herzhaft gelobt. So erreichen wir ein noch sichereres Stehenbleiben.

Nach all diesen Erfahrungen darf der Hund jetzt noch eine weitere machen, nämlich die, daß er auf das Wörtchen VAI, das er bereits kennt, wieder weitergehen darf. Wir verzichten also auf das bisher vom Hund verlangte lange Warten und verlassen ihn nicht mehr. Statt dessen sagen wir nach etwa 10 bis 20 Sekunden: VAI. Sollte er nicht sofort gehen, sagen wir SED, damit er absitzt, loben ihn, lassen ihn mit FERMA wieder aufstehen, sagen nochmals BRAVA und dann VAI. In mindestens 99 von 100 Fällen wird er freudig seinen Weg fortsetzen. Wenn nicht, schließen wir die

Übung mit SED und BRAVA ab und wiederholen sie später. Nie dürfen wir den Hund mit Leinenruck, Bügelstoß oder sonstwie zum Weitergehen zwingen. Auch darf die Halteübung beim Trottoirabgang noch nicht mit einer Straßenüberquerung verbunden werden. Dies kommt später.

Hinführen zum Trottoir

Es gibt nichts Gefährlicheres, als wenn ein Führhund seinen Meister in die Mitte einer Kreuzung führt, statt das nächstgelegene Trottoir aufzusuchen. Oft gibt es auch Straßen mit einseitigem Trottoir, ohne daß der Blinde davon weiß. Auch in solchen Situationen wäre es gefährlich, wenn der Hund nicht von sich aus das Trottoir aufsuchte und auf der gefährlichen Straße weiterginge.
Angesichts dieser Gefahren ist es sinnvoll, wenn wir unserem Hund schon zu Anfang der Ausbildung im Führgeschirr das Gehen auf der Fahrbahn unangenehm machen und ihm helfen, jene Stelle und jenen Gehweg (Trottoir) aufzusuchen, wo das Führen Freude macht. Dabei gehen wir wie folgt vor:
Wir beginnen unsere Übung in einem ruhigen Wohngebiet, auf einer Straße mit Trottoir rechtsseits. Wir schirren den Hund mitten auf der Straße an und starten. Kurz nach dem Start bewegen wir den Führbügel mit kurzen Drehungen nach rechts und nach links. Diese vom Führgeschirr herkommenden Impulse empfindet der Hund als unangenehm. Gleichzeitig ziehen wir ihn ganz sanft mit der Leine nach rechts gegen den Trottoirrand. Je näher wir kommen, desto schwächer werden die Drehungen mit dem Führbügel. Am Absatz angelangt, hören sie ganz auf. Der Hund bleibt dort stehen, denn er weiß aus bisheriger Erfahrung, daß es dort angenehm ist. Wir loben ihn und lassen ihn noch einige Meter auf dem Trottoir weitergehen, halten an und beenden die Übung mit herzlichem Lob.
An den folgenden Tagen wiederholen wir diese Übung an anderen Orten mit dem gleichen Umweltmuster, und dies so lange, bis der Hund von sich aus dem rechtsseitigen Trottoir zustrebt, ohne daß wir vorher mit dem Bügel einwirken.

Alle diese Übungen müssen jetzt noch auf Straßen mit Trottoirs auf der linken Seite in der gleichen Reihenfolge durchgeführt werden, aber «seitenverkehrt». Wir ziehen mit der Leine nach links. Dies ist möglich, wenn wir den linken Arm, der den Führbügel hält, nach vorne strecken, so daß wir hinter dem Hund gehen können.

Straße überqueren: PASSARE

Wir begeben uns wiederum in ein ruhiges Wohngebiet mit Trottoirs. Dort lassen wir uns auf dem Trottoir bis zur nächsten Querstraße führen. Nach dem Anhalten geben wir das Hörzeichen PASSARE im Moment, da sich kein Fahrzeug nähert. Da dieses Hörzeichen noch unbekannt ist, wird es nötig sein, auch noch VAI zu sagen. Sollte der Hund auch auf VAI noch zögern, geben wir den Befehl AVANTI. Wenn wider Erwarten das Anhalten und Warten so stark eingeprägt ist, daß er trotz allem stehenbleibt, lassen wir ihn ruhig warten, entfernen uns, kehren wieder zum Hund zurück und loben ihn. Dann sagen wir nochmals PASSARE − VAI. Wegen des erhaltenen Lobs wird der Hund seine Aufgabe als erfüllt betrachten und weitergehen. An der gegenüberliegenden Trottoirkante wird er wieder anhalten, denn das hat er ja gelernt. Bei Hunden, die auf Anhieb bei PASSARE und anschließendem VAI gehen, ist es notwendig, ab und zu die Warteübung mit dem Entfernen, Zurückkehren und Umkreisen zu wiederholen. Er soll so weniger in Versuchung kommen, weiterzugehen, bevor er die Erlaubnis dazu erhält. Weiter ist zu beachten, daß wir an den Bordsteinkanten verschieden lange warten. Die Wartezeiten dürfen innerhalb von drei Sekunden und einer Minute liegen.

Wendung nach rechts: DESTRA

Als Vorübung haben wir die Rechtswendung bereits an der Leine gelehrt. Daher sollte der Hund jetzt diese Aufgabe auch im Führgeschirr ausführen können. Um ihm dies zu erleichtern, gehen wir auf dem rechtsseitigen Trottoir, halten bei der nächsten Querstra-

Mit dem Hörzeichen DESTRA schwenkt der Ausbilder den Führbügel nach rechts und spannt die Leine nach rechts.

ße an und geben dann statt dem Hörzeichen zum Überqueren das DESTRA. Sollte der Hund darauf nicht reagieren, drehen wir ganz leicht den Bügelgriff nach rechts und ziehen ebenso sanft mit der Leine nach rechts. Bei der nächsten Querstraße erfolgt dasselbe, und so geht es weiter, um den ganzen Häuserblock herum. Dabei ist zu beachten, daß so wenig wie möglich mit Führbügel und Leine eingewirkt wird. Später üben wir die Rechtswendung auf einem linksseitigen Trottoir. Wir halten zuerst an, geben die Hörzeichen DESTRA und VAI, worauf der Hund bis zur Bordsteinkante geht und wartet. Jetzt heißt es PASSARE und auf der andern Straßenseite, nach dem Anhalten, wieder DESTRA – VAI. Als letzte Stufe üben wir DESTRA an einfachen, wenig befahrenen Kreuzungen, wobei wir auf der linken Straßenseite die Querstraße überqueren, dann nach rechts wenden, die nächste Straße überqueren usw., bis wir wieder am Ausgangspunkt angelangt sind.

Wendung nach links: SINI

Genau wie DESTRA sollte der Hund das an der Leine gelernte SINI auch im Führgeschirr ausführen. Ist dies nicht der Fall, dürfen wir auch hier ein bißchen nachhelfen, indem wir den Führbügel leicht nach links ausschwenken, gleichzeitig mit dem rechten Fuß eine Schrittbewegung nach links machen und dabei den Hund leicht stoßen. Die weiteren Übungen sind entsprechend den DESTRA-Übungen durchzuführen.

Der Ausbilder gibt das Hörzeichen SINI, schwenkt den Bügel nach links außen und macht mit dem rechten Bein einen Schritt nach links.

Umkehren: RITOR

Bei RITOR handelt es sich wieder um ein Hörzeichen, das der Hund bereits vom Pflegetisch und von den Leinenübungen her kennt. Es wird deshalb nicht schwierig sein, das Gelernte auch im Führgeschirr anzuwenden. Wir kommen dem Hund aber trotzdem entgegen, indem wir uns in eine Sackgasse begeben, wo keine andere Wahl bleibt als umzukehren. Wir erteilen das Hörzeichen dort, wo er nicht mehr weiterkann und deshalb stehenbleibt. Wenn nötig dürfen wir nachhelfen, indem wir nach dem Hörzeichen RITOR uns selbst rechtsherum drehen und mit der Leine sanft ziehen.

Anderntags suchen wir die gleiche Stelle wieder auf und gehen gegen das Ende der Sackgasse, halten jedoch etwa 5 m davor mit FERMA an. Danach geben wir das Hörzeichen RITOR.

Als dritte Stufe wählen wir einen beliebigen Ort, halten an und geben das Hörzeichen RITOR.

Es widerspricht der Natur des Hundes, ohne Grund irgendwo umzukehren, denn auch er hat meistens ein Ziel vor sich und strebt diesem zu. So wird er meist nur langsam und widerwillig den Rückweg antreten. Es wäre dann sinnlos, ihn zu schnellem Gehen

1 *(Fortsetzung und Legenden Seite 152)*

2 3

1. Der Ausbilder gibt das Hörzeichen RITOR und nimmt die Stopp-Einwirkung vor: Bügeldruck nach vorne, Leinenzug nach hinten.
2. Darauf folgt eine verlängerte Rechts-Einwirkung: Schwenken des Führbügels nach rechts, Ziehen der Leine nach rechts.
3. Der Hund hat sich um 180 Grad gedreht und wartet auf ein weiteres Zeichen seines Ausbilders.

zu zwingen. Besser ist es, ihn auszuschirren, mit ihm einige Übungen an der Leine wie SED, A TERRA, RESTA zu absolvieren, ihn dann wieder anzuschirren und weiterzugehen. Infolge dieses Unterbruchs und der Ablenkung vergessen die meisten Hunde ihr früheres Ziel und setzen sich ein neues.

Ausweichen bei Seitenhindernissen

Der Hund muß jetzt lernen, darauf zu achten, daß zu seiner Rechten stets ein Freiraum von mindestens 50 cm besteht, damit der Blinde seitlich nicht anstößt. Auch hier würde der Führhundewagen sehr gute Dienste leisten, denn dieser ist so konstruiert, daß er rechts anstößt, wenn der Hund den nötigen Abstand nicht einhält. Das seitliche Anstoßen des Wagens empfindet der Hund als unangenehm. Er wird dann sehr schnell herausfinden, wie er den Wagen ziehen muß, damit er ungehindert überall durchkommt. Bei der Geschirrausbildung muß der Ausbilder dem Hund mit Hilfe des Führbügels die entsprechenden Impulse zum Ausweichen geben, und zwar so, als kämen sie vom Geschirr direkt.

Hausecken

Hausecken haben normalerweise eine positive Bedeutung für den Hund. Meistens gibt es dort eine Unzahl ihn interessierender Duftmarken. Deshalb ist es nur natürlich, wenn er nahe an Hausmauern und vor allem an Hausecken vorbeigeht oder dort innehält, um sich zu informieren. Beim Führen darf er dies nicht. Damit wir mit Erfolg einwirken können, darf uns der Hund dabei nicht sehen. Dies ist aber nur möglich, wenn er nahe genug um die

Der Ausbilder drückt den Hund mit dem Führbügel gegen die Kante einer Hausecke. Der Hund strebt daher von der Kante weg und wird später solche Stellen in gebührendem Abstand passieren.

Hausecke herumgeht. Wir können dies fördern, indem wir ein um einen Häuserblock führendes, für den Hund angenehmes Fernziel wählen. Wir begehen vorerst die Strecke mit dem Hund an der Leine und lassen ihn ziehen, ja spornen ihn sogar an, ziehend voranzugehen. Dabei wird er von selbst knapp an den Häuserecken vorbeigehen. Anderntags begehen wir die gleiche Strecke im Führgeschirr. An der entsprechenden Hausecke angelangt, lassen wir den Hund bis auf eine halbe Hundelänge um die Ecke herumgehen. Dann drücken wir ihn mit dem Führbügel stark an die Hausmauer, mit gleichzeitigem Leinenzug nach hinten, und halten ihn so ein paar Sekunden in dieser Stellung. Der Hund wird sofort versuchen, sich aus dieser unangenehmen Stellung zu befreien. Sobald er von der Mauer wegstrebt, lassen wir mit dem Bügeldruck nach und ziehen leicht mit der Leine nach links, wohin er ausweichen muß. Dabei ist es, wie gesagt, sehr wichtig, daß der Hund nicht sieht, wenn wir auf ihn einwirken. Wir dürfen auch keine Geräusche von uns geben. Die Einwirkung muß der Härte des Hundes entsprechen und überraschend erfolgen. Sie darf eher zu stark als zu schwach sein, damit sie nie mehr wiederholt werden muß.

Durchgänge

Wenn bei der Hausecke im richtigen Zeitpunkt, in richtiger Art und Weise und der Härte des Hundes gemäß eingewirkt wurde, wird unser Zögling künftig mit genügendem Abstand um Ecken herum und anschließend an Häuserfronten entlang gehen. Bei Durchgängen, wo beidseits Wände vorhanden sind, kann es sein, daß er aus irgendwelchen Gründen zu sehr von der linken Mauer wegstrebt und zu knapp an der rechten Seite geht. In diesem Fall drücken wir ihn während des Gehens, ohne etwas zu sagen, mit dem Führbügel gegen die rechte Wand und lassen auch hier mit dem Druck nach, wenn er Gegendruck leistet und von der Wand wegwill. Oft genügt bereits ein leichter Bügeldruck, denn wegen des Erlebnisses an der Hausecke erwartet der Hund den stärkeren Druck und wird, um ihm zu entgehen, sofort von der Wand weggehen.

Offene Türen

Auf die bisherigen Erfahrungen aufbauend, wirken wir beim Durchgang durch eine offene Tür bereits einen Meter vorher mit Bügeldruck nach rechts ein. Weicht der Hund zu wenig aus, müssen wir einige Tage später an einem andern Ort stärker, fast so stark wie an der Hausecke, einwirken.

Leiter und Bockleiter

Leiter und Bockleiter sind nicht nur Seiten-, sondern auch Höhenhindernisse. Der Hund muß hier lernen, daß etwas Unangenehmes passiert, wenn er unter der Leiter durchgeht. Dafür verwenden wir eine Kartonschachtel, die wir auf eine Sprosse der Leiter, etwa auf 2 Meter Höhe, legen. Daran befestigen wir einen Nylonfaden, der zur ferngesteuerten Motorwinde führt.
Nach diesen Vorbereitungen lassen wir uns vom Hund zur Leiter führen. Zwei Meter davor lassen wir mittels Fernsteuerung den Karton zu Boden fallen. Gleichzeitig nehmen wir mit dem Führbügel und der Leine die Stopp-Einwirkung vor. Überrascht von dieser Situation wird der Hund kurz zurückweichen. Wir verhindern dies so gut wie möglich mit dem Führbügel und muntern den Hund mit VAI zum Weitergehen auf. Er wird uns jetzt bestimmt um die Leiter herumführen, wofür wir ihn loben. Damit der Hund keine weiteren Verknüpfungen mit der Leiter anstellt, setzen wir unseren Weg fort, ohne uns weiter um sie zu kümmern; dies soll eine Hilfsperson tun. Nach zwei Tagen überprüfen wir das richtige Verhalten des Hundes bei einer andern Leiter, an einem neuen Ort. Wenn er einwandfrei ausweicht, genügt diese einmalige Übung; sonst muß sie wiederholt werden.

Stangen

Es kann sein, daß der Führhund aufgrund der bisherigen Erfahrungen an der Hausecke, bei Durchgängen, an offenen Türen und an der Leiter jetzt von selbst auch Stangen ausweicht. Ist dies der Fall, bleibt uns nichts anderes übrig als abzuwarten, bis er doch einmal zu knapp an einer rechtsseits stehenden Stange vorbeigeht.

Es könnte auch sein, daß er linksstehenden Stangen ausweicht, was falsch wäre und korrigiert werden müßte.

Stangen rechts

Die Einwirkung zum Ausweichen bei rechtsstehenden Stangen ist ähnlich wie an der Hausecke. Sie sollte auf Anhieb gelingen. Deshalb muß sie gut vorbereitet werden. Dazu empfiehlt es sich, den Hund einige Male knapp an der Stange vorbeigehen zu lassen, wobei wir die Einwirkung versuchsweise einleiten. Dies geschieht, indem wir die Leine etwas kürzer fassen und sie, über der linken Hand haltend, leicht anspannen. Die eigentliche Einwirkung erfolgt in dem Moment, da wir an die Stange anstoßen würden, und besteht aus einem plötzlichen Bügeldruck nach vorne und einem Anziehen der Leine nach hinten. Unmittelbar nach dieser Stopp-Einwirkung drücken wir den Hund mit dem Führbügel gegen die Stange, bis er versucht, durch seitliches Ausweichen nach links dieser unangenehmen Situation zu entgehen. Sobald wir den Gegendruck des Hundes verspüren, lassen wir mit dem Bügeldruck nach und entspannen auch die Leine, womit wir dem Hund das Weitergehen ermöglichen. Danach lassen wir ihn noch etwa 50 m weiter führen und beenden die Übung.

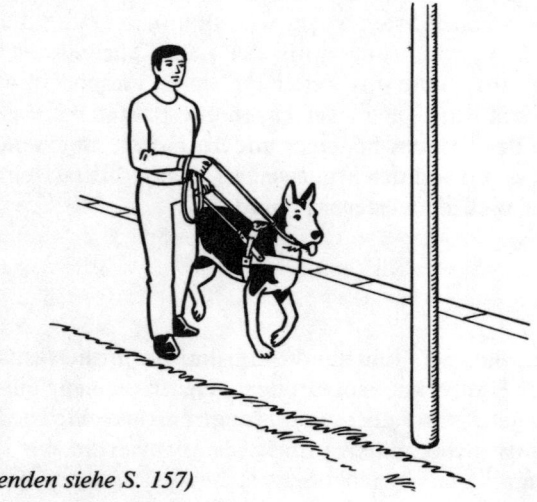

1 *(Legenden siehe S. 157)*

1. Der Ausbilder faßt mit der rechten Hand die Leine kürzer und hält sie über der linken Hand.
2. Ist der Ausbilder im Begriff, gegen die Stange zu prallen, führt er eine kurze Stopp-Einwirkung aus und drückt danach den Hund mit dem Führbügel gegen die Stange.
3. Sobald der Hund von der Stange wegdrängt, läßt der Ausbilder sofort mit dem Bügeldruck nach und läßt den Hund in gehörigem Abstand von der Stange weiterführen.

Ein bis zwei Tage später passieren wir die gleiche Stelle, um festzustellen, ob der Hund der Stange wirklich in großem Bogen ausweicht. Tut er dies nicht oder nur ungenügend, war unsere Einwirkung falsch oder zu wenig stark. Nun dürfen wir aber nicht an dieser Stelle nochmals einwirken. Ebenso falsch wäre es, wenn wir bei jeder sich bietenden Gelegenheit die «Stangeneinwirkung» wiederholen, denn damit würde der Hund nur lernen, daß Stangen unangenehm sind. Je nach Veranlagung würde er sich angesichts einer Stange verkrampfen oder zu flüchten versuchen. Wir müssen deshalb mit der nächsten Einwirkung eine Woche warten und sie dann an einer andern Stelle richtig oder verstärkt wiederholen.

Stangen links

Es kann vorkommen, daß ein Hund infolge der unangenehmen Erfahrungen bei Stangen diesen auch ausweicht, wenn er rechts an ihnen vorbeigeht. Ist dies der Fall, stellen wir in der Mitte eines 1,5 m breiten Trottoirs mehrere Stangen im Abstand von einem Meter hintereinander in gerader Linie auf. Dann lassen wir uns an den rechtsseits stehenden Stangen vorbeiführen, wenden am Ende, lassen das Geschirr fallen und gehen mit dem Hund an der Leine den gleichen Weg zurück. Dabei wird er lernen, daß bei links von ihm stehenden Stangen nichts Unangenehmes passiert. Nachher lassen wir uns wieder auf dem Hin- und Rückweg vom Hund führen.

Engpässe

Es gibt immer wieder Situationen, wo ein Durchgang so eng ist, daß man nebeneinander nicht ohne anzustoßen durchkommt. In solchen Fällen müßte der Hund umkehren oder einen andern Weg mit größerem Risiko, z. B. die Fahrbahn, wählen. Deshalb ist es sinnvoll, wenn wir den Hund lehren, den Engpaß durch Warten oder langsameres Gehen anzuzeigen. Dazu suchen wir uns einen Engpaß von 50 cm aus. Dann lassen wir uns vom Hund direkt auf diese Verengung hinführen. Nach dem bisher Gelernten wird er dort anhalten. Tut er dies nicht, führen wir die Stopp-Einwirkung aus (Geschirrstoß nach vorne mit gleichzeitigem Anspannen der Leine nach rückwärts). Danach lassen wir den Führbügel fallen und geben das Hörzeichen SED, dann LIBERA. Hierauf stellen wir uns hinter den Hund, muntern ihn zum Weitergehen auf und passieren, ihm folgend, den Durchgang. Diese Übung wird keine besonderen Probleme verursachen. Wichtig ist, daß der Hund vor jedem Engpaß stillsteht.

Drehtüren

Normalerweise sind Drehtüren so eng, daß nur eine Person durchgehen kann. Es wäre deshalb schön, wenn wir den Hund dazu brächten, allein die Drehtüre zu passieren, indem wir ihn lehren, an der Türe hochzustehen und sie vor sich hinzuschieben, wie wir es auch machen. Doch abgesehen von der Kraft, die es dazu bei manchen Drehtüren braucht, besteht die Gefahr, daß sich der Hund beim Stoßen die Hinterläufe einklemmt. Geschieht dies, wird man später Mühe haben, diesen Hund wieder durch eine Drehtüre zu bringen.

Es empfiehlt sich deshalb, vor Drehtüren das Geschirr fallen zu lassen und vorsichtig mit dem Hund nahe der Wand entlang, die Türe vor uns herstoßend, durchzugehen. Dabei darf der Hund auch leicht von der Türe gestoßen werden, damit er lernt, sich ebenfalls der Seitenwand entlang zu bewegen. Wichtig ist, daß wir diese Übungen nur durchführen, wenn niemand anders die Drehtüre benützt und uns bei der Arbeit stört.

Anhalten vor Bodenhindernissen

Bodenhindernisse sind Hindernisse auf dem Gehweg, über die der Blinde stolpern könnte. Sie können sich über die ganze Breite des Weges hinziehen, z. B. eine Wasserrinne, eine Bahnschiene, ein Balken oder ein Schlauch. In diesem Fall muß der Hund vor dem Hindernis stehenbleiben. Er darf erst weitergehen, wenn der Blinde das Hindernis erkannt und dem Hund das Hörzeichen zum Weitergehen gegeben hat. Wir üben das Anhalten an folgenden Objekten:

Querbalken

Wir basteln uns einen Querbalken und verwenden dazu zwei Dachlatten (2 x 4 cm), die genügend lang sind, um die ganze Breite des Weges abzusperren. Diese beiden Latten nageln wir längs und seitenbündig auf ein gleichlanges, 7 cm breites und 2 cm dickes Brett. Es entsteht dabei in der Mitte ein Freiraum von 3 cm.
An einem Ort, wo wir ungestört arbeiten können, legen wir den Balken quer über den Weg. An beiden Enden des Balkens schlagen wir zwei kleine Pfähle in den Boden. Auf jedem Pfahl befesti-

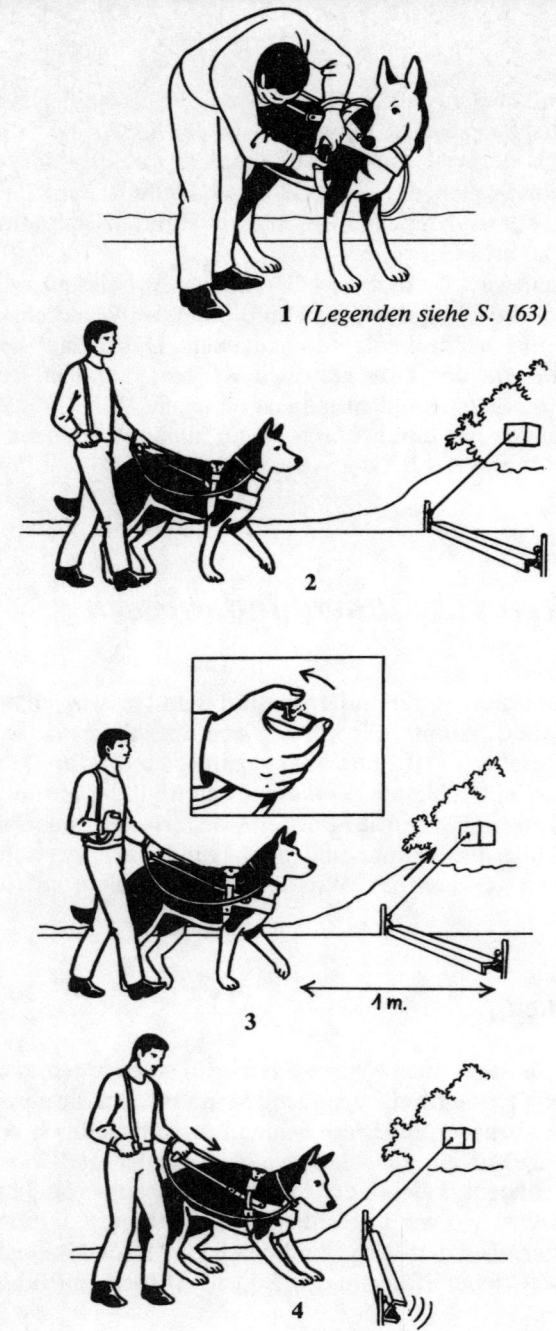

1 *(Legenden siehe S. 163)*

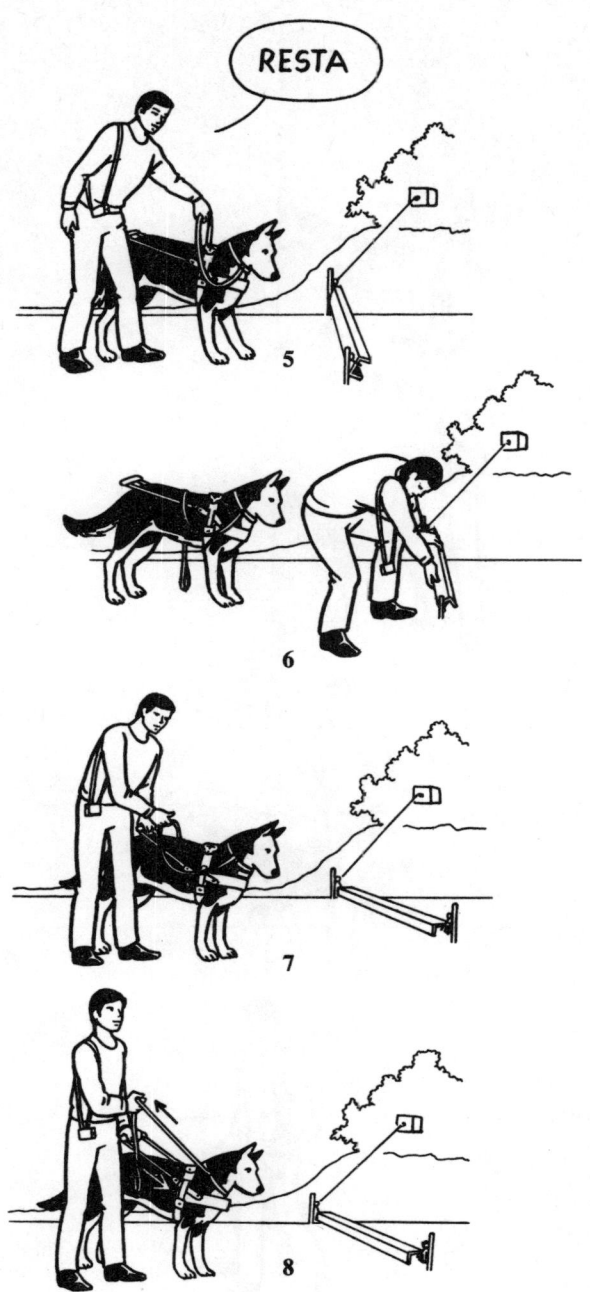

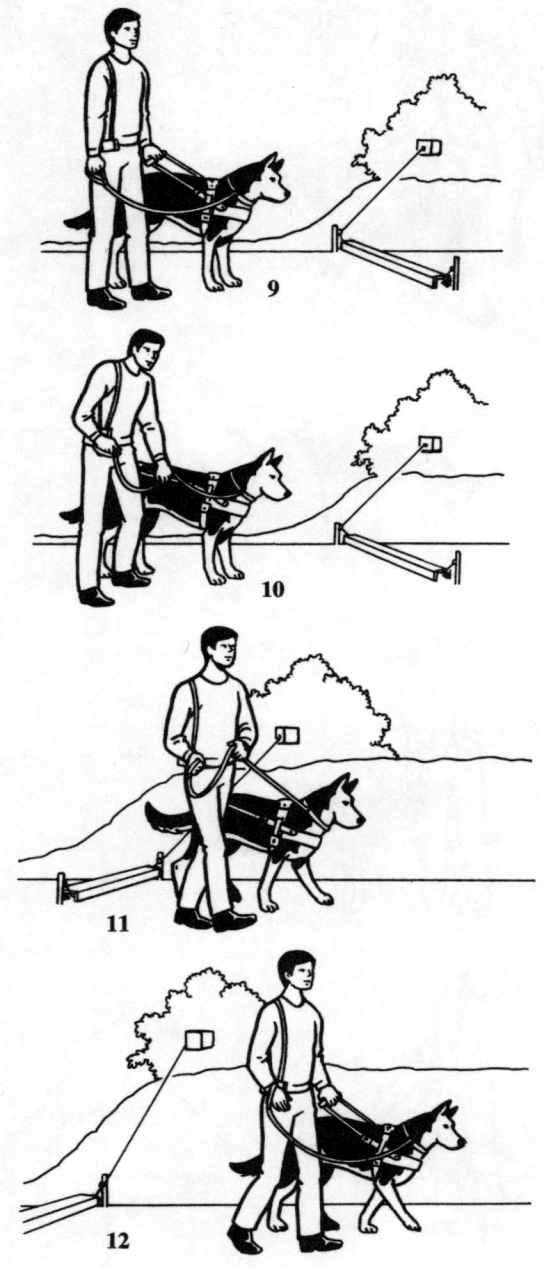

13   **14**

1. Der Ausbilder schirrt den Hund an einer Stelle an, wo dieser den quer auf dem Weg liegenden Balken nicht sehen kann.
2. Der Hund führt in zügigem Schritt seinen Ausbilder zum Balken hin.
3. Etwa einen Meter vor dem Balken bewegt der Ausbilder diesen mit Hilfe der Fernsteuerung.
4. Während der Hund den umkippenden Balken beobachtet, stößt der Trainer den Führbügel nach vorne.
5. Danach gibt er ihm das Hörzeichen RESTA und legt Führbügel und Leine auf den Rücken des Hundes.
6. Der Ausbilder geht zum Balken und stellt die ursprüngliche Lage wieder her.
7. Dann geht er zum Hund zurück, ergreift Bügel und Leine ...
8. ... und nimmt nochmals eine Stopp-Einwirkung vor ...
9. ... wartet ...
10. ... läßt den Bügel fallen ...
11. ... und führt den Hund an der Leine über das Hindernis.
12. Dann ergreift er den Bügel wieder und läßt sich vom Hund noch etwa 50 Meter weiterführen.
13. Danach schirrt er den Hund wieder aus und ...
14. ... kehrt mit ihm an der Leine zum Ausgangspunkt zurück.

gen wir 20 cm ab Boden eine Ringschraube. An den ersten Ring knüpfen wir eine 20 bis 40 m lange Schnur. Diese ziehen wir unter dem Balken am Ring des anderen Pfostens durch und von dort weg zur ferngesteuerten Motorwinde. Das Motorengeräusch der Winde darf vom Hund nicht mit der Bewegung des Balkens verknüpft werden. Deshalb muß die Distanz vom Balken bis zur Winde mindestens 20 m betragen. Damit wäre alles für die Übung vorbereitet. Selbstverständlich darf der Hund bei diesen Vorbereitungsarbeiten nicht dabeisein.

Wir holen den Hund, schirren ihn an einer Stelle an, wo er den quer auf dem Weg liegenden Balken nicht sieht, und lassen uns zum Balken hinführen. 1 m vor dem Hindernis setzen wir mit der Fernsteuerung die Motorwinde in Bewegung; dadurch zieht sich die Schnur unter dem Balken in die Höhe, der Balken kippt um. Während der Hund dies beobachtet, führen wir mit Führbügel und Leine die Stopp-Einwirkung aus. Danach geben wir das Hörzeichen RESTA, legen den Führbügel auf den Rücken des Hundes nieder, gehen zum Balken, bringen ihn wieder in die ursprüngliche Lage, gehen zum Hund zurück, ergreifen Leine und Führbügel, üben nochmals eine Stopp-Einwirkung aus, warten, lassen den Bügel fallen und führen den Hund an der Leine über das Hindernis, ergreifen den Bügel wieder und lassen uns noch zirka 50 m weiter führen. Dann schirren wir den Hund wieder aus und gehen mit ihm an der Leine zum Ausgangspunkt zurück. Damit endet die Übung.

Bei späteren Übungen am Querbalken lassen wir uns nach dem Halt mit VAI über das Hindernis führen.

Schlauch

Wir nehmen einen Schlauch in der Größe, wie sie von Heizöl-Lieferanten verwendet werden (ca. 5 cm Durchmesser). Diesen legen wir anstelle unseres Querbalkens zwischen unsere beiden Pfosten und ziehen die Schnur durch. Alles Weitere erfolgt wie beim Querbalken bis zur Stopp- Einwirkung. Nach dem Anhalten geben wir das Hörzeichen VAI und setzen danach unseren Weg fort.

Leitkegel

In der Praxis wird es kaum vorkommen, daß der Blinde sich Leitkegeln entlang oder zwischen ihnen durchführen lassen muß. Meistens wird mit diesen Kegeln an Baustellen der Fahrzeugverkehr umgeleitet. Als Übungs- und als Demonstrationsobjekte eignen sich Leitkegel jedoch sehr gut.
Als Übungsort suchen wir uns einen Weg mit glatter Oberfläche aus. An den Wegrändern schlagen wir unsere Pfosten ein und bringen unsere Ringschrauben etwa 1 cm über dem Boden an. Am rechtsseits stehenden Pfosten befestigen wir eine Schnur. Diese führt über den Weg zum andern Pfosten. Dort ziehen wir sie durch den Ring und weiter zur ferngesteuerten Motorwinde. Auf die locker am Boden liegende Schnur stellen wir unsere Leitkegel im Abstand von nur 5 cm in einer Reihe auf.
Nach dieser Vorbereitung holen wir den Hund und lassen uns gegen die den Weg versperrenden Kegel führen. Etwa 1 m vor dem Hindernis ziehen wir die Schnur mit der Fernsteuerung an. Die Kegel bewegen sich dann ein wenig. Bleibt der Hund vor dem Kegel stehen, loben wir ihn; geht er weiter, erfolgt beim Überschreiten des Hindernisses eine Stopp-Einwirkung.

Flaschen

Wir versperren den Weg mit einer Reihe von Flaschen. Der Abstand darf hier zwischen 10 und 30 cm liegen. Alles Weitere erfolgt dann wie bei den Leitkegeln.

Pflastersteine

An Baustellen ab und zu herumliegende Pflastersteine sind Bodenhindernisse, die vom Führhund angezeigt werden müssen, wenn sie den freien Durchgang versperren. Zum Üben legen wir die Steine im Abstand von 20 cm quer über den Weg. Bleibt der Hund vor den Steinen stehen, loben wir ihn; geht er weiter, erfolgt beim Überschreiten des Hindernisses eine Stopp-Einwirkung.

Bretter

Anstelle des Querbalkens legen wir ein Brett quer über den Gehweg. Die Einwirkung ist immer dieselbe: Beim Überschreiten des Bretts stoßen wir das Geschirr nach vorne und ziehen die Leine nach hinten. Später wird von Übung zu Übung vor dem Hörzeichen VAI unterschiedlich lang gewartet.

Pfützen

Es gibt immer wieder Feld- oder Waldwege, wo sich nach Regenwetter über die ganze Wegbreite Wasserpfützen bilden. Wir suchen solche Stellen auf und lassen uns vom Hund heranführen. Davor üben wir die Stopp-Einwirkung aus, geben das Hörzeichen RITOR und kehren um. Später lassen wir den Hund von sich aus, d.h. ohne VAI, umkehren. Für die letzte Stufe, an einem andern Tag, ziehen wir Gummistiefel an. Bei der Pfütze verführen wir den Hund zum Weitergehen durchs Wasser und treten dann fest ins Naß mit gleichzeitiger Stopp-Einwirkung. So wird der Hund mit Wasser bespritzt und daraufhin von selbst umkehren, um dieser unangenehmen Situation zu entrinnen.

Vertiefungen

Als Vertiefung wählen wir einen quer über den Gehweg führenden ungeschützten, ca. 70 cm breiten und 1 m tiefen Graben. Wir lassen uns vom Hund zügig gegen den Graben führen, verleiten ihn, diesen zu überspringen, indem wir selber einen Schritt über den Graben machen, und bremsen dann seinen Sprung mit dem Führbügel. Wir verhindern so, daß der Hund die andere Seite erreicht, und folglich landet er im Graben. Damit er sich beim Fall nicht wehtut, bremsen wir diesen mit dem Führgeschirr. Darauf lassen wir den Hund wieder zu uns herankommen. Ist er wieder auf dem Weg, lassen wir ihn mit RITOR umkehren und noch etwa 50 m zurückführen. Die Übung ist dann beendet. Die Einwirkung muß für den Hund stark ausfallen, denn nur dann wird er es vermeiden, später mit dem Blinden über einen Graben zu springen, was verheerende Folgen haben könnte. Der Hund muß daher auch den Befehl AVANTI verweigern.

Umgehen von Bodenhindernissen

Die nachfolgenden Übungen schließen an die vorhergehenden an. Dies bedingt, daß der Hund die auf Seite 159 verlangten Aufgaben beherrscht. Als Hindernisse wählen wir wieder die gleichen Gegenstände. Diese werden wieder ferngesteuert bewegt, damit der Hund sie besser wahrnimmt. Falls er jedoch die Hindernisse beachtet, ohne daß sie vorher bewegt werden, ist es besser, wenn auf das Bewegen verzichtet wird. Denn schließlich muß er ja lernen, alle Hindernisse, auch wenn sie sich nicht bewegen, zu umgehen oder davor umzukehren.

Querbalken

Die Ringe an den links und rechts der Straße eingeschlagenen Pfosten werden jetzt bodeneben angebracht. Der Querbalken muß 80 cm kürzer sein. Wir legen ihn so auf unseren Gehweg, daß er rechtsseits an den dort eingeschlagenen Pfosten heranreicht und linksseits einen Durchgang von 80 cm frei läßt. Das rechte Ende des Balkens befestigen wir mit einem Elastikband am Pfosten. Ans linke Ende knüpfen wir eine Schnur. Diese ziehen wir durch den Ring am linken Pfosten und von dort weiter zur Motorwinde. Nach diesen Vorbereitungen holen wir den Hund und lassen uns von ihm zum Hindernis führen. Etwa 5 m davor setzen wir mit der Fernsteuerung unsere Winde in Bewegung, so daß der Balken nach links gezogen wird. Nach etwa 30 cm lassen wir den Balken wieder in seine Anfangsstellung zurückgleiten. Dadurch wird der Hund auf den Balken aufmerksam und ihn mißtrauisch umgehen. Nötigenfalls müssen wir dieses Umgehen verstärken, indem wir den Hund mit dem linken Stangenende des Führbügels in Richtung Balken drücken. Wir erzielen damit den Gegendruck des Hundes und ein gleichzeitiges Wegstreben vom Hindernis. Nach dem Durchgang lassen wir uns noch etwa 50 m weiterführen. Dann brechen wir die Übung ab.

Schlauch

So wie vorher mit dem Querbalken machen wir jetzt dasselbe mit dem Schlauch: Wir nehmen einen um 80 cm kürzeren Schlauch und stellen die gleiche Verbindung her wie vorher mit dem Balken. Auch die Einwirkungen sind dieselben.

Leitkegel

Wir benützen wieder die zwei Pfähle, die wir links und rechts des Weges bodeneben einschlagen, und bringen die zwei Ringschrauben an. Am Ring des rechtsseitigen Pfostens befestigen wir ein Elastikband, das zirka einen Meter kürzer sein soll, als der Weg breit ist. Das andere Ende des Bandes knüpfen wir an den rechten Fußteil eines Leitkegels. Auf der linken Seite des Kegels befestigen wir einen Nylonfaden. Dieser wird nun durch den Ring des am linken Bord eingeschlagenen Pfahls gezogen und weiter zur Winde, wo man ihn anhängen kann. Jetzt stellen wir weitere Leitkegel eng nebeneinander auf das Elastikband, damit der Weg rechtsseits zu 2/3 abgesperrt ist. Damit wären die Vorbereitungen zur Übung, selbstverständlich auch wieder in Abwesenheit des Hundes, getroffen.
Wir lassen uns nun vom Hund gegen die Absperrung führen. Etwa 5 m vor den Leitkegeln setzen wir mit der Fernsteuerung unsere Winde in Bewegung. Dadurch bewegt sich der äußerste Leitkegel, der mit dem Band verknüpft ist. Gleichzeitig wackeln auch die andern Kegel, unter denen das Elastikband durchführt. Wir bewegen den Kegel mit unserer Fernsteuerung etwa 30 cm nach links und dann wieder zurück. Angesichts dieser Situation wird der Hund von sich aus versuchen, die Leitkegel in genügendem Abstand zu umgehen. Etwa 1 m vor dem Kegel verstärken wir den Willen des Hundes, dem Hindernis auszuweichen, indem wir ihn mit dem linken Stangenende des Führbügels in Richtung Kegel drücken, worauf er Gegendruck leisten und noch weiter den rechtsseits stehenden Kegeln ausweichen wird.
Diese Übung wiederholen wir zwei Tage später an einem andern Ort und danach an verschiedenen Orten ohne Fernsteuerung und ohne Einwirkungen. Für Vorführungen können wir mit Leitkegeln einen kleinen Hindernisparcours aufstellen.

Flaschen

Es ist wichtig, daß der Hund sowohl bei gleichen als auch bei ähnlichen Hindernissen an verschiedenen Orten richtig reagiert. Wenn wir nun an Stelle von Leitkegeln Flaschen aufstellen, sollten diese beim Hund die gleiche Reaktion auslösen. Falls dies beim einen oder andern Hund nicht so wäre, könnten wir uns auch hier wieder der Fernsteuerung bedienen. Nur müßten wir dann die Flasche auf einem dünnen, runden Brettchen befestigen, damit sie beim Ziehen nicht umfällt. Es ist auch besser, wenn wir Elastik und Nylonfaden am Brettchen befestigen. Die andern Flaschen dürfen nicht auf das Elastikband gestellt werden, damit sie beim Zug nicht umfallen.

Pflastersteine / Stellriemen (Begrenzungsmäuerchen)

Bei den Übungen auf Seite 165 ging es darum, den Hund vorerst mit Pflastersteinen bekanntzumachen und ihn zu lehren, davor anzuhalten, wenn diese den Gehweg versperren. Nun gehen wir einen Schritt weiter. Wir möchten erreichen, daß der Hund an rechtsseitigen Straßenrändern, die mit Pflastersteinen oder Stellriemen abgegrenzt sind, in mindestens 60 cm Abstand entlanggeht und bei Rundungen und Ecken diesen Abstand einhält. Um dies zu lehren, legen wir unsere Pflastersteine von rechts nach links und schräg nach vorne auf unseren Gehweg. Nach diesen Vorbereitungen holen wir den Hund.
Wir lassen uns rechtsseits des Weges an das Hindernis heranführen. 1 m davor führen wir die Stopp-Einwirkung aus, fordern mit VAI zum Weitergehen auf und drücken mit dem linken Stangenende des Führbügels in Richtung Steine, falls der Abstand ungenügend ist. Beim letzten Stein vor dem Durchgang schlagen wir mit dem Taststock dagegen und drücken den Hund nochmals kurz nach rechts. Später wiederholen wir diese Übung an anderen Orten. Sobald der Hund diese Aufgabe begriffen hat, können wir dazu übergehen, die Übungen in Parkanlagen, wo der Rasen durch Stellriemen oder Pflastersteine vom Gehweg abgegrenzt ist, zu wiederholen. Dabei können wir auch Rechtswendungen bei Rechtseinmündungen einbauen.

Bretter

Hier geht es darum, daß der Hund lernt, ein Brett, egal wie es auf dem Boden liegt, zu umgehen. Wir beginnen damit, daß wir eines quer auf den Weg legen und dabei rechtsseits einen Durchgang von 80 cm frei lassen. Dank des bisher Gelernten wird er selbständig den Durchgang benützen. Wenn nicht, erfolgt vor dem Brett eine Stopp-Einwirkung mit Lenkung zum Durchgang. Dann legen wir das Brett vom linken Rand weg diagonal auf den Weg mit freiem Durchgang auf der rechten Seite. Wenn auch diese Übung gut klappt, erschweren wir die Situation, indem wir das diagonal gelegte Brett an den rechten Rand hinschieben, so daß sich der freie Durchgang links befindet. Schließlich legen wir das Brett auf alle möglichen Arten auf den Boden, damit sich der Hund einen Durchgang suchen muß.

Pfützen

Wir suchen wieder einmal einen Feld- oder Waldweg auf, wo es noch Pfützen hat. Auch hier wird gleichermaßen wie an den bisherigen Bodenhindernissen geübt. Bei ungenügendem Ausweichen stapfen wir kräftig in die Pfütze hinein und bespritzen so den Hund. Auf diese Weise wird er bald lernen, Wasserlachen in genügendem Abstand auszuweichen.

Vertiefungen

Für diese Übung suchen wir Baustellen mit offenen Gräben auf. Sehr gute Übungsorte sind auch Straßenbahndepots, wo die Wagen gewartet werden. Dort hat es zwischen den Schienen Vertiefungen. Zuerst lassen wir uns vom Hund diesen Gräben entlang führen, und zwar so, daß wir uns auf der Seite des Grabens befinden. Geht der Hund zu nahe am Graben entlang, springen wir hinunter und reißen den Hund mit. Dies sollte ihn genügend beeindrucken, um künftig nicht mehr zu nahe am Graben entlang zu führen. Weiter üben wir das Überqueren des Grabens auf einem etwa 1 m breiten Steg, indem wir uns vorerst von vorne und später von rechts und schließlich auch noch von links an den Übergang heranführen lassen. Je nach Abstand erfolgt die Einwirkung des linken Endes des Bügels gegen die Vertiefung. Damit der Hund möglichst linksseits den Steg überschreitet, machen wir eine Impulsandeutung gegen rechts und überqueren sehr langsam.

Führen entlang von Abgründen

Das Entlanggehen an Gräben und an Vertiefungen im Tramdepot (siehe Seite 170) ist eine wertvolle Vorübung für das Führen entlang von Abgründen. Da immer mehr Blinde auch Ausflüge in die Berge unternehmen, ist es notwendig, den Hund an Situationen zu gewöhnen, wo der Weg schmal ist und einem Abgrund entlang führt. Wir suchen uns eine solche Stelle als Übungsgelände aus. Dort lassen wir uns, wie bei Gräben und Vertiefungen, rechtsseits den Abhang entlang führen. Sobald der Hund zu nahe am Abhang geht, d. h. für uns weniger als 60 cm Abstand freiläßt, rutschen wir aus und fallen mit ihm ein Stück den Abhang hinunter. Danach lassen wir ihn wieder hinaufklettern, wobei wir ihm, falls nötig, helfen. Auch diese Einwirkung muß sehr stark und für den Hund eindrucksvoll sein. Wir sollten mit einer einzigen Einwirkung erreichen, daß der Hund nie mehr zu nahe an Abhängen entlang geht, denn dort sind die Risiken für den Blinden sehr groß.

Langsam gehen bei Bodenunebenheiten

Es ist wichtig, daß der Führhund Bodenunebenheiten und im Winter rutschige Stellen langsam begeht. Dies zu lehren bietet keine besonderen Schwierigkeiten, doch braucht es ein gewisses Fingerspitzengefühl. Wir wählen einen Gehweg mit einer Stelle, wo der Boden aufgerissen und mit groben Steinen oder Sand aufgefüllt ist. Sobald der Hund auf dieser Unterlage geht, machen wir mit dem Führbügel ruckartige Bewegungen. Er soll dadurch das Gefühl bekommen, als zöge er einen Wagen über eine holperige Stelle. Dabei soll er selbst herausfinden, daß je langsamer er geht, die ruckartigen Einwirkungen des Führgeschirrs desto weniger stark sind. Hier zeigt sich dann das Fingerspitzengefühl des Ausbilders, der sofort auf das langsamere Gehen des Hundes reagiert und weniger stark einwirkt. Auf keinen Fall darf dabei gesprochen oder gelobt werden, damit der Hund die Einwirkungen nicht mit dem Ausbilder, sondern mit der Bodenunebenheit verknüpft.

Höhenhindernisse bis 2 m Höhe

Glücklicherweise gibt es auf den üblichen Wegen wenige Hindernisse auf Kopfhöhe. Und doch passiert es ab und zu, daß ein Blinder, sogar mit dem Führhund, den Kopf anstößt, z. B. an Sonnenstoren, an halb geöffneten Kipptoren, an hervorstehenden Fenstergittern etc. Es muß deshalb bei der Ausbildung des Hundes hinsichtlich der Höhenhindernisse sehr sorgfältige Aufbauarbeit geleistet werden. Dabei ist wichtig, daß an möglichst vielen Objekten geübt wird. Schließlich muß darauf geachtet werden, daß keine Fehlverknüpfungen entstehen. So konnte ich z. B. beobachten, daß sich mehrere in der Schule ausgebildete Hunde den Geruch der am Höhenhindernis angebrachten Abzugsvorrichtung merkten und nur dann dem Hindernis auswichen, wenn sie diese Vorrichtung rochen. Sie bestand aus einem 2 m langen U-Eisen, in das ein Bambusstab eingespannt war. Diese Vorrichtung wurde versteckt hinter einem herabhängenden Gebüsch angebracht. Sobald der Hund unter dem Gebüsch durchgehen wollte, schnellte der vom Ausbilder ferngesteuerte Bambusstab in die Höhe, berührte dabei das Kinn des Hundes und brachte das Gebüsch in Bewegung. Der Hund, der alles Unangenehme mit dem in Verbindung bringt, was er unmittelbar dabei sieht, hört oder riecht – in unserem Fall war es das Gebüsch –, umgeht später solche Hindernisse. Bekanntlich funktioniert jedoch die Nase des Hundes sehr gut. So sah er nicht nur den sich bewegenden Busch, sondern nahm eben auch den Geruch des Gerätes (der Abzugsvorrichtung) wahr und merkte sich, daß es unangenehm wurde, sobald dieser Geruch einem Gebüsch entströmte. Fehlte der Geruch, wich er herabhängenden Ästen nicht aus. Mein Lehrmeister Walter Hantke machte ähnliche Erfahrungen in der Führhundeschule Mailand. Auch er bediente sich im Hindernisgarten einer Abzugsvorrichtung für das Lehren der Höhenhindernisse. Es war ein Gummiseil, das hochschnellte, wenn der Hund unter dem Hindernis durchwollte. Die meisten Hunde brachten den Gummigeruch mit der unangenehmen Einwirkung in Verbindung und blieben jeweils dort stehen, wo es nach Gummi roch, auch wenn kein Hindernis vorhanden war. In der Folge mußte er dann überall Gegenstände aus Gummi hinlegen, damit der Gummigeruch alle anderen Gerüche übertraf und ausschließlich zu riechen war. All diesen Umständen müssen wir bei der Vorbereitung und Aufstellung der verschiedenen Höhenhindernisse Rechnung tragen.

Querlatte

Unter Querlatte ist eine Dachlatte (2 x 4 cm) zu verstehen. Wir benötigen zwei solche Latten von 2 – 3 m Länge, die wir quer über einem Gehweg aufhängen, der nicht breiter sein darf als die Länge der Latten. Wir könnten die Latten an zwei auf beiden Seiten des Weges aufgestellten Stangen anbringen. Das birgt jedoch das Risiko in sich, daß der Hund die vom Höhenhindernis kommende Einwirkung auch noch mit den beidseits am Weg stehenden Stan-

Legenden zu den Zeichnungen Seite 174—175

1. Der Ausbilder läßt sich vom Hund gegen das zwei Meter über dem Boden hängende Hindernis führen. Zwei Meter vor dem Hindernis betätigt er die Fernsteuerung.
2. Die untere Holzlatte bewegt sich in die Tiefe. Gleichzeitig stößt der Ausbilder den Führbügel nach vorne. Wegen des Überraschungseffekts duckt sich der Hund und bleibt stehen.
3. Der Ausbilder läßt mit der Fernsteuerung die Latte wieder hochgehen. Der Hund beobachtet mißtrauisch das sich nach oben bewegende Hindernis.
4. Dann läßt der Ausbilder den Hund wieder umkehren ...
5. ... und zum Ausgangspunkt zurückführen.
6. Zwei Tage später bewegt der Ausbilder zwei Meter vor dem Höhenhindernis durch Betätigung der Fernsteuerung die untere Latte etwa 50 cm hinunter und dann wieder hinauf. Sobald der Hund dies beobachtet, bringt ihn der Ausbilder mit Bügelstoß nach vorne zum Anhalten.

gen in Verbindung bringt. Das wollen wir vermeiden, und wir suchen deshalb eine Möglichkeit, die Latten an zwei Nylonfäden über dem Gehweg aufzuhängen, z. B. an einem großen Baum, von dem ein Ast auf einer Höhe von mindestens 3 m über den Weg hinausragt. In eine der Latten bohren wir an beiden Enden, 15 cm eingerückt, zwei Löcher. Dann wird sie an beiden Enden an zwei starken Nylonfäden am Baumast aufgehängt. Durch die Löcher der Latte führen wir je eine ca. 2,5 m lange Schnur. An den unteren Enden der beiden Schnüre befestigen wir die zweite Latte. Die oberen Schnur-Enden führen wir durch einen an einem Ast befestigten Ring und knüpfen sie an die Schnur, die zur Motorwinde führt. So kann die untere Latte mit der Fernsteuerung gesenkt und wieder zu der über ihr hängenden Latte hinaufgezogen werden. Die Distanz vom Boden zur oberen Latte muß etwa 2 m betragen. Damit der spezifische Geruch der Hölzer möglichst gering ist, müssen sie mindestens einen Tag zuvor an den Übungsort gebracht werden. So vermischt sich ihr Geruch mit andern Gerüchen der Umgebung. Nach diesen Vorbereitungen sollten wir die Stelle mindestens einen halben Tag nicht mehr betreten, denn der Hund darf nicht merken, daß wir an diesem Ort anwesend waren.

Am Tag der Übung lassen wir uns vom Hund gegen das Hindernis führen. 2 m davor setzen wir mit der Fernsteuerung die Winde so in Bewegung, daß sich die untere Latte in die Tiefe bewegt. Gleichzeitig nehmen wir eine starke Stopp-Einwirkung vor. Durch den Überraschungseffekt der schnell absinkenden Latte und der Stopp-Einwirkung wird der Hund erschreckt stehen bleiben. Dann setzen wir das Hebelchen der Fernsteuerung auf Zug, worauf die untere Latte wieder hochgeht und an die obere Latte anstößt. Der Hund wird dem sich nach oben bewegenden Hindernis mißtrauisch nachblicken und das mit Schreck verbundene Erlebnis nicht so schnell vergessen. In späteren gleichen oder ähnlichen Situationen wird er vor solchen Hindernissen stehenbleiben und, wenn kein Umgehen möglich ist, umkehren. Deshalb lassen wir den Hund auch jetzt umkehren und uns an den Ausgangspunkt zurückführen. Während der ganzen Übung sprechen wir nicht und machen nach der Stopp-Einwirkung auch keine Körperbewegungen.

Zwei Tage später begeben wir uns wieder an diese Stelle, wobei wir etwa 2 m vor dem Höhenhindernis mit der Fernsteuerung lediglich die untere Latte ungefähr 50 cm herunterlassen, sie aber

Zur vorhergehenden Seite:

Verweisen von Fahrzeugen (vgl. auch Seite 189)
Nirgends ist das Gefahrenrisiko für den Blinden größer als beim Überqueren der Straße. Hier muß bei der Ausbildung des Hundes mit viel Geduld, Fingerspitzengefühl und unzähligen Wiederholungen in verschiedensten Situationen vorgegangen werden. Besonders gefährlich sind Straßenüberquerungen außerhalb von Fußgängerstreifen, wo der Hund eine Lücke zwischen geparkten Autos suchen und nach dem Betreten der Straße − vor dem Hervortreten zwischen den Fahrzeugen − einen Sicherheitshalt einschalten muß.

Verkehr mit Orian

(von Peter Fisler, Effretikon/ZH)

1942 mit einem angeborenen Glaukom (grüner Star) zur Welt gekommen, absolvierte ich die neun obligatorischen Schuljahre mit einem Sehrest von etwa fünfzehn Prozent unter Sehenden. Ich las und schrieb noch die normale Schrift.
Während meiner Ausbildung an der Handelsschule in Lausanne ging der Sehrest zurück, so daß ich auf Blindenschrift und Tonband umstellen mußte.
Mehr und mehr drängte sich auch die Benützung des weißen Stokkes auf. Die Phase des tiefen Widerstandes gegen diese Kennzeichnung in aller Öffentlichkeit ist mir sehr wohl bekannt. Anfänglich benützte ich ihn nur zur Überquerung von gefährlichen Straßen, um ihn dann sogleich wieder zusammenzulegen und zu verstekken. Mit der Zeit und dank positiver Erfahrungen verlor sich dieser Widerstand, und nach meiner Ausbildung zu meinem jetzigen Beruf als Blindenseelsorger machte ich das Langstocktraining. Dieser lange, weiße Stock und die ausgeklügelte Technik der Anwendung halfen mir täglich in Verbindung mit dem verbliebenen Sehvermögen.
Während sechs Jahren war ich so unterwegs.
In dieser Zeit beschäftigte mich immer wieder die Frage, ob ein Führhund nicht ein noch geeigneterer Helfer für meine Situation wäre. Nach langem, sorgfältigem Bedenken entschloß ich mich für einen Hund und erhielt meinen Orian Mitte Dezember 1983.
Von wenigen Ausnahmen abgesehen, lege ich jetzt eine Wegstrecke mit geringerer Anstrengung zurück.
Ein tüchtiger Marsch durch Feld und Wald vor dem Einschlafen ist mit dem Hund eine Entspannung, mit dem Stock dagegen nicht. Dafür kann man den Hund «nach Gebrauch» nicht einfach in die Ecke stellen.
Unterwegs weicht er den verschiedenen Hindernissen aus und steuert für eine Straßenüberquerung den Zebrastreifen an. Wenn dieser nicht vorhanden ist, dafür aber eine Reihe geparkter Autos, sucht er eine passende Lücke. Orian überquert die Straße nicht aufgrund seiner eigenen Einschätzung der Verkehrslage, sondern

auf meinen Befehl hin. Er hat indessen gelernt, den Gehorsam zu verweigern, wenn Gefahr droht. Man kann ja im Verkehrslärm ein herannahendes Auto auch einmal überhören. In solchen Lagen bin ich ihm für die Gehorsamsverweigerung dankbar, in andern natürlich weniger. Nun, ein gewisses Maß an Ungehorsam sei ihm zugestanden, und mir jeweils ein leises, kurzes Knurren, das sich meist bald in ein Schmunzeln verwandelt . . .

sofort wieder hochziehen. Sobald der Hund die Bewegung des Hindernisses beobachtet, stoßen wir leicht mit dem Führbügel nach vorne und verstärken so das Stehenbleiben des Hundes.
Bei den nächsten Übungen, stets im Abstand von zwei Tagen und an verschiedenen Orten, hängen wir die Latte jeweils etwas tiefer, bis auf etwa einen Meter. Sie wird jedoch nicht mehr bewegt, sonst besteht die Gefahr, daß der Hund mit der Zeit nur sich bewegende Hindernisse anzeigt. Der Sinn der anfänglichen Bewegung der Hindernisse liegt nur darin, daß der Hund darauf aufmerksam wird und die Einwirkung mit dem Führbügel richtig verknüpft. Die Stopp-Einwirkungen vor dem Höhenhindernis sollten so weit vor dem Hindernis erfolgen, wie das Hindernis vom Boden entfernt ist. So würde bei einem Höhenhindernis von 1,8 m die Stopp-Einwirkung 1,8 m vor dem Hindernis erfolgen.

Ast

Bekanntlich kommt es hin und wieder vor, daß auf Waldwegen ein Ast so weit auf den Weg herabreicht, daß man daran den Kopf anschlagen könnte. Wir suchen uns einen solchen Ort oder stellen das Hindernis künstlich her. Danach befestigen wir am Astende über dem Wegbord einen starken Nylonfaden. Darunter schlagen wir einen kleinen Pfahl mit Ring bodeneben ein. Dann ziehen wir den Nylonfaden durch den Ring und von dort zur Motorwinde. Auf den Ast legen wir einen zweiten ohne Zweige und Blätter. Dieser muß herabfallen, sobald am Faden gezogen wird.
Wir holen unseren Hund, lassen uns gegen den herabhängenden Ast führen und setzen zirka 2 m vor dem Ast mit der Fernsteuerung die Winde in Bewegung. Dadurch wird der Hund auf den sich bewegenden Ast aufmerksam. Gleichzeitig führen wir die Stopp-Einwirkung aus. Durch die Einwirkung und das gleichzeitige Herunterfallen des kahlen Aststückes wird er erschrecken und nach den Erfahrungen mit der Latte umzukehren versuchen. Damit haben wir erreicht, daß der Hund künftig in ähnlichen Situationen vor herabhängenden Ästen umkehrt.
Bei den späteren Übungen muß der herabhängende Ast nach und nach höhergehängt werden, bis die Toleranzgrenze von 2 m erreicht ist. Schließlich üben wir auf dieselbe Weise mit Ästen und Gebüschen, die nur noch ein Stück über den Weg ragen und seit-

lich einen Durchgang offen lassen. Statt umzukehren, leiten wir den Hund in genügendem Abstand um den Ast herum.

Es kommt auch oft vor, daß bei Hausgärten Buschwerk auf das Trottoir hinausragt. Wir benützen solche Situationen zur Einwirkung für das Ausweichen. Wir lassen uns vorerst gegen das Gebüsch führen, üben kurz davor eine Stopp-Einwirkung aus und drücken den Hund gegen das Gebüsch. Sobald er versucht, sich aus dieser unangenehmen Situation zu befreien, indem er richtig ausweicht, lassen wir mit dem Druck nach und geben ihm den Weg frei. Gelobt wird im Sitz oder in der Pause.

Barriere

Wer in ländlicher Umgebung auf Feld- und Waldwegen spazierengeht, wird sicher einmal einer Barriere begegnen, die angebracht wurde, damit keine Motorfahrzeuge den Weg befahren. Nach den bisherigen Erfahrungen betrachtet der Führhund die Barriere als Höhenhindernis, das der Querlatte entspricht. Er wird also geneigt sein, davor anzuhalten und umzukehren. So wird es bei dieser Übung nicht darum gehen, dem Hund vor der Barriere besonderen Respekt einzuflößen, sondern nur darum, daß er ruhig davor stehenbleibt und wartet. Die Einwirkung ist somit dieselbe wie beim Querbalken, d.h. etwa 1 m davor führen wir die Stopp-Einwirkung aus. Dann legen wir Führbügel und Leine auf den Rücken des Hundes und geben das Hörzeichen RESTA. Danach gehen wir unter der Barriere durch und auf der andern Seite etwa 3 m weiter, warten und rufen den Hund zu uns. Dann lassen wir uns weiterführen. Später lassen wir bei dieser Übung vor der Barriere die Stopp-Einwirkung weg, sofern der Hund selbständig anhält.

Gespannte Ketten, Drähte oder Schnüre

Anstelle von Barrieren trifft man auch Ketten, Drähte oder vielleicht auch einmal eine gespannte Schnur an. Wir machen an diesen Hindernissen die gleichen Übungen wie an der Barriere.

Fahrradständer-Vordach

Es gibt überdachte Fahrradständer, an denen man entlanggehen muß, z. B. in Fabrikarealen. Für Sehende ist dies nicht gefährlich, für Blinde jedoch sehr. Der Führhund hat die Tendenz – zum Teil hat er es auch gelernt –, auf Straßen und Plätzen dem Rand entlang zu gehen. Führt nun sein Weg an einem überdachten Veloständer vorbei, besteht die große Gefahr, daß der Blinde mit dem Kopf gegen das Dach stößt. Deshalb muß der Führhund lernen, mit genügend Abstand an Fahrradständern entlangzugehen. Für unsere Übungen benützen wir wiederum die Winde mit der Fernsteuerung. Dazu verwenden wir folgende Gegenstände:

— 1 etwa 1 m langes Eisenrohr
— 1 Dachlatte 80 cm lang, mit Klemmschrauben
— 2 Stück Schnur, 1,8 m lang
— 1 Nylonfaden, 20 bis 30 m lang

Wir befestigen die Dachlatte mit den Klemmschrauben am Vordach des Fahrradständers. An den äußeren Enden der Latte befestigen wir je eine 1,8 m lange Schnur. Ihre beiden Enden werden am Eisenrohr festgebunden. Das Rohr muß so hängen, daß es knapp bis zum Boden reicht und nicht wegrollt. Wenn es über dem Boden (bis max. 50 cm) hängt, ist es auch gut. Um die Rohrmitte binden wir den von der Winde herführenden Nylonfaden. Dann legen wir das Rohr so auf die Dachlatte, daß es nach einem kurzen Zug hinunterfällt.
Nach diesen Vorbereitungen lassen wir uns vom Hund, nachdem er den Weg am Fahrradständer entlang an der Leine kennen gelernt hat, gegen das Hindernis führen. Einen Meter davor geben wir mit der Fernsteuerung den Impuls, damit das Eisenrohr hinunterfällt. Gleichzeitig erfolgt unsere Stopp-Einwirkung mit anschließender Gegendrucklenkung für das Ausweichen am Ständer. Dieses Vorgehen muß später noch an anderer Stelle wiederholt werden, damit der Hund die Erlebnisse weniger leicht vergißt. Anstelle des Eisenrohres kann auch ein gleich langes Brett verwendet werden. Es ist sogar gut, wenn abgewechselt wird und einmal das Rohr, ein anderes Mal das Brett eingesetzt wird.

Garage-Kipptor

Ein weiteres, für den Blinden sehr gefährliches Kopfhindernis ist ein halboffenes Garage-Kipptor. Deshalb müssen wir uns auch hier etwas einfallen lassen, das den Hund beim Vorbeigehen erschreckt, damit er später in genügendem Abstand das Tor umgeht.

Wir verwenden wieder die ferngesteuerte Motorwinde, die wir im Hintergrund der Garage plazieren. Die von der Winde wegführende Schnur wird am Griff in der Mitte des Kipptores befestigt. So können wir das Garagetor zum Kippen bringen. Dabei muß von der vorderen Torkante noch etwas herunterfallen, ohne daß es vom Boden wegrollt. Wir nehmen zu diesem Zweck vier Besenstiele, die wir ähnlich einer Strickleiter an den äußeren Enden mit Schnüren verbinden. Danach hängen wir sie an die vordere Kante des geöffneten Kipptors. Der unterste Stiel darf knapp den Boden berühren, die andern folgen in einem Abstand von 30 cm. Nun legen wir das ganze Bündel auf das leicht nach unten geneigte Garagetor. Sobald wir dem Tor etwas mehr Neigung geben, müssen die Besenstiele herunterrollen.

Zur Übung: Etwa 2 m vor dem vorstehenden Tor betätigen wir die Fernsteuerung. Das Tor neigt sich, die Stiele rollen herunter. Gleichzeitig geben wir dem Hund die Impulse zum Stoppen und anschließend zum Ausweichen. Wichtig ist auch hier, daß der Hund die Wegstrecke an der Leine kennengelernt hat, damit er uns nichtsahnend an das Hindernis hinführt. Es schadet nichts, wenn er von den herunterrollenden Stielen getroffen wird. Bei harten Hunden ist dies sogar notwendig.

Fensterläden

Auch vor Fensterläden sollte der Führhund Respekt bekommen, damit er angesichts dieses Kopfhindernisses den Blinden daran vorbeiführt. Wir können dies erreichen, wenn wir auf die obere Kante eines Fensterladens ein etwa 35 cm langes Holzstück legen. Damit es im richtigen Moment herunterfällt, verwenden wir diesmal nicht die Fernsteuerung, sondern schlagen mit dem Taststock an den Laden. Dabei wird die Stopp-Einwirkung mit dem Führbügel nur noch angetönt, danach erfolgt die Ausweicheinwirkung.

Fenstergitter

Vorstehende Fenstergitter, meist noch über schmalen Trottoirs, können dem Blinden ebenfalls zum Verhängnis werden. Deshalb dürfen wir unserem Hund auch hier die negativen Erfahrungen nicht ersparen. Als Einwirkung wählen wir die gleichen Mittel und das gleiche Vorgehen wie beim Fensterladen.

Sonnenstoren

Sonnenstoren gibt es viele. Damit haben wir auch gute Möglichkeiten, daran zu üben. Nach den vielen bisherigen Einwirkungen auf die verschiedensten Höhenhindernisse sollte es jetzt genügen, wenn wir mit dem Taststock an die Hindernisse schlagen und die Ausweicheinwirkung antönen, falls dies überhaupt noch nötig ist. Damit der Hund nicht weiter auf den Taststock achtet, müssen wir damit zwischendurch die verschiedensten Bewegungen ausführen. Wenn wir jedoch den Schlag gegen das Hindernis ausgeführt haben, darf sich der Stock nicht mehr bewegen.

Briefkasten

Bei zu nahem Vorbeiführen an Briefkästen schlagen wir mit dem Taststock auf den Kasten. Auch hier sollten keine andern Einwirkungen mehr nötig sein.

Außenrückspiegel bei Lieferwagen

Diese Höhenhindernisse sind oft anzutreffen. Meistens sind es Lastwagen, die halb auf dem Trottoir parkiert sind. Beim schmalen Durchgang achtet der Hund auf den seitlichen Abstand und übersieht den Spiegel auf Kopfhöhe. Auch in diesem Fall gibt es nichts anderes als einen Schlag mit dem Taststock gegen den Außenrückspiegel.

Hebebühne bei Lastwagen

Auch dieses Höhenhindernis sollte der Führhund nach allen bisherigen Übungen umgehen oder davor anhalten. Tut er das nicht, machen wir wieder mit einem Schlag des Taststocks auf das Hindernis aufmerksam und führen eine Stopp-Umgehungs- oder Umkehreinwirkung mit dem Führbügel aus.

Verweisen von Fahrzeugen beim Straßenüberqueren

Ein Hund, der einmal von einem Motorfahrzeug angefahren wurde, ohne daß er dabei das Bewußtsein verlor, wird für den Rest seines Lebens die Fahrbahn nur überqueren, wenn sich kein Fahrzeug nähert. Ich konnte einmal an einer verkehrsreichen Straße in der Stadt Sassari auf Sardinien einen Hund beim Apportieren beobachten. Sein Meister warf jeweils einen Tennisball über die Straße. Der Hund blickte dem wegfliegenden Ball nach, hetzte aber nicht sofort hinterher, sondern achtete auf die sich nähernden Motorfahrzeuge und überquerte die Straße erst, wenn eine Lücke im Verkehrsfluß entstand. Bei der Rückkehr geschah dasselbe. Es war ein mittelgroßer Bastard, lebendig, arbeitsfreudig und geschickt, und er hätte sich sehr gut für die Ausbildung zum Führhund geeignet. Gerne hätte ich ihn seinem Besitzer abgekauft, doch davon wollte dieser nichts wissen. Als ich ihn fragte, wie er dem Hund das Beachten des Verkehrs beigebracht habe, gab er mir zur Antwort, der Hund habe dies selber gelernt, denn er sei als Junghund einmal von einem Auto angefahren und verletzt worden.
Wir dürfen nicht das Risiko eingehen, daß ein für die Ausbildung zum Blindenführhund vorgesehenes Tier sich allein im Stadtverkehr herumtreibt, damit es von sich aus lernt, die Straße im richtigen Zeitpunkt zu überqueren. Die Gefahr des Überfahrenwerdens ist zu groß. Wir üben das Verweisen von Fahrzeugen deshalb auf andere Art, d. h. schrittweise. Simulieren wir Zusammenstöße mit Fahrzeugen, können wir dem Hund auf diese Weise Respekt vor

allen Verkehrsmitteln einflößen. Dabei kommt es nicht auf die Menge der Übungen an, sondern auf die Stärke des Eindrucks, den die jeweiligen Übungen hinterlassen. Überdies ist es notwendig, daß uns geschickte Hilfspersonen helfen. Als Grundregel gilt: Der Führhund darf nie vor einem Fahrzeug überqueren, auch nicht, wenn dieses anhält und der Fahrer ein Zeichen zum Überqueren gibt, sondern erst wenn es weggefahren ist und kein anderes sich nähert. Dies, weil es oft vorkommt, daß ein stehendes Fahrzeug von einem andern überholt wird, so daß es leicht zu einer Kollision mit dem Führgespann kommen kann.

Diesem Kapitel ist die größte Aufmerksamkeit bei der Ausbildung des Führhundes zu widmen, denn nirgends sonst ist das Gefahrenrisiko so hoch wie im heutigen Straßenverkehr. Ein Führhund, der die nachfolgenden Übungen nicht beherrscht, darf nicht einem Blinden anvertraut, sondern muß dem Ausbilder zur Nachschulung zurückgegeben werden. Die nachfolgenden Übungen erfolgen in einer ersten Phase mit Führgeschirr ohne Bügel. Später wiederholen wir sie an verschiedenen Orten mit vollständig angeschirrtem Hund. Dabei muß der Hund lernen, dem Fahrzeug schon aus Distanz auszuweichen und je nach Situation stehenzubleiben. Das Zeichen zum Stehen FERMA gibt aber nicht der Ausbilder, sondern die Hilfsperson mit dem Fahrrad oder dem Fahrzeug. Sonst entsteht wieder eine Ausbilder-Verknüpfung, die sich für den Blinden nachteilig auswirkt.

Einbahnstraße mit Verkehr von links

a. *Zusammenstoß mit einem Fahrrad*

Wir wählen eine wenig befahrene Einbahnstraße mit Verkehr von links nach rechts. Als Hilfsperson brauchen wir einen sicheren Radfahrer. Wir gehen mit dem *angeleinten* Hund auf dem rechten Trottoir der Straße entlang. Der Radfahrer, den der Hund nicht kennen sollte, fährt etwa 20 m hinter uns auf der Fahrbahn. Wir lassen den Hund mit LIBERA vor uns her schnüffeln, schwenken auf die Fahrbahn zu, wo wir kurz warten. Dies ist das Zeichen für den Radfahrer. Wir beobachten ihn und schätzen ab, wann wir überqueren können, damit wir etwa auf der Mitte der Straße mit ihm kollidieren. Der Radfahrer muß gegen den Hund fahren und ihn mit dem Vorderrad streifen. Danach soll er im Bogen erneut auf den Hund zufahren, falls dieser nicht vorher die Straße von sich aus fluchtartig, uns nachziehend verlassen hat. Nach diesem Geschehen setzen wir unseren Weg fort. Auch der Radfahrer entfernt sich, es darf nichts diskutiert werden. Wir dürfen den Hund nicht streicheln, nicht loben und auch nicht aufmuntern.

1 2

Legenden zu den Zeichnungen Seite 184—185

1. *Der Ausbilder wartet mit dem angeleinten Hund am Trottoirrand auf den Radfahrer.*
2. *Kurz bevor der Radfahrer an den beiden vorbeifährt, betreten sie die Fahrbahn. Der Radfahrer schwenkt auf den Hund zu und stößt mit dem Vorderrad mit ihm zusammen.*
3. *Der Radfahrer fährt weiter, kehrt kurz danach um und steuert auf den Hund zu.*
4. *Infolge der zuvor stattgefundenen Kollision flüchtet sich der Hund auf das Trottoir.*

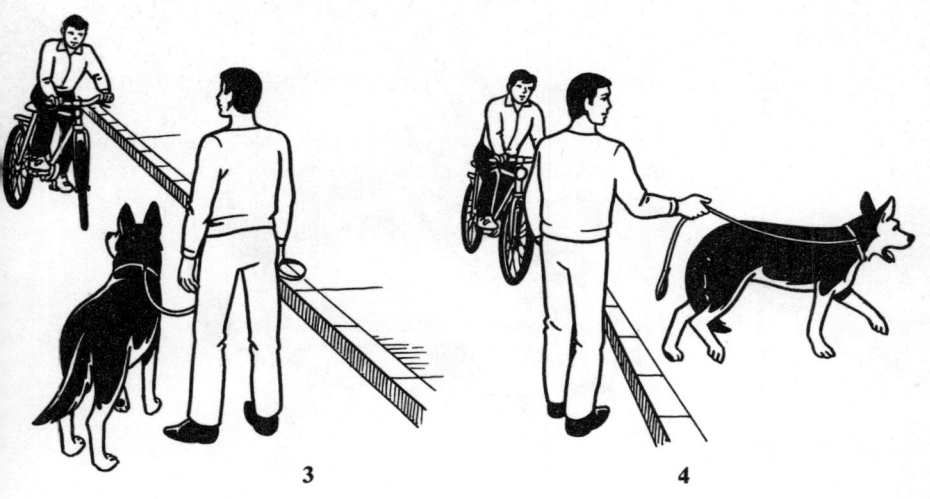

3   4

b. Zusammenstoß mit Moped

So wie wir den Zusammenstoß mit dem Velo simulieren, machen wir es auch mit einem geschickten Mopedfahrer. Dabei wählen wir aber einen andern Ort, ebenfalls in verkehrsarmer Umgebung, damit wir andere Verkehrsteilnehmer nicht stören.

c. Begegnung mit Motorradfahrer

Nach diesen beiden «Unfällen» wird der Hund die Straße vorsichtiger überqueren. Trotzdem muß er auch noch eine unangenehme Erfahrung mit einem Motorradfahrer machen. Es ist aber nicht mehr nötig, daß dieser auch in den Hund hineinfährt, denn dies wäre zu gefährlich. Auch für den Hund ist es besser, wenn er mit einem andern Verkehrsmittel eine neue unangenehme Erfahrung macht. Die negative Erfahrung besteht darin, daß der Motorradfahrer beim langsamen Vorbeifahren den Hund mit dem Fuß streift, gleichzeitig Vollgas gibt und davonfährt.

d. Begegnung mit Personenwagen

Für diese Übung beanspruchen wir die Hilfe eines gut reagierenden Autofahrers mit Beifahrer. Der Fahrer muß auf uns zufahren und im letzten Moment bremsen, damit er mit dem rechten Vor-

Der Ausbilder betritt mit dem angeleinten Hund in dem Moment die Fahrbahn, da sich ein Fahrzeug nähert. Der Lenker des Autos stoppt knapp vor dem Hund.

derrad knapp vor den Hund zu stehen kommt. Dann fährt er wieder an, wobei er oder der Beifahrer die Tür so weit öffnet, daß er damit den Hund streift. Der Hund darf das Fahrzeug nicht kennen, damit er lernt, daß von beliebigen Personenwagen, die sich ihm nähern, Unangenehmes kommt.

e. Begegnung mit Lastwagen

Nach den bisherigen schlechten Erfahrungen mit den verschiedensten Straßenfahrzeugen sollte unser Hund auch vor Lastwagen, schon wegen ihrer Größe und des Lärms, den sie entwickeln, Respekt haben. Wir wollen diesen Respekt noch fördern und bitten einen Lastwagenfahrer, uns dabei zu helfen. Er hat dabei nichts weiter zu tun, als an uns vorbeizufahren, während wir die Straße überqueren. Im Moment, da das Fahrzeug knapp an uns vorbeifährt, werfen wir eine Handvoll Kies gegen die Räder. Die Steine werden dort abprallen und uns entgegengeschleudert. So lernt der Hund, vor sich nähernden Lastwagen zu warten.

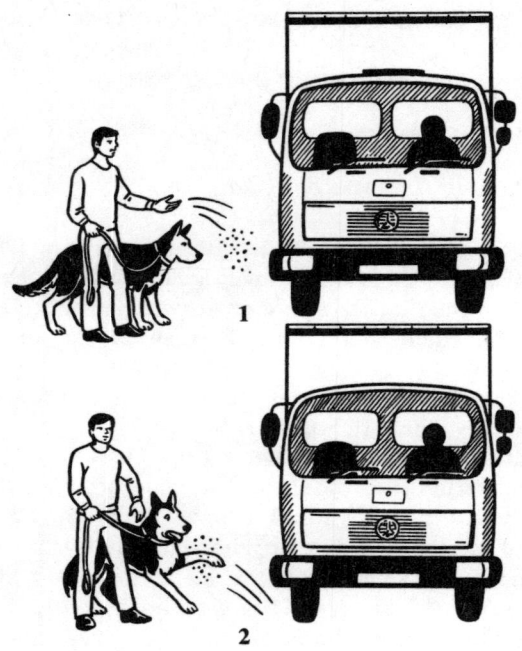

1. Der Ausbilder wirft eine Handvoll feiner Kieselsteine gegen das Rad des vorbeifahrenden Lastwagens.
2. Die Steinchen prallen vom Rad zurück gegen den Hund, der künftig vor sich nähernden Lastwagen anhält.

f. Begegnung mit Bus

Bekanntlich fahren manche Busse sehr leise. Deshalb kann es bei diesen Fahrzeugen leichter zu Unfällen kommen als bei lärmintensiveren Motorfahrzeugen. Wir dürfen sicher zu verkehrsarmen Zeiten einen Bus-Chauffeur um seine Mithilfe bitten, wenn wir ihm vorher erklären, worum es geht. Noch besser ist es, wenn wir uns mit der Direktion der Verkehrsbetriebe in Verbindung setzen und ihr unser Problem erläutern. Dort kann man uns am besten beraten, wo und wann wir mit ihrer Hilfe mit dem Führhund üben können. Die Übung besteht darin, daß wir den Hund so an der

Leine halten, daß er vom langsam an uns vorbeifahrenden Bus gestreift wird. Dies natürlich so, daß er sich nicht verletzt, aber trotzdem warten lernt, bis der Bus sich entfernt hat.

g. *Begegnung mit Straßenbahn*

Auch die Straßenbahn ist für den Blinden nicht ungefährlich. Er hört sie meistens, doch weil er nicht genau weiß, wo er sich befindet, weiß er auch nicht, wohin er ausweichen soll. Dazu hat die Straßenbahn einen sehr langen Bremsweg. Für den Führhund muß das Klingeln des Wagenführers ein Warnsignal zum Anhalten oder richtigen Ausweichen sein. Deshalb müssen wir ihn lehren, auf dieses Signal richtig zu reagieren.
Ich möchte auch hier raten, sich mit der Direktion der Verkehrsbetriebe in Verbindung zu setzen. Vielleicht bestünde die Möglichkeit, mit einem leeren Schulfahrzeug zu üben. Die Übung besteht darin, daß wir uns mit dem angeleinten Hund dem heranfahrenden Tram nähern. Der Tramführer macht im letzten Moment eine Vollbremsung und klingelt. Dies wird auch den härtesten Hund erschrecken, und er wird mit uns zurückweichen, um einer Kollision zu entgehen.
Bei all diesen Übungen stellt sich die Frage, ob es nicht sinnvoller wäre, sie mit dem angeschirrten Hund durchzuführen. Grundsätzlich wäre es mindestens so gut. Aber es bringt auch die Gefahr mit sich, daß ein Hund auf PASSARE die Straße nicht mehr überquert, weil er dieses Hörzeichen mit der zu erwartenden Kollision in Verbindung bringt. Mit andern Worten: Das PASSARE würde für ihn eine Vorwarnung auf die zu erwartende Kollision mit einem Verkehrsmittel darstellen. Sobald der Hund jedoch richtig verknüpft, soll alles weitere im Geschirr erfolgen — dies spätestens beim Überqueren von Kreuzungen.

Einbahnstraße mit Verkehr von rechts

In der gleichen Reihenfolge und mit den gleichen Einwirkungen gehen wir vor, wenn wir den Hund auf von rechts kommende Verkehrsmittel aufmerksam machen wollen. Dabei ist besonders darauf zu achten, daß bei all den Übungen nichts gesprochen und der Hund nicht an der Leine herumgezerrt wird. Er soll sich absolut frei fühlen und das ganze Geschehen nur mit den Verkehrsmitteln verknüpfen.

Sicherheitshalt bei geparkten Fahrzeugen

Nach all den «Unfällen», die der Hund auf der Straße mit den verschiedensten und üblichsten Verkehrsmitteln erlebt hat, dürfen wir mit dem angeschirrten Hund die Straße überqueren. Wenn er dabei den nötigen Respekt vor dem sich nähernden Verkehr zeigt, d. h. erst überquert, wenn das Fahrzeug weg- oder vorbeigefahren ist und sich kein Fahrzeug nähert, können wir eine Stufe weitergehen und, zwischen parkierten Fahrzeugen hervorkommend, die Straße überqueren. Dabei ist es notwendig, daß der Hund, sobald er zwischen den Fahrzeugen stehend wieder auf die Straße sieht, nicht einfach weitergeht, sondern einen Sicherheitshalt einlegt, dabei auf den Verkehr achtet und erst überquert, wenn sich eine Lücke im Verkehrsfluß bildet. Um ihn dies zu lehren, wählen wir jetzt eine Straße mit regem Verkehr, in dem aber immer wieder Lücken entstehen. Dies ist der Fall, wenn die Autokolonne vorher vor einer ampelgeregelten Fußgängerüberquerung anhalten muß. Wir lassen uns vom Hund an eine Lücke zwischen parkierten Fahrzeugen, die für den ungehinderten Durchgang mit dem Führhund breit genug ist, führen. Dort warten wir eine fahrende Autokolonne ab und geben das Hörzeichen PASSARE im Moment, da ein großer Transporter sich nähert. Der Hund sollte dann beim Hervortreten das vorbeifahrende Fahrzeug vor sich haben. So wird er schon aus reinem Selbsterhaltungstrieb stehen bleiben. Wir verstärken dieses Stehen mit der Stopp-Einwirkung. Dabei ist zu beachten, daß uns der Fahrer des Lastwagens vor und während des Betretens der Straße nicht sieht, sonst könnte es sein, daß er eine Vollbremsung ausführt, die eine verheerende Massenkarambolage nach sich zöge. Am besten wählen wir für das Überqueren einen Standort, wo man uns infolge eines hohen parkierten Motorfahrzeugs von der Straße her nicht sehen kann. Natürlich ist uns dann die Sicht auf die Straße verwehrt; wir können uns jedoch nach dem Lärm des herannahenden Fahrzeuges richten, zudem vorsichtig um die Kante des Fahrzeuges spähen und im richtigen

Moment das Hörzeichen zum Überqueren geben. Später treten wir auch zwischen niederen Fahrzeugen hervor und richten unseren Blick gegen den sich nähernden Verkehr. So wissen die Fahrer, daß wir sie sehen, und sie werden nicht plötzlich bremsen. Während des Stehens vor der vorbeifahrenden Kolonne geben wir bei jedem vorbeifahrenden Fahrzeug mit dem Führbügel einen Stoß nach vorne. Damit festigen wir beim Hund das Stehenbleiben, solange der Verkehrsfluß anhält. Mit der Zeit gewöhnt sich der Hund den Sicherheitshalt an und geht erst wieder weiter, wenn sich kein Fahrzeug mehr nähert. Anfangs geben wir ihm noch das Hörzeichen zum Weitergehen, später überlassen wir ihm den Entscheid.

Straßen mit beidseitigem Verkehr und Straßenbahn

Es gibt Straßen mit beidseitigem Verkehr, wo sich in der Mitte der beiden Fahrbahnen eine Schutzinsel für Fußgänger befindet. Wir suchen uns einen solchen Ort aus. Dort überqueren wir bei einer Verkehrslücke die erste Fahrbahn bis zur Schutzinsel. Dabei achten wir nicht nur auf die Verkehrslücke der von links kommenden Fahrzeuge, sondern warten auch noch, bis auf der gegenüberliegenden Fahrbahn reger Verkehr herrscht, damit der Hund, in der Mitte angelangt, wegen des fließenden Verkehrs nicht weiterkann. Auch hier stoßen wir den Führbügel bei jedem sich nähernden Fahrzeug nach vorne, damit wir ein sicheres Verweisen der Fahrzeuge erreichen.
Als nächste Stufe benützen wir eine Straße mit beidseitigem Verkehr ohne Schutzinsel und gehen gleichermaßen vor.
Zuletzt überqueren wir Straßen mit Straßenbahnschienen, wobei wir mit den Übungen auch wieder bei Traminseln beginnen und später dort überqueren, wo keine Schutzinsel vorhanden ist. Es gibt Hunde, die sich so stark auf den Verkehr einstellen, daß sie, am Trottoirrand stehend, selbst entscheiden, wann sie überqueren wollen. In solchen Fällen lassen wir den Hund gehen, wenn seine Entscheidungen zuverlässig sind. Wenn nicht, halten wir ihn, ohne uns zu bewegen, mit festem Griff am Führbügel zurück.

Überqueren von Kreuzungen

Bekanntlich beobachtet der Hund vor allem das, was sich bewegt. Dies ist eine Hilfe bei der Ausbildung des Führhundes im Verkehr, besonders an Verkehrskreuzungen. In der Praxis richten sich viele Führhunde beim Überqueren von ampelgeregelten Kreuzungen nach den Fußgängern. Dies könnte bei der Ausbildung eine Hilfe sein. Leider aber können wir uns nicht auf die Fußgänger verlassen, denn sie halten sich zuwenig an die Lichtsignale. So muß der Hund in der Ausbildung lernen, sich nach dem Fahrzeugverkehr und nicht nach den Passanten zu richten.

Mit den Übungen für das Verweisen von Fahrzeugen beim Straßenüberqueren haben wir für das Überqueren von Kreuzungen gute Vorarbeit geleistet. Es ist deshalb wichtig, daß wir mit Übungen an den verschiedensten Kreuzungen erst beginnen, wenn der Hund das Verweisen von Fahrzeugen beherrscht. An den Kreuzungen lernt er dann überwiegend durch wiederholtes Beobachten und Handeln.

X-Kreuzung

Eine X-Kreuzung ist ein Ort, wo sich zwei Straßen quer zueinander kreuzen. Der Verkehr auf diesen Kreuzungen kann mit Ampeln oder Verkehrssignalen (Stop, Hauptstraße, Nebenstraße) geregelt sein. Andernfalls gilt der Rechtsvortritt. Für den Führhund gelten je nach Art der Kreuzung bestimmte Regeln, die wir nachfolgend im einzelnen behandeln.

X-Kreuzung mit Verkehrsampeln

Wir wählen eine ampelgeregelte X-Kreuzung, wo das Lichtsignal für Fahrzeuge und Passanten gleichgeschaltet ist. Mit andern Worten: wo die Verkehrsampel gleichzeitig für die Passanten und die Fahrzeuge auf Rot oder Grün schaltet. Vereinzelt gibt es auch ampelgeregelte Kreuzungen mit Grünphasen für den Querverkehr, dann für den Parallelverkehr und schließlich an allen vier Übergängen für die Fußgänger. Ich bin der Ansicht, daß wir uns bei der Ausbildung des Hundes in der Schule darauf beschränken sollten, einfache und klare Situationen zu meistern.

Nun also zu unserer Übung. Das Vorgehen ist einfach: Wir halten an der Kreuzung an, lassen den Hund den Querverkehr beobachten und geben ihm das Hörzeichen PASSARE im Moment, da das erste Fahrzeug auf der Parallelstraße mit verstärktem Motorengeräusch startet. Es ist wichtig, daß wir auf sofortigen Start achten, damit wir schneller sind als allfällige Rechts- oder Linksabbieger, die uns zwar in jedem Fall den Vortritt gewähren müßten. Wir gelangen schneller ans Ziel, wenn wir nach der Überquerung geradeaus weitergehen. Am besten sind Routen, wo sich nacheinander mehrere ampelgeregelte X-Kreuzungen befinden. So trifft der Hund eine sich wiederholende Situation an, ohne dabei gelangweilt zu werden. Das Lernen geschieht hier nicht durch Einwirkungen, sondern durch Wiederholung und Gewöhnung.

Wenn der Hund soweit ist, daß er von selbst beim ersten anfahrenden Fahrzeug des Parallelverkehrs startet, gehen wir weiter, wenden auf der gegenüberliegenden Seite gegen die Parallelstraße und überqueren sie auf die gleiche Weise. Klappt auch dies, können wir mit den Übungen an Stopstraßen beginnen.

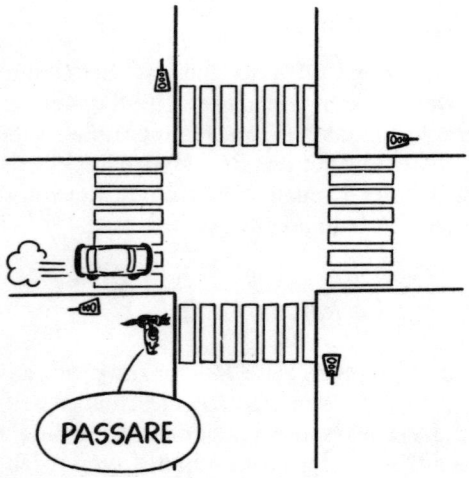

Der Ausbilder gibt dem Hund in dem Augenblick das Hörzeichen PASSARE, da das erste Fahrzeug des Parallelverkehrs anfährt.

Die lieben Mitmenschen

(von Josef Schefer, Männedorf/ZH)

Lebenslauf-Telegramm

Mit Geburtsfehler geboren: Linkes Auge unbrauchbar; rechts Visus 25 %.
Harte Jugendzeit: Vater fehlte infolge Scheidung; Mutter und Großmutter ganztags in Fabrik; letztere infolge Verbitterung extrem streng und außerdem inkonsequent.
Besuch Primarschule bis 5. Klasse; auf Empfehlung des Lehrers alsdann Blindenheim Sonnenberg Freiburg, das in den vierziger Jahren nahezu einem Gefängnis gleichzustellen war.
Nach kurzem Aufenthalt im Asile des Aveugles in Lausanne 1946 Eintritt in die Handelsschule; Abschluß mit Diplom. (Ein Rätsel bleibt mir heute noch, wie dies ohne die heute verfügbaren Hilfsmittel möglich war.)
Ab 1950 zuerst in Lausanne, dann in Zürich als kaufmännischer Angestellter berufstätig.
Ab 1957 während 25 Jahren in einem modernen Unternehmen der Sicherheitstechnik tätig; zuerst als Abwickler des Inland- und Auslandverkaufs, ab 1961 als technischer Übersetzer hauptsächlich auf dem Gebiet der hochintegrierten Elektronik.
Ende 1982 Aufgabe der beruflichen Tätigkeit aufgrund ärztlicher Verordnung.

Zur vorhergehenden Seite:

Überqueren von Kreuzungen (vgl. auch Seite 191)
Gar manches Unerfreuliche muß sich ein Sehbehinderter von seinen Mitmenschen, die sich aus Unwissenheit falsch benehmen, gefallen lassen. Wen kann es da wundern, wenn er mit allen Mitteln versucht, sein Dasein soweit als möglich selbständig und unabhängig zu meistern. Mit seinem Hund klappt die partnerschaftliche Beziehung und Zusammenarbeit. Einmal ist es der Hund, der die Führung übernimmt, ein anderes Mal sein Meister. Beim Überqueren von Kreuzungen horcht der Blinde den Verkehr ab, gibt dem Hund im richtigen Moment das Hörzeichen zum Überqueren der Kreuzung; der Hund beobachtet den Verkehr und überquert die Straße in zügigem Schritt, wenn er dazu aufgefordert wird. Nähert sich jedoch ein Fahrzeug, wartet er ab, bis keine Gefahr mehr droht.

Die Sehbehinderung
begleitete mich die meiste Zeit meines bisherigen Lebens als zwangsläufig hinzunehmendes Übel. Ich fand immer eine Lösung, um trotz ihr vollwertige Arbeit leisten zu können. Belastend wirkte sich jedoch aus, daß ich mich ihrer schämte oder, praxisnaher ausdrückt, einen Wall von Hemmungen überwinden mußte, um Hilfe von Mitarbeitern oder gar Vorgesetzten anzufordern.
Ab 1967 nahm die Sehkraft – wie vor vielen Jahren durch eine Kapazität der Ophtalmologie vorausgesagt – stetig ab. In den siebziger Jahren kam ich nicht mehr ohne das Makrolector-Lesegerät aus; später ging es auch mit diesem und mit einem neuentwickelten besseren nicht mehr. Ich hatte aber gelernt, zu meiner Behinderung «Farbe zu bekennen», also den Mitmenschen und mir selbst nichts mehr vorzutäuschen. Den ehedem verschmähten, ja gefürchteten weißen Stock benützte ich bereits – und machte dennoch häufig harte Bekanntschaft mit Hindernissen aller Art.

Dann trat Zora in mein Leben
Nie werde ich den Tag vergessen, an dem die noch junge Hündin Zora erstmals intensiv schnüffelnd unsere ganze Wohnung inspizierte und sich alsdann offensichtlich zufrieden vor der offenen Küchentüre niederließ. Nie werde ich vergessen, wie sie mich erstmals am Führgeschirr im wahrsten Sinne des Wortes durch die Gegend riß. Schließlich hatte sie ja nach der Operation viel Führtätigkeit nachzuholen!
Jahre sind inzwischen verflossen. Sie haben uns beiden tiefes gegenseitiges Verständnis und Zutrauen gebracht, gepaart von gesetzterem Alter. Wir kennen beide unsere Mucken und akzeptieren sie auch. Den so verbreiteten Ausdruck «Hund und Meister» schlossen wir seit langem aus dem Vokabular aus; wir sind Kollegen und gehen oft im wahrsten Sinne des Wortes durch dick und dünn.

Führgespann und Mitmenschen
Vom Standpunkt unseres Führgespanns aus habe ich die Mitmenschen in drei Kategorien eingeteilt.

Die Behilflichen
meinen es immer gut. Sie nehmen sich Zeit zu helfen, wenn es ihrer Meinung nach notwendig ist, leider oft ohne sich vorher zu er-

kundigen, ob ihr Beistand zweckmäßig und willkommen ist. Da kommt es eben vor, daß man unverhofft am Arm gepackt und über die Straße geschleppt wird. In diese Kategorie reihe ich auch jene mir unbekannten Mitmenschen ein, die durch einen freundlichen Gruß den «Psycho-Pegel» um einiges anheben.

Die Belustigenden
machen Bemerkungen, derentwegen man sich das Lachen verkneifen muß. Zur Genüge sind ja wohl der «Doktor-Hund», der «kranke Hund», der «blinde Hund» usw. bekannt. Neueren Datums ist die Kinderfrage: «Warum hat der Hund so einen Handgriff wie ein Einkaufswägelchen?»
Aber auch die Erwachsenen sind hier vertreten. So wurde letzthin Zora durch einen Mann an der Kreuzung belehrt: «Es ist grün, du kannst rübergehen.» Eine Rückfrage ergab, daß er tatsächlich mit dem Hund gesprochen hatte!

Die Brutalen
sind leider nur allzusehr vertreten. Automobilisten, die ihr Fahrzeug so auf den Gehweg stellen, daß man auf die Straße ausweichen muß. Solche, die dem Sehbehinderten wohlbekannte «sichere» Stellen mit Stopsignal mit mindestens 50 km/h überfahren. Leute, die den Behinderten einen Schweinehund nennen, wenn sich das Tier − wie gelernt − am Straßenrand versäubert. Menschen, die sich dem Gespann absichtlich in den Weg stellen. Und viel anderes Unerquickliches mehr.

Schlußwort
«Humor ist, wenn man trotzdem lacht», lautet eine verbreitete Redensart. Ich darf behaupten, daß ich ein reichliches Quantum davon besitze. Aber Vorsicht! Der Weg zum Galgenhumor ist nicht weit.
Bei der Einführung von Zora habe ich einmal mehr den Grundsatz zur Kenntnis genommen, daß man das Unerfreuliche ignorieren oder vergessen soll. Positive Lebenseinstellung in allen Ehren! Wie bereits erwähnt, habe auch ich viel davon mitgekriegt oder mir angeeignet. Meine Zora und ich sind sozusagen eins. Und vielleicht möchte ich mich gerade deshalb oft am liebsten mit ihr vor den «lieben» Mitmenschen verkriechen ...

X-Kreuzung mit Stop- oder Nebenstraße

An Stop- oder Nebenstraßen ist der Fußgängerstreifen von der Kreuzung weg-, also zurückversetzt, so daß dort das vor der Kreuzung anhaltende Fahrzeug zwischen die Kreuzung und den Fußgängerstreifen zu stehen kommt. Dann sollte mit dem Führhund die Straße wegen der Auspuffgase nicht überquert werden. In solchen Fällen warten wir, bis das Fahrzeug weg ist und kein anderes mehr nachfolgt. Erst wenn der Parallelverkehr stark ist, geben wir dem Hund das Hörzeichen PASSARE. Dies geschieht aus Vorsicht. Denn wenn ein Autofahrer vor dem Stop starken Verkehr auf der Querstraße beobachtet, fährt er langsamer auf die Kreuzung zu, hält vor dem Fußgängerstreifen und läßt dem Blinden mit Hund den Vortritt.

Bei signalisierten Nebenstraßen, die in eine Hauptstraße münden, wird gleichermaßen geübt wie bei Stopstraßen. Es ist selbstverständlich, daß bei ruhiger Verkehrssituation auch der ruhigste Zeitpunkt zum Überqueren gewählt wird. Für unsere Lernübungen wählen wir jedoch rege Verkehrssituationen und verlocken den Hund, die Straße zu überqueren. Wenn er es trotzdem nicht tut, wird er gelobt.

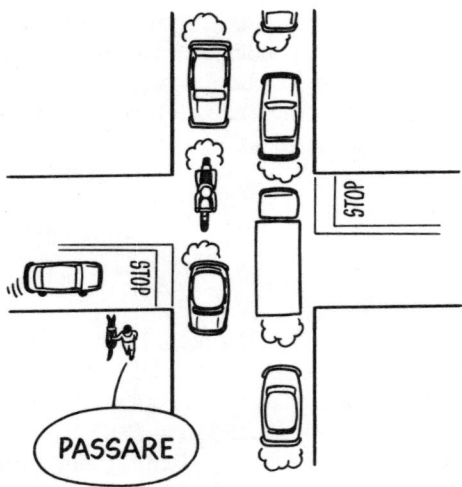

An Stop-Straßen gibt der Ausbilder dem Hund das Hörzeichen PASSARE, wenn auf der Parallelstraße reger Verkehr herrscht.

Nicht verkehrsgeregelte Kreuzungen

Wir haben es hier mit Kreuzungen zu tun, die weniger stark befahren werden. Hier wird nicht überquert, wenn sich auf der Querstraße Fahrzeuge nähern. Der Hund darf erst überqueren, wenn das Fahrzeug weg ist. Sollte der Fahrer anhalten, um dem Führgespann den Vortritt zu lassen, müssen wir ihm ein Zeichen zum Weiterfahren geben.

Auch hier gilt das Prinzip, daß nicht an einer einzelnen Kreuzung in allen Richtungen geübt, sondern daß die Kreuzung in gerader Richtung einmal überquert und dann geradeaus weitergegangen wird.

T-Kreuzung

Als T-Kreuzung bezeichnen wir Stellen, wo eine Straße in eine Querstraße einmündet. Meistens ist es eine Nebenstraße, die in eine Hauptstraße einmündet. Es sind drei Überquerungen möglich: einmal die der einmündenden Straße und zweimal die der durchgehenden Querstraße.

Auch hier lernt der Hund weder durch irgendwelche Einwirkungen noch durch erklärende oder aufmerksam machende Worte, sondern durch selbständiges Beobachten und Verhalten gemäß früheren, analogen Situationen. Auch hier muß er das Hörzeichen zum Überqueren mißachten, wenn sich ein Fahrzeug nähert. Dafür wird er gelobt.

Y-Kreuzung

Was eine Y-Kreuzung ist, braucht wohl kaum beschrieben zu werden. Diese Kreuzungen sind hinsichtlich Regelung sehr unterschiedlich. Sie können ampelgeregelt oder signalisiert sein. Zum Überqueren gilt hier grundsätzlich der Zeitpunkt, wo sicht- und hörbare Verkehrslücken entstehen. Beim Training indessen wird das Hörzeichen zum Überqueren auch dann gegeben, wenn sich Fahrzeuge nähern; bei jedem vorbeifahrenden Auto erfolgt ein Stoß mit dem Führbügel gegen das Fahrzeug.

Stern-Kreuzung

Hier kreuzen sich Straßen aus verschiedenen Richtungen. Das Überqueren ist meistens ampelgeregelt. Trotzdem ist es für den Blinden nicht leicht, solche Kreuzungen im richtigen Zeitpunkt zu überqueren, weil die Lokalisierung des Verkehrslärms schwierig ist. Auch der Führhund ist in den meisten Fällen überfordert. Dennoch muß an diesen Kreuzungen fleißig geübt werden. Dabei liegt es beim Ausbilder, die verschiedensten Situationen einzuschätzen und den Hund durch wiederholtes Überqueren zu einem bestimmten Zeitpunkt an das richtige Verhalten zu gewöhnen.

Kreuzung mit Sicherheits- und Straßenbahninsel

Diese Kreuzungen sind überwiegend mit Lichtsignalen ausgerüstet. In der Ausbildung geht es darum, daß der Hund bei der ersten Überquerung auf den Linksverkehr achtet, in der Mitte anhält und auf die Straßenbahn achtet; wenn sich keine Straßenbahn nähert, die Schienen überquert, danach wieder anhält und auf den Rechtsverkehr aufpaßt. Es werden dabei keine Stopp-Einwirkungen vorgenommen. Wenn der Hund im falschen Zeitpunkt überqueren will, halten wir ihn am Führbügel fest, ohne Worte und ohne Bewegungen.

Baustellen

Unter Baustellen verstehen wir durch Bauarbeiten bedingte Hindernisse auf dem Gehweg. Je nachdem besteht ein schmaler Durchgang durch die Baustelle, eine Umgehungsmöglichkeit entlang der Fahrbahn oder ein Umweg über die andere Straßenseite. Durchgänge durch die Baustelle bieten im Normalfall keinerlei Schwierigkeiten, denn sie sind beidseits durch gute Abschrankungen (meistens Bretterwände) gesichert. Hier geht der Führhund ungehindert durch. Fehlen solche Durchgänge, hat er die Wahl, entweder auf die Fahrbahn auszuweichen oder diese zu überqueren und den Weg auf der gegenüberliegenden Seite fortzusetzen.

Umgehen von Baustellen *siehe Zeichnungen Seite 197*

Der Blinde wird bei einer Baustelle nie mit Sicherheit feststellen können, wie er sie am besten umgeht. Also muß er sich der Führung des Hundes voll anvertrauen. Es ist deshalb wichtig, daß dieses Umgehen in der Ausbildung mit besonderer Sorgfalt geübt wird. Das Vorgehen ist einfach, doch bedarf es der exakten Ausführung.

Wir üben zuerst an einer Baustelle auf dem Trottoir rechts der Straße. Nachdem der Hund bereits das Anhalten und Umgehen von allen Hindernisarten beherrscht, geht es jetzt darum, daß er lernt, bis nahe ans Hindernis heranzugehen. Dort macht er eine klare 90 Grad-Linkswendung und begibt sich bis zum Trottoirrand. Er hält an und wartet auf unser VAI. Daraufhin betritt er die Straße, wendet, sobald dies möglich ist, nach rechts und führt auf der Straße, der Baustelle entlang, weiter, bis zu deren Ende. Dort wendet er unaufgefordert nach rechts und stoppt vor dem Trottoiraufgang, wo wir ihm das Zeichen zum Weitergehen (VAI) geben. Der Hund betritt nun das Trottoir, wendet dort nach links und geht weiter.

Unsere Aufgabe ist es nun, dem Hund mit dem Führbügel an bestimmten Stellen Impulse zum richtigen Verhalten zu geben. Es sind dies:

Vor der Baustelle:	Stopp-Einwirkung mit anschließendem Bügeldruck links
Am Trottoirabgang:	Keine Einwirkung, denn der Hund hat schon lange gelernt, vor dem Trottoirabgang stehenzubleiben
Auf der Straße:	Bügeldruck rechts (zur Rechtswendung)
Am Ende der Baustelle:	Stopp-Einwirkung und anschließender Bügeldruck rechts
Trottoiraufgang:	Keine Einwirkung; der Hund muß von sich aus den Trottoiraufgang anzeigen
Auf dem Trottoir:	Keine Einwirkung; der Hund muß von sich aus nach links wenden und weitergehen

Die Einwirkungen sind nur nötig, bis der Hund die Wendungen selbständig ausführt.

Erst wenn der Hund die Baustellen auf dem rechtsseitigen Trottoir korrekt umgeht, dürfen wir mit Baustellen auf dem linksseitigen

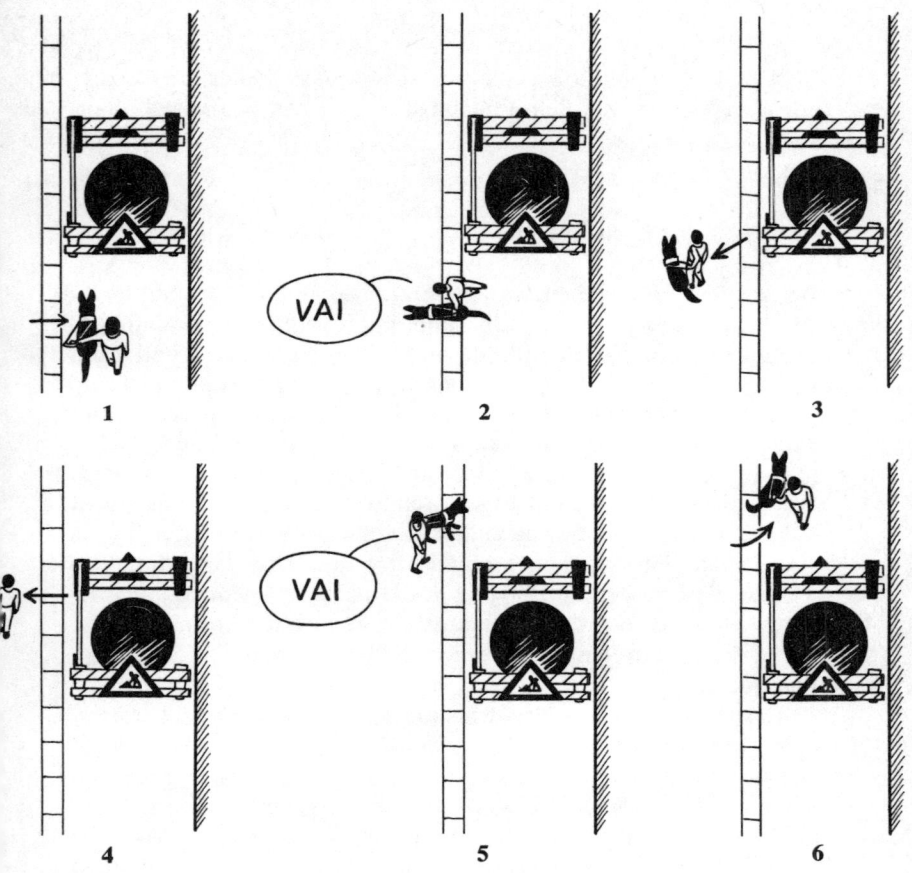

1. Unmittelbar vor der Baustelle nimmt der Ausbilder eine Stopp-Einwirkung vor, mit anschließendem Bügeldruck links.
2. Der Hund hat bereits gelernt, vor Trottoirrändern anzuhalten; deshalb ist keine Einwirkung mehr nötig. Der Hund wartet auf das VAI, bevor er die Straße betritt.
3. Nach dem Betreten der Straße drückt der Ausbilder den Bügel nach rechts.
4. Am Ende der Baustelle übt der Ausbilder wiederum einen Bügeldruck nach rechts aus.
5. Der Hund verweist durch Stehenbleiben den Trottoiraufgang und wartet auf das Hörzeichen VAI.
6. Der Hund wendet sich von sich aus nach links und führt auf dem Trottoir weiter. Es sind weder Hörzeichen noch Einwirkungen nötig.

Trottoir beginnen. Dort geben wir zuerst auch wieder die entsprechenden Impulse mit dem Führbügel, bis er von sich aus die Baustelle richtig umgeht.

Wechsel der Straßenseite

Bei größeren Baustellen, wo ein Entlanggehen auf der Straße zu gefährlich wäre, ist die Überquerung der Straße signalisiert. Natürlich kann dies der Blinde nicht sehen, und der Hund kann nicht lesen. Man darf deshalb auch vom besten Führhund nicht erwarten, daß er weiß, wann er der Baustelle entlang gehen und wann er die Straßenseite wechseln soll. Wenn der Blinde Glück hat, ist jemand anwesend, der ihn darauf aufmerksam macht. Wenn nicht, ist es auch nicht sehr schlimm, wenn er ein Stück weit auf der Fahrbahn geht, nachdem er vor dem Betreten der Straße eine ruhige Verkehrsphase abgewartet hat. Dies ist jedoch ein Thema, das bei der Einführung des Hundes mit dem Blinden besprochen wird. Bei der Ausbildung geht es nur darum, daß der Hund lernt, auf ein entsprechendes Hörzeichen die Straße zu überqueren.
Vorerst lassen wir den Hund bis knapp an die Baustelle herangehen. Dort hat er bereits gelernt, in möglichst rechtem Winkel gegen den Trottoirrand zu gehen und dann anzuhalten. Nun geben wir nicht das Hörzeichen VAI zum Weitergehen, sondern PASSARE zum Überqueren. Dies ist für den Hund nichts Neues. Er wird deshalb normal überqueren, auf der andern Seite vor dem Randstein stehen bleiben und unser Hörzeichen zum Weitergehen nach links oder nach rechts abwarten. Danach geht es weiter, bis die Baustelle hinter uns liegt. Dann wird angehalten, gewendet und die Straße wieder mit PASSARE überquert und anschließend ohne Hörzeichen in der ursprünglichen Richtung weitergegangen.

Führen auf Straßen ohne Trottoir

Die Meinungen, ob ein Blinder mit seinem Hund auf Straßen ohne Trottoir auf der linken oder rechten Seite gehen soll, gehen auseinander. Der Slogan «Links gehen, Gefahr sehen» hat für den Blinden nicht die gleiche Bedeutung wie für den Sehenden, denn er sieht die Gefahr ja nicht. Da ließe sich sagen, daß der Hund ja sehe und dementsprechend ausweichen könne. Das kann er und wird es auch tun, aber ist der Blinde immer in der Lage, ihm sofort nachzufolgen, wenn das Ausweichen im letzten Moment erfolgt, z. B. wenn sich gleichzeitig zwei Fahrzeuge auf der Straße neben dem Führgespann kreuzen? Benützt er die rechte Straßenseite, kann dasselbe passieren, nur steht dann noch der Hund zwischen dem vorbeifahrenden Fahrzeug und dem Blinden. So möchte ich sagen, daß für die Sicherheit des Blinden das rechtsseitige Gehen eher zu empfehlen ist. Bei regem Verkehr jedoch können die von hinten kommenden Fahrzeuge den Hund verunsichern. Folglich weicht er zu sehr aus oder hält bei jedem sich nähernden Fahrzeug an. Damit ist ein zügiges Vorankommen nicht mehr möglich.
Erfahrungsgemäß führen die meisten Hunde lieber auf der linken Straßenseite. Aus dieser Sicht könnte man sagen: Dann lassen wir sie auch dort führen. Trotzdem aber meine ich, daß jeder Führhund auch auf der rechten Straßenseite führen können muß. Beides hat Vor- und Nachteile. So kann dann später der Blinde je nach Umständen selbst entscheiden, auf welcher Seite er gehen möchte, und er kann dann auch je nachdem einen Seitenwechsel vornehmen.
In der Schweiz müssen auf einer Straße ohne Trottoir alle Fußgänger am linken Straßenrand gehen (Art. 47 VRV). Angesichts dieser gesetzlichen Vorschrift und der Neigung des Hundes, lieber dem linken Straßenrand entlang zu führen, sollte wenigstens in der Schweiz der gesetzlichen Bestimmung Folge geleistet werden.

Rechtsseits: DA PARTE

Es empfiehlt sich, die meisten Hunde zuerst das Rechtsgehen, das DA PARTE zu lehren, denn wie erwähnt ziehen die meisten Hunde die linke Straßenseite vor. Würden wir das zuerst mit ent-

sprechenden Übungen fördern, hätten wir es nachher weit schwerer, ihm auch noch das Rechtsgehen beizubringen.
Es handelt sich hier einmal mehr um eine Übung mit Hörzeichen. Damit entsteht bekanntlich eine Mann-Verknüpfung, die während der Führarbeit so gut wie möglich vermieden werden muß. Wir üben deshalb vorerst das rechtsseitige Gehen an der Leine:
Wir suchen uns eine ruhige Landstraße ohne Gehsteige aus. Dort starten wir mit dem angeleinten Hund mitten auf der Straße. Wir lassen den Hund neben uns hergehen, sagen nichts und warten darauf, bis er ans linke Straßenbord zieht. Dies wird er früher oder später tun, denn dort gibt es für ihn interessante Gerüche. Es ist jedoch bei sehr kontaktfreudigen Hunden auch möglich, daß sie schön bei Fuß gehen. In solchen Fällen verführen wir den Hund dazu, auf die linke Seite zu gehen, indem wir selbst diese Richtung einschlagen. Sobald der Hund seine Aufmerksamkeit auf etwas Fremdes richtet, geben wir einen kurzen Leinenruck und begeben uns auf die rechte Straßenseite. Folgt uns der Hund auf diese Einwirkung hin, sagen wir DA PARTE und setzen unseren Weg rechtsseits der Straße fort.
Etwas später wird der Hund wiederum versuchen, die linke Straßenseite zu erreichen. Wir folgen ihm. Sobald er dort anlangt, geben wir wieder einen Ruck mit der Leine und überqueren die Straße schräg nach vorne, dem rechten Bord entgegen, wobei wir nochmals das Hörzeichen DA PARTE geben. Dabei ist zu beachten, daß dieses Hörzeichen nie in Verbindung mit dem Leinenruck erfolgt, sonst erreichen wir, daß dieses Zeichen stellvertretend für den Leinenruck wirkt, was nicht erwünscht ist. Wir wollen keinen Hund, der dem Hörzeichen aus Furcht gehorcht, sondern weil damit etwas Angenehmes verbunden ist; in unserem speziellen Falle wäre es das Weitergehen neben dem Ausbilder auf der rechten Straßenseite. Dieser Eindruck des angenehmen Gehens auf der rechten Seite wird stärker, je unangenehmer es links ist. Eine dem Hund bekannte Person hilft uns, indem sie den Hund auf der linken Straßenseite zu sich lockt. Wir lassen ihn gewähren und uns zur Versuchsperson hinziehen. Alles weitere ist bekannt: Leinenruck – Wendung nach rechts – Straße schräg überqueren, dabei Hörzeichen DA PARTE – rechtsseits den Weg fortsetzen.
Nun können wir dazu übergehen, auf der linken Seite der Straße mit dem Hörzeichen DA PARTE zu starten und gegen rechts abzuschwenken. Sollte der Hund uns nicht folgen, wiederholen wir

das DA PARTE und gehen schneller nach rechts. Damit locken wir den Hund, uns zu folgen. Tut er dies, wird er lobend gestreichelt unter ständigem Weitergehen. Folgt er uns nicht, gehen wir mit dem Hund weiter, als ob nichts geschehen wäre, und versuchen es wie am Anfang mit einem vorausgehenden Leinenruck in einem Moment, da der Hund von uns abgewendet ist und somit unsere Bewegungen nicht sieht.

Sobald der Hund an der Leine auf DA PARTE der rechten Straßenseite zustrebt, können wir ihn anschirren und die Übungen im Geschirr wiederholen.

Linksseits: DI LATO

Bekanntlich gibt der Hund sanftem Druck nach. So wollen wir für das Linksgehen nach diesem Ausbildungsgrundsatz arbeiten. Wir starten, auch wieder mit angeleintem Hund, auf der rechten Straßenseite. Dann geben wir das Hörzeichen DI LATO und wenden nach links, den Hund am Kopf oder an der Schulter ganz sanft nach links stoßend. Diese Übung täglich während 2 bis 3 Wochen angewendet, wird dazu führen, daß der Hund auch auf DI LATO selbständig und sofort reagiert und linksseits der Straße weitergeht. Nach diesem Erfolg kann auch mit dem angeschirrten Hund geübt werden.

Sowohl bei den DA PARTE- als auch bei den DI LATO-Übungen ist zu beachten, daß zwischen den Übungen stets ein Unterbruch von mindestens einem Tag eingehalten wird.

Ausweichen bei parkierten Fahrzeugen

Diese Übung auf Landstraßen oder Straßen ohne Trottoirs ist vergleichbar mit den Übungen an Baustellen. Das Vorgehen ist ähnlich:

a. Bis knapp an das Auto heranführen lassen
b. Stopp-Einwirkung
c. Ausweicheinwirkung nach links oder rechts
d. dem Fahrzeug entlang gehen
e. am Ende des Fahrzeugs Stopp-Einwirkung
f. Rechts- oder Linkseinwirkung
g. Hörzeichen DA PARTE oder DI LATO

1. Der Ausbilder läßt sich vom Hund bis knapp an das Fahrzeug heranführen.
2. In unmittelbarer Nähe des Fahrzeugs erfolgt eine leichte Stopp-Einwirkung.
3. Damit der Hund nach links ausweicht, übt der Ausbilder einen Bügeldruck nach links aus.
4. Der Hund führt ohne weiteres dem Fahrzeug entlang weiter.
5. Am Ende des Fahrzeugs stoppt der Ausbilder den Hund durch Bügeldruck nach vorne.
6. Damit sich der Hund wieder zum Straßenrand wendet, drückt der Ausbilder den Bügel nach rechts.
7. Schließlich gibt der Ausbilder das Hörzeichen DA PARTE, damit der Hund am rechten Straßenbord weiterführt.

Mit der Zeit werden die Einwirkungen mit dem Führbügel nur noch angetönt und schließlich, wenn ersichtlich ist, daß der Hund auch ohne sie reagiert, ganz fallengelassen.

Anhalten vor Querstraßen

Das Anhalten vor Querstraßen ist etwas vom schwierigsten, das dem Führhund beigebracht werden muß. Es ist nirgends ein Hindernis, von dem der Hund den Impuls zum Anhalten bekommen könnte. So bleibt uns nichts anderes übrig, als durch unzählige Wiederholungen der Übung an verschiedenen Querstraßen ohne Trottoirs dem Hund das Anhalten anzugewöhnen.
Wir beginnen mit den Übungen vorerst an stark befahrenen Querstraßen. Dort führen wir vor dem Querverkehr eine Stopp-Einwirkung aus und lassen den Hund mit PASSARE überqueren, sobald sich eine Lücke im Verkehrsstrom bildet. Nach und nach wählen wir Querstraßen mit weniger und zuletzt mit keinem Verkehr.

Nahziel-Führen

Hier hat der Hund auf ein bestimmtes Hörzeichen ein sichtbares Ziel anzuzeigen. Wir lehren ihn dies zuerst auch wieder an der Leine, um mögliche Mann-Verknüpfungen bei der Führarbeit vorzubeugen. Sobald der Hund an der Leine freudig das Gewünschte anzeigt, wird im Geschirr weitergeübt. Jede einzelne Übung muß sorgfältig aufgebaut werden. Eine neue darf erst in Angriff genommen werden, wenn die vorhergehende freudig ausgeführt wird. Die Reihenfolge der nachfolgenden 10 Aufgaben hat sich bewährt; sie muß aber nicht unbedingt eingehalten werden.

Anzeigen einer Sitzgelegenheit: BANCA

Auf das Hörzeichen BANCA muß der Hund die nächstliegende freie Sitzgelegenheit anzeigen, indem er zu ihr hingeht und dort seinen Kopf auflegt.

Anzeigen einer Sitzgelegenheit

1. Mit straff gezogener Leine führt der Ausbilder den Hund in die Richtung des Stuhls. Je mehr sich der Hund dem Stuhl nähert, desto schwächer wird der Leinenzug.

2. Beim Stuhl läßt der Zug ganz nach. Der Ausbilder lenkt den Kopf des Hundes auf die Sitzfläche . . .

3. . . . und streichelt ihm dort das Kinn, in Verbindung mit dem Hörzeichen BANCA.

Der Lehrvorgang ist wie folgt:

Stufe 1

Wir begeben uns mit dem Hund an der Leine zu einer Bank. Wir setzen uns und ziehen den Kopf des Hundes mit der Leine zu uns heran, erfassen ihn mit beiden Händen und drücken ihn sanft und liebkosend auf die Bank. Sobald der Hund dort seinen Kopf ruhig abstützt, sagen wir wiederholend BANCA und kraulen ihn gleichzeitig mit der linken Hand unter dem Kinn. Mit der rechten Hand halten wir das Zughalsband leicht angespannt in die Höhe. Sobald er seinen Kopf von der Bank abhebt, ziehen wir das Halsband leicht an, erheben uns und entfernen uns einige Schritte von der Bank, wobei wir mit jedem Schritt den Zug am Halsband verstärken. Dann gehen wir wieder unter Abschwächung des Zuges auf die Bank zu. Wieder fassen wir den Kopf des Hundes und schieben ihn auf die Sitzfläche, wo wir ihn zärtlich streicheln. Auch wenn der Kopf noch nicht ganz aufliegt, geben wir uns zufrieden. Die Übung ist fürs erste Mal beendet. Wichtig ist die Erfahrung des Hundes, daß es bei der Bank angenehm, von ihr weg unangenehm wird.

Diese Übung wird, mit Pausen von mindestens einem Tag, so lange wiederholt, bis der Hund etwa 10 Sekunden mit seinem Kopf auf der Sitzfläche ausharrt. Dann folgt die

Stufe 2

Wir stellen auf einem freien Platz einen Stuhl hin. Dann holen wir den angeleinten Hund, ziehen die Leine straff und gehen auf den Stuhl zu. Je mehr wir uns ihm nähern, desto schwächer wird der Zug der Leine. Beim Stuhl lenken wir den Kopf des Hundes mit der Leine auf die Sitzfläche, wo wir ihn am Kinn streicheln und dabei wiederholt das Hörzeichen BANCA sagen.

Auch diese Übung wird in Abständen von mindestens einem Tag so lange wiederholt, bis der Hund am Stuhl seinen Kopf auf die Sitzfläche legt.

Stufe 3

Wir benützen jetzt verschiedene Sitzgelegenheiten zum Üben. Sobald wir uns einer solchen nähern, geben wir das Hörzeichen BANCA und ziehen anschließend die Leine an. In den meisten Fällen wird der Hund beim Anziehen der Leine sofort darauf zusteuern. In diesem Fall lassen wir mit dem Zug sogleich nach und folgen ihm, damit er uns durch Auflegen seines Kopfes den freien Sitzplatz richtig anzeigen kann.

Perfektes Anzeigen einer Sitzgelegenheit — *hier in einer Gartenwirtschaft*

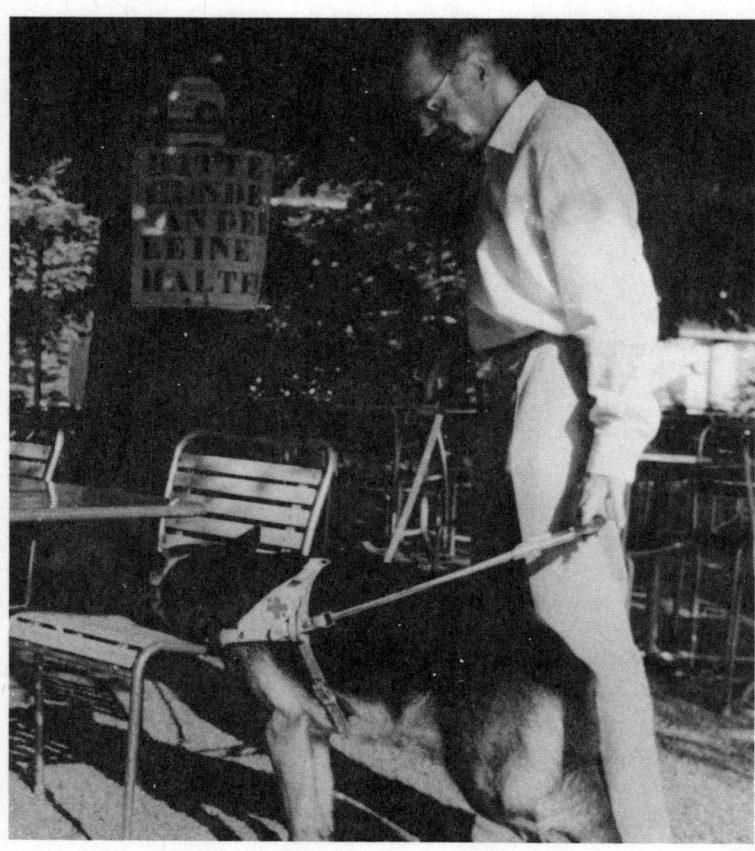

Sollte in Ausnahmefällen der Hund nicht wie geschildert reagieren, muß auf eine frühere Stufe, die er noch beherrschte, zurückgegangen und neu begonnen werden.
Das Prinzip dieser Lehrmethode besteht darin, dem Hund das Gefühl zu vermitteln, daß auf das Hörzeichen BANCA über das Halsband eine unangenehme Einwirkung erfolgt, der er aber entgehen kann, wenn er auf die erstbeste Sitzgelegenheit zusteuert und dort den Kopf auflegt.
Sobald das Anzeigen von Sitzgelegenheiten jeder Art an der Leine klappt, können wir dazu übergehen, die Übungen mit angeschirrtem Hund zu absolvieren. Dies auch zuerst an einem bestimmten Übungsplatz und später bei jeder sich bietenden Gelegenheit, z. B. in Restaurants und in Parkanlagen.

Anzeigen einer Türe: PORTA

Die Aufgabe des Hundes besteht darin, daß er auf das Hörzeichen PORTA die nächstgelegene Türe anzeigt, indem er an sie herangeht und seine Nase gegen die Türklinke richtet.
Es gibt verschiedene Möglichkeiten, dem Hund das Anzeigen einer Türe beizubringen. Er lernt beispielsweise sehr schnell, was PORTA bedeutet, wenn wir etwas Eßbares an die Türklinke hängen und uns von ihm dorthin führen lassen. Aus der Sicht des Hundes bedeutet dann PORTA gleich viel wie essen. Wenn wir vor einer Türe stehen und PORTA sagen, erinnert er sich, daß er auf dieses Hörzeichen hin jeweils an einer Türklinke etwas Eßbares fand und es auch essen durfte. Er wird uns deshalb sofort zur Türe hinführen und die Türklinke beschnuppern, womit er für uns seine Aufgabe erfüllt hätte. Diese Methode kann aber bei manchen Hunden unliebsame Nebenwirkungen haben. Nehmen wir an, daß auf dem Weg zur Türe zufällig etwas Eßbares auf dem Boden liegt. Wir sagen PORTA. Der Hund weiß nur, daß PORTA «essen» bedeutet. Also geht er hin und will das auf dem Boden Liegende verschlingen. Das aber müssen wir ihm verbieten. Anschließend sagen wir nochmals PORTA. Der Hund weiß sehr genau, daß auch auf der Türklinke noch etwas liegt. Durch den Tadel, den er kurz zuvor erhielt, jedoch verunsichert, wagt er sich nun nicht mehr zur Türe hin. So bekäme das Hörzeichen PORTA für den Hund gerade die gegenteilige Bedeutung, nämlich die Türe

zu meiden. Dann müßte die Übung wieder neu aufgebaut und dem Hund beigebracht werden, daß er die Belohnung an der Türklinke in jedem Fall bekommt, sich aber nicht um das auf dem Boden Liegende kümmern darf. Negativ kommt dazu, daß der Hund später beim Blinden die Türklinken nicht mehr zuverlässig oder gar nicht mehr anzeigt, weil keine Häppchen mehr daran hängen. Es ist deshalb besser, wenn wir uns eine andere Ausbildungsmethode einfallen lassen.

Ich nenne das Lernen mit Leckerbissen «Lernen durch positive Erfahrungen». Die Alternative dazu ist das «Lernen durch negative Erfahrungen». Diese Erfahrungen werden weit weniger schnell vergessen oder durch neue Erfahrungen in der gleichen Situation ersetzt als positive.

Aufgrund dieser Erkenntnisse geht es jetzt darum, dem Hund durch negative Reize, in Verbindung mit dem Hörzeichen PORTA, das Türanzeigen beizubringen. Dabei gehen wir wie folgt vor:

Stufe 1

Wir begeben uns mit dem angeleinten Hund und einer ihm bekannten Person auf eine Türe zu, die in der nächsten Zeit von niemandem benützt werden wird. Zirka 5 m davor halten wir an, die Hilfsperson geht zur Türe, öffnet diese, geht durch und schließt sie wieder hinter sich. Den Hund als Rudeltier drängt es dazu, der Person zu folgen, und sein Ziel ist zwangsläufig auch die Türe. Wir kommen seinem Wunsch nach und lassen uns zu ihr hinziehen. Die Leine mit dem Zughalsband ist ziemlich straff angezogen. Je näher wir der Türe kommen, desto schwächer wird der Zug. Angekommen, lenken wir den Kopf des Hundes sanft unter den Türgriff und streicheln ihn dort. Sobald der Hund versucht, von der Türe wegzugehen, lassen wir ihn gewähren, ziehen aber sofort die Leine wieder an. Wir gehen etwa 4 m mit ihm von der Türe weg mit stärker werdendem Leinenzug, kehren wieder um und nähern uns der Türe erneut mit schwächer werdendem Zug. Dann folgt wieder das sanfte Hindrücken des Hundekopfes unterhalb des Türgriffs mit anschließendem zärtlichem Streicheln. Auch wenn der Hund nur 3 Sekunden ruhig verharrt, brechen wir die Übung mit SED ab. Die Hilfsperson öffnet die Türe, kommt heraus, und es geht wieder gemeinsam an den Ausgangspunkt zurück.

Schutz und Sicherheit mit Risa

(von Margrit Bünter, Winterthur/ZH)

Meine Erinnerung an Erlebnisse mit Tieren reicht in meine früheste Kindheit zurück. Es lag daher für mich nahe, als Begleiter und Mobilitätshilfe einen Führhund zu wählen.
Obwohl ich als Kind stark kurzsichtig und das Sehvermögen praktisch nur auf einem Auge korrigierbar war, fühlte ich mich kaum behindert. Jedenfalls besuchte ich die Regel- oder Normalschulen und erlernte, wie es sich für ein Mädchen gehörte, die Haushaltführung, dann den Beruf einer Manufakturwaren-Verkäuferin. Hernach arbeitete ich in verschiedenen Sparten des kaufmännischen Sektors, und vor der neuen Berufswahl war ich während einiger Jahre als Sekretärin in einer Pfarrei tätig.
Man kannte mich damals auch als «rassige» Autofahrerin. Lebenslustig und unternehmungsbegeistert erfüllte ich mir in der Freizeit mancherlei Wünsche: Ausflüge ins In- und Ausland, Wanderungen in der Bergwelt, in Feld und Wald.
Immer wieder begegneten mir Menschen mit ihren vielfältigen Problemen. Meist hörte ich ihnen zu. Mir fehlte aber das Wissen, um weiterhelfen zu können. So beschloß ich, berufsbegleitend die Schule für Sozialarbeit zu absolvieren. Diese Ausbildung – sie dauerte vier Jahre – machte mich auf meine Lebensgestaltung und auf meine Probleme aufmerksam und drängte mich zur konstruktiven Auseinandersetzung mit ihnen. Kurz vor der Diplomierung, als alle Arbeiten schon abgeschlossen waren, passierte es – und eine neue Lebenschulung begann.
Erst seit meiner akuten Netzhautablösung im Jahre 1980 fühle ich mich sehbehindert. Seit 1982 nahm mein wiedergewonnenes relatives Sehvermögen ab. Vor zwei Jahren kam dann eine Fuchs'sche Makuladegeneration dazu, die mich endgültig zwang, den weißen Stock als Hilfsmittel einzusetzen. Ich mußte lernen, mich immer

Zur vorhergehenden Seite:

Anzeigen von Türen (vgl. auch Seite 207)
Risa zeigt Türen gerne an. Dies ist für Frau Bünter sehr wichtig, denn als Sozialarbeiterin macht sie öfter auch Hausbesuche. Sie ist alleinstehend und besorgt ihre Einkäufe und ihren Haushalt selbst.

wieder mit den neuen Sehverhältnissen abzufinden und damit umzugehen. In jener Zeit legte ich nur noch die allernotwendigsten Wege zurück, sowohl im privaten wie im beruflichen Bereich. Spaziergänge wurden immer seltener, vor allem meine geliebten Bummeleien im Wald. Ich hatte Angst, denn manchmal stand plötzlich jemand neben oder vor mir.

Seit dem Sommer 1986 ist allerdings meine Führhündin Risa bei mir, so daß sich meine Lebensqualität wieder wesentlich erhöhte. Dank ihr kann ich mich draußen wieder entspannter und freier bewegen. Im Gedränge der Menschen auf Bahnhöfen, in der Stadt und beim Einkaufen komme ich sicher und ziemlich rasch voran. Sie zeigt mir Hindernisse an oder umgeht sie elegant. Ich kann erneut Spaziergänge und Wanderungen unternehmen, ohne dauernd auf einen Begleiter warten zu müssen. Und da ich seither auch nicht mehr belästigt wurde, bedeutet Risa für mich nicht nur Führung, sondern auch Schutz und Sicherheit. Wir sind bereits zu einem guten Gespann geworden, und zusammen bewältigen wir problemlos die Wege zur Arbeit und zurück, zu Hausbesuchen bei Klienten, zu Einkäufen usw. Ich möchte Risa, meine treue Gefährtin, nicht mehr missen.

Eine vertrauensstärkende Begebenheit: Ich fuhr wieder einmal von Luzern herkommend mit dem Zug im Hauptbahnhof Zürich ein. Ich fühlte mich verwirrt, denn ich war bis zum Anhalten in ein Gespräch vertieft gewesen. Mit Risa verließ ich den Bahnwagen. Ich konnte mich nicht orientieren. Auf mein Kommando hin führte mich Risa ans Ende des Bahnsteigs. Ich rätselte, ob ich nun nach rechts oder links abbiegen mußte, um zu Gleis 15 zu kommen. Eben wollte ich einen Passanten fragen, als ich spürte, daß Risa zielsicher weiterging – und mich zu Gleis 15 führte, wo bereits der Zug nach Winterthur wartete. Mein Herz schlug höher vor Freude. Durch dieses Erlebnis wurde mein Vertrauen zu Risa noch stärker: Ich kann mich auf sie verlassen!

Noch etwas: Risa und ich sind eben von einer Wanderwoche in den «Cinqueterre» zurückgekehrt, und zwar heil, was nicht selbstverständlich ist. Beim Wandern hatten sich zwei Mitglieder der Gruppe einen Fuß verstaucht. Risa mußte in der italienischen Bahn den ihr so verhaßten Maulkorb tragen. Im Freien allerdings wollte ihn das kluge Tier sofort wieder weghaben. Mit der Erinnerung an viele Begegnungen, an Sonne, Wind, Meer, romantische Landschaften und Orte sind wir zurückgekehrt. Risa führte mich

auch an sehr schmalen und schwierigen Stellen sicher und gut. «Bravo!» (Oder «Brava!»)
An dieser Stelle danke ich allen Blindenhund-Ausbildern für ihre Arbeit und ihre Bemühungen. Mit viel Einfühlungsvermögen und Konsequenz führen sie die Hunde dahin, wo wir, sehrbehinderte und blinde Menschen, sie übernehmen können.

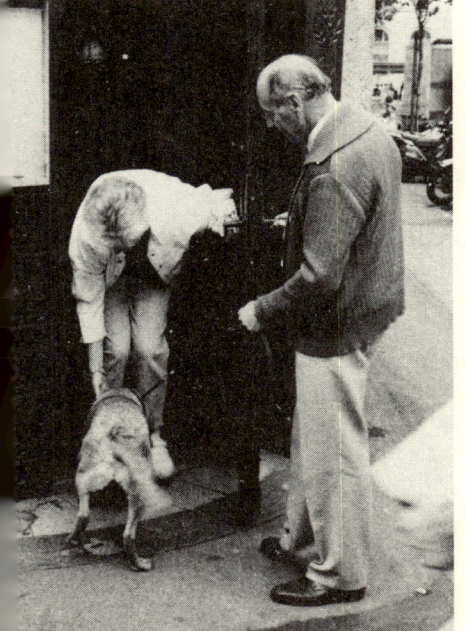

Anzeigen einer Tür

1. *An straffer Leine und mit abnehmendem Zug läßt sich der Ausbilder vom Hund gegen die Türe führen, hinter der sich eine dem Hund bekannte Person befindet.*
2. *Der Ausbilder erfaßt die Türklinke erst, nachdem der darunter stehende Hund diese eine Weile betrachtet hat.*
3. *Die Hilfsperson öffnet die Türe und darf vom Hund begrüßt werden.*

Stufe 2

Nach mindestens einem Tag Unterbruch wiederholen wir die Übung von Stufe 1 mit dem Unterschied, daß die Hilfsperson bereits schon hinter der Türe auf unser Kommen wartet. Alles andere wiederholt sich wie zuvor.

Stufe 3

Wieder mindestens einen Tag später begeben wir uns erneut zur Türe, diesmal ohne Hilfsperson und wiederholen die Übung. Sobald der Hund beim Anziehen der Leine die Bereitschaft zeigt, in Richtung Türe zu gehen, lassen wir sofort mit dem Zug nach und ziehen erst wieder an, wenn er versucht, von der Türe wegzugehen.

Stufe 4

Nochmals zwei Tage später wiederholen wir Stufe 3, wobei unmittelbar vor dem Zug an der Leine das Hörzeichen PORTA ertönt und wir den Leinenzug nur noch leicht markieren. Der Hund wird jetzt von selbst der Türe zustreben, denn er weiß, daß er damit dem unangenehmen Leinenzug entgehen kann.

Stufe 5

Wir wiederholen in den nächsten Tagen die Stufe 4. Sobald wir beobachten, daß der Hund schon auf das Hörzeichen PORTA der Türe zustrebt, haben wir unser Ziel erreicht. Der Leinenzug ist dann gar nicht mehr nötig. Der Hund hat gelernt, daß auf das Hörzeichen PORTA der Leinenzug kommt, aber auch, daß er ausbleibt, wenn er den Türgriff anzeigt. Jetzt geht es noch darum, die Anzeigedauer zu verlängern, d.h. der Hund muß mindestens 10 Sekunden mit seinem Fang unterhalb des Türgriffs ruhig stehen bleiben.

Stufe 6

Sobald die Übungsstufe 5 an der Leine einwandfrei klappt, machen wir diese Übung auch im Führgeschirr. Sollte es da nicht mehr funktionieren, muß ab Stufe 3 mit angeschirrtem Hund, jedoch ohne den Führbügel zu halten, neu aufgebaut werden.

Perfektes Türanzeigen

Nachdem der Hund die Türe angezeigt hat, lassen wir den Führbügel los, suchen mit der *rechten Hand* den Kopf des Hundes und gelangen dabei an den Türgriff. Wir öffnen die Türe mit der *rechten Hand*. Beim Durchgehen lassen wir den vorderseitigen Türgriff los, um den rückseitigen zu erfassen.
Bei Türen mit linksseitigem Türgriff bietet das Durchgehen und Schließen keinerlei Probleme. Der Hund kann uns zu unserer Linken ungehindert folgen.
Bei Türen mit rechtsseitigem Türgriff machen wir beim Durchgehen eine volle Drehung (360°) nach links. Auch der Hund muß dabei diese Drehung mitmachen. Am Anfang wird er dabei Schwierigkeiten haben, doch nach einigem Üben wird er sie bewältigen.

Anzeigen eines Billettschalters: BILLETA

Auf das Hörzeichen BILLETA hat der Hund alle Arten von Schaltern, sei es bei der Bahn, Post, Bank etc. anzuzeigen. Das Hörzeichen wird nach dem Passieren der Eingangstüre zur Schalterhalle gegeben. Dann muß der Hund uns zum Schalter hinführen und dort kurz hochstehen.
Diese Aufgabe wird auch wieder nach dem Prinzip «Lernen durch negative Erfahrung» aufgebaut.

Stufe 1

Wir begeben uns mit dem angeleinten Hund in eine leere Schalterhalle, damit wir bei unserer Übung niemanden stören und selbst auch nicht gestört werden. Nach dem Passieren der Türe ziehen wir die Leine fest an und bewegen uns direkt auf den Schalter zu. Während des Hingehens lassen wir langsam mit dem Leinenzug nach. Am Schalter angekommen, hört der Zug ganz auf. Dann nehmen wir die Vorderbeine des Hundes und heben sie auf die Schalterkante. Der Hund wird kurz in dieser Aufrechtstellung bleiben und dann versuchen, wieder auf den Boden hinunterzukommen. Wir verhindern dies mit der Leine, die wir hochziehen. Sobald der Hund versucht, die Schalterkante wieder zu erreichen, lassen wir mit dem Zug sofort nach und streicheln ihn in dieser

Stellung. Danach beenden wir die Übung mit SED und verlassen die Schalterhalle wortlos.

Stufe 2

Wir beginnen die Übungsstufe 2 gleich wie die Stufe 1. Vor dem Schalter jedoch heben wir die Vorderbeine des Hundes nicht mehr hoch, sondern ziehen sofort die Leine in die Höhe. Aus der Erfahrung bei der ersten Stufe wird der Hund je nach Härte sofort auf den Zug hin seine Vorderbeine auf der Schalterkante abstützen, um sich aus der unangenehmen Situation zu befreien. Diese Übung wiederholen wir mit eintägigen Unterbrüchen so lange, bis wir feststellen, daß der Hund schon beim geringsten Zug an der Leine dem Schalter zustrebt. Dann geben wir das Hörzeichen BILLETA. Dasselbe passiert am Schalter, wobei wir den Hund nach dem Hörzeichen streicheln. Wichtig bei dieser Übung ist, daß das Hörzeichen nie vor, sondern erst nach dem Leinenzug gegeben wird.

Stufe 3

Nach 3 bis 5 Wiederholungen der Übung von Stufe 2 sollte der Hund in der Lage sein, nur auf das Kennzeichen BILLETA hörend den Schalter anzuzeigen. Sollte er dies nicht tun und woanders hinstreben, ziehen wir sofort die Leine an und lenken ihn gegen den Schalter, während der Zug an der Leine immer schwächer wird.

Stufe 4

Sobald der Hund ohne weitere Einwirkungen mit der Leine zum Schalter geht, erfolgt der Übergang zum Führgeschirr. Sollte es dabei Probleme geben, gehen wir zur Stufe 1 zurück, wobei wir den Hund angeschirrt lassen, den Führbügel aber nicht halten.

Stufe 5

Sobald das Anzeigen des Schalters am gewohnten Übungsort problemlos klappt, können wir auch weitere Schalter in andern Ge-

Perfektes Anzeigen eines Billettschalters

bäuden anzeigen lassen, wobei vorerst immer versucht wird, mit dem Hörzeichen allein auszukommen. Gelingt uns dies nicht, brechen wir die Übung ab und versuchen es anderntags nochmals. Es kann sein, daß irgend etwas den Hund von seinem üblichen Verhalten ablenkt und daß es anderntags ohne weiteres klappt. Erst wenn dies nicht der Fall ist, müssen wir einige Ausbildungsstufen zurück und dort wieder neu anknüpfen.
Schließlich sind es zwei Faktoren, die für das sichere Anzeigen von Schaltern maßgebend sind: Einerseits die unangenehme Erfahrung des Hundes, wenn er den Schalter nicht anzeigt, und andererseits die vielen Wiederholungen der Übung, die ihm zur festen Gewohnheit werden.

Anzeigen von Personentransportmittel: TAXI

Unter «Personentransportmittel» sind alle Verkehrsmittel auf Schiene und Straße, aber auch Personenaufzüge (Lifte) zu verstehen.
Die Aufgabe des Führhundes besteht darin, daß er seinen Meister auf das Hörzeichen TAXI zum Transportmittel hinführt und dort den Einstieg oder Eingang anzeigt. Den Einstieg bei der Eisenbahn zeigt er an, indem er die Vorderfüße auf das unterste Trittbrett stellt. Beim Bus oder bei der Straßenbahn genügt es, wenn er vor der Kontaktstufe stehenbleibt.
Der Lehrvorgang wickelt sich gleichermaßen ab wie beim Anzeigen des Schalters. Wir beginnen die Übung auf einem Bahnhof vor einem wartenden Zug. Es werden kaum so viele Übungen nötig sein wie beim Anzeigen des Schalters (BILLETA), denn der Hund weiß nun sehr schnell, was er tun muß, um dem ersten Leinenzug zu entgehen. Außerdem wird es ihm leichtfallen, den Einstieg eines Eisenbahnwagens anzuzeigen, denn er ahnt eine angenehme Reise mit dem Zug. Dafür ist es allerdings noch zu früh; dies wird erst im nächsten Kapitel behandelt.
Die nachfolgende Reihenfolge der Anzeige-Übungen mit vorerst nicht angeschirrtem Hund verspricht guten Erfolg:

1. Tag: Wir begeben uns mit dem Hund an der Leine 5 – 10 m vor einen Eisenbahnwagen. Dann ziehen wir die Leine an und lenken den Hund zum Einstieg, wobei der Zug an der Leine schwächer wird, je näher wir herankommen. Beim Einstieg hört der Zug ganz auf. Danach erfassen wir den Hund an beiden Ellbogen und stellen seine Füße auf das Trittbrett. Dort wird er gelobt. Die Übung endet mit SED auf dem Bahnsteig.

2. Tag: Die Übung beginnt wie am Vortag: 5 – 10 m vor dem Bahnwagen ziehen wir die Leine an und lenken den Hund unter Abschwächung des Leinenzugs zum Einstieg. Dort wird der Hund mittels der Leine kurz hochgezogen, damit er mit seinen Vorderpfoten auf das unterste Trittbrett zu stehen kommt. Sobald die Pfoten des Hundes das Trittbrett berühren, muß die Leine gelockert werden. Der Hund wird gelobt. Die Übung endet mit SED auf dem Bahnsteig.

3. Tag: Die Übung des Vortages wird wiederholt, wobei zweimal das Hörzeichen TAXI gegeben wird: Das erste Mal bei lockerwerdendem Zug auf dem Weg zum Einstieg; das zweite Mal, wenn der Hund mit seinen Vorderpfoten das Trittbrett berührt. Die Übung endet mit SED auf dem Bahnsteig.

4. Tag: Die Übung des Vortages wird wiederholt, wobei das Hörzeichen TAXI bereits beim Start, also einige Meter vor dem Eisenbahnwagen gegeben wird. Der Leinenzug wird nur noch leicht angetönt und verstärkt sich nur dann, wenn der Hund eine falsche Richtung einschlägt. Vor dem Trittbrett geben wir das Hörzeichen TAXI noch einmal. Auch hier wird die nachfolgende Einwirkung mit der Leine nur noch angetönt oder ganz weggelassen, falls der Hund auf das Hörzeichen richtig reagiert, d. h. mit den Vorderpfoten das Trittbrett anzeigt. Die Übung endet mit SED.

5. Tag: Die Übung des Vortages wird bei der Straßenbahn wiederholt.

6. Tag: Die Übung des 4. Tages wird beim Bus wiederholt.

7. Tag: Die Übung des 4. Tages erfolgt bei einem Personenwagen. Hier ändert sich die Situation beim Anzeigen, denn die Trittbretter fehlen. Wir wiederholen deshalb das Hörzeichen TAXI nicht mehr, sondern sagen als 2. Zeichen vor dem Auto PORTA. Dieses Hörzeichen kennt der Hund bereits, weshalb diesbezüglich nichts Neues gelehrt werden muß.

8. Tag: Für den Personenaufzug ändern wir die Grundübung vom 4. Tag wie folgt:
5 – 10 m vor dem Aufzug geben wir das Hörzeichen TAXI und lenken den Hund mit der Leine sanft gegen den Lift. Dort lassen wir ihn absitzen und betätigen den Bedienungsknopf. Sobald sich die Lifttüre öffnet, betreten wir mit dem Hund den Lift und lassen uns in ein beliebiges Stockwerk führen, wo wir wieder aussteigen.
Die meisten Hunde fahren sehr gerne mit dem Lift. Dies hilft mit, daß sie ihre Aufgabe schnell erfassen.

Es ist durchaus möglich, daß nicht jede Übung einwandfrei klappt. Dann muß die gleiche Übung anderntags wiederholt werden. Es darf nie zu einer weiteren Stufe fortgeschritten werden, bevor die vorhergehende beherrscht wird.

Sobald der Hund an der Leine die verschiedensten Transportmittel sicher anzeigt, dürfen wir ihn anschirren und uns von ihm zu ihnen hinführen lassen.

Einsteigen in ein Personentransportmittel: ENTRA

Beim Einsteigen in ein Transportmittel lassen wir dem Hund den Vortritt. Eine Ausnahme bildet das Einsteigen in einen Personenwagen.

Die Reihenfolge der Übungen für das Einsteigen ist dieselbe wie beim Anzeigen der Transportmittel (TAXI). Wir üben also zuerst bei einem Eisenbahnwagen, wo niemand ein- oder aussteigt. Dann folgen Straßenbahn, Bus, Auto und Personenaufzug.

Wir lassen uns vorerst vom Hund zum Einstieg führen. Nachdem er uns das Trittbrett angezeigt hat, lassen wir den Führbügel los. Die Leine halten wir leicht angespannt über dem Kopf des Hundes. Dann geben wir einen kurzen Leinenruck nach vorne, worauf

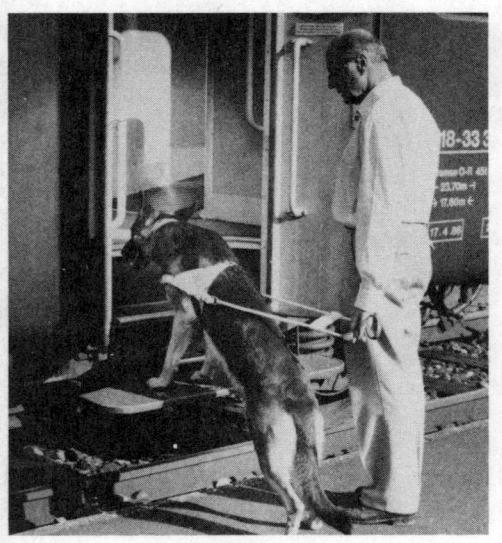 

1 2

Einsteigen in Eisenbahn oder Straßenbahn
1. Bei der Eisenbahn zeigt der Hund den Einstieg an, indem er die Vorderbeine auf das Trittbrett stellt.
2. Es ist aber auch nicht falsch, wenn er vor dem Trittbrett stehen bleibt. Bei der Straßenbahn, wo die Türen automatisch schließen, ist es sogar besser.

der Hund bestimmt die nächste Stufe hochgehen wird, was wir sofort mit aufmunterndem BRAVA loben. Oben angekommen, öffnen wir die Eingangstüre, gehen durch und erfassen wieder den Führbügel. Danach lassen wir den Hund mit dem Hörzeichen BANCA einen freien Platz suchen und anzeigen.
Am nächsten Tag wird diese Übung am gleichen Ort wiederholt, wobei wir den Leinenruck nur noch antönen und gleichzeitig das Hörzeichen ENTRA geben.
In den folgenden Tagen führen wir das bei Straßenbahn und Bus durch.
An einem weiteren Tag üben wir das Einsteigen in ein Auto. Dabei gehen wir wie folgt vor:
Nachdem uns der Hund die Autotüre angezeigt hat, lassen wir ihn davor absitzen. Dann steigen wir zuerst ein und achten darauf, daß er uns nicht sofort, sondern erst auf das Hörzeichen ENTRA folgt.

Wenn wir vorne neben dem Fahrzeugführer Platz nehmen, lassen wir den Hund zwischen unseren Beinen absitzen oder abliegen. Bevor wir die Autotüre schließen, kontrollieren wir, ob der Schwanz des Hundes nicht eingeklemmt werden kann.
Es gibt Taxifahrer, die nicht wollen, daß der Hund vorne einsteigt. Deshalb müssen wir auch das Einsteigen mit dem Hund im hinteren Teil des Wagens üben. Das Vorgehen ist das gleiche. Im Innern müssen wir besonders darauf achten, daß der Hund nicht auf den Sitz steigt, sondern sich am Boden hinlegt. Um ihm dies zu erleichtern, müssen wir unsere Beine anziehen, bevor wir ihm mit ENTRA das Einsteigen erlauben.

Anzeigen der Ausgänge: FUORI

Die Aufgabe des Hundes besteht hier darin, daß er auf das Hörzeichen FUORI seinen Meister zur Ausgangstüre eines Transportmittels oder Lokals führt.
Auch hier üben wir gleich wie beim Anzeigen des Einstiegs. Die Übung beginnt in einem leeren Eisenbahnwagen:
Wir erheben uns vom Sitz, ziehen die Leine des Hundes an und führen ihn zum Ausgang, wobei wir beim Näherkommen die angespannte Leine nach und nach lockern. Beim Ausgang läßt der Leinenzug ganz nach.
Das Vorgehen bei den nächsten Übungen: Bei Beginn wird anstelle des Leinenzuges das Hörzeichen FUORI angewendet. Die Leine wird nur angezogen, wenn der Hund nicht der Ausgangstüre zustrebt. Wir lassen uns auch schon nach der zweiten Übung vom angeschirrten Hund zur Türe führen. Dort angekommen, lassen wir den Führbügel los und passieren den Ausgang. Auf der Plattform vor dem Abstieg geben wir dem Hund das Hörzeichen FERMA. Danach gehen wir, ohne die Leine loszulassen, zwei Stufen hinunter und wieder zurück. Damit wollen wir einem Vorprellen des Hundes entgegentreten. Danach geben wir das Hörzeichen PIEDE und steigen zusammen mit dem Hund aus. Unten angekommen beenden wir die Übung mit SED.
In Lokalen begeben wir uns zuerst ebenfalls mit dem angeleinten Hund zum Ausgang, wobei wir wie bekannt mit der Leine einwirken. Bei der zweiten Stufe ersetzen wir die Einwirkung durch das Hörzeichen FUORI und bei der dritten Stufe lassen wir uns vom

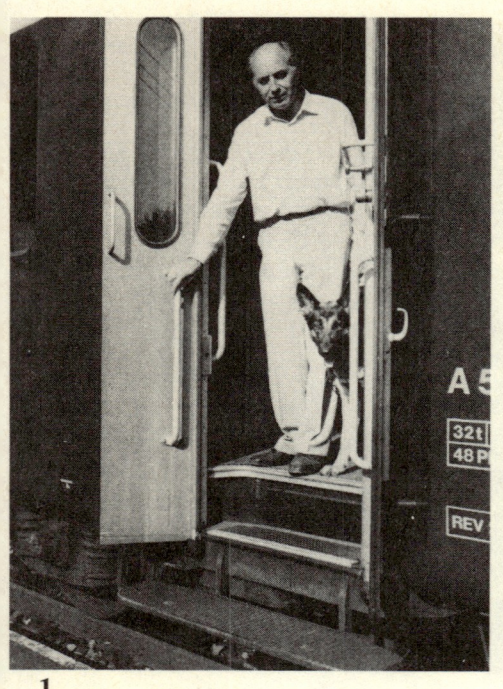

1

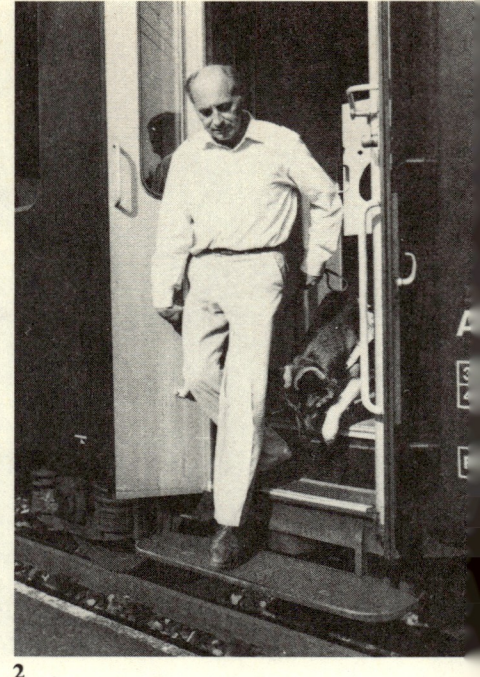

2

angeschirrten Hund zur Ausgangstüre führen. Selbstverständlich wird auch hier wie bei jeder andern Übung mit SED und nachfolgendem Lob abgeschlossen.

Aussteigen aus einem Eisenbahnwagen oder aus der Straßenbahn
1. *Durch Stehenbleiben zeigt der Hund den Ausgang an.*
2. *Der Ausbilder steigt zuerst aus. Der Hund folgt, sobald dieser die unterste Stufe betritt.*
3. *So erreichen beide miteinander den Bahnsteig.*

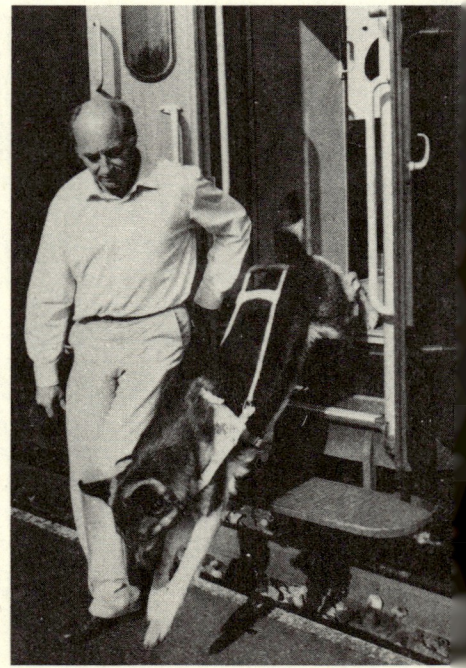

3

1 2

Anzeigen der Treppen: SCALA

Auf das Hörzeichen SCALA hat der Hund die nächstgelegene Treppe anzuzeigen. Er tut dies, indem er davor stehenbleibt. Bei aufwärtsführenden Treppen stellt er die Vorderpfoten auf die erste Stufe, bei abwärtsführenden an den Treppenrand.
Das Ausbildungsprinzip besteht wieder darin, daß der Hund lernt: An der Treppe vorbeigehen ist unangenehm, zu ihr hingehen ist dagegen schön. Auf diesem Prinzip wurden bisher alle Anzeigeübungen aufgebaut. Um eine Mann-Verknüpfung in Verbindung mit dem Führen zu vermeiden, erfolgten die unangenehmen Einwirkungen bis anhin soweit als möglich ohne Führgeschirr. Von jetzt an aber dürfen wir es wagen, auch mit Geschirreinwirkung zu arbeiten.

Anzeigen der Treppe
1. *Treppe aufwärts zeigt der Hund an, indem er mit den Vorderpfoten auf der ersten Stufe stehen bleibt.*
2. *Treppe abwärts verweist der Hund durch Stehenbleiben am Treppenrand; dieses Stehenbleiben verstärkt der Ausbilder durch Zug am Führgeschirr nach vorne. Der Hund lernt, diesem Zug zu widerstehen.*

1. Übungsort

Als ersten Übungsort wählen wir eine Wegstrecke, auf der sich eine aufwärtsführende Treppe befindet, an der man aber auch vorbeigehen kann. Wir starten auf diesem Weg in Richtung Treppe. 5 bis 10 m vor der Treppe geben wir das Hörzeichen SCALA. Dies bedeutet für den Hund noch gar nichts. Wir lassen uns weiter führen. Der Hund wird an der Treppe vorbeigehen, denn für ihn bedeutet sie ein Hindernis. Beim Vorbeigehen machen wir eine überraschende Stopp-Einwirkung mit anschließender Lenkung des Hundes zur Treppe. Dort lassen wir ihn mit den Vorderpfoten die erste Stufe betreten, tönen eine leichte Stopp-Einwirkung an, lassen den Führbügel fallen, streicheln den Hund und sagen liebevoll SCALA anstelle von BRAVA. Dann sagen wir RESTA und entfernen uns einige Meter. Wir kommen wieder zurück und beenden die Übung mit SED.

Mit diesem Vorgehen lernt der Hund vorerst, daß er der unangenehmen Einwirkung entgehen kann, wenn er angesichts einer Treppe nicht daran vorbeigeht, sondern ihr zustrebt und dort wartet. Mit der Zeit lernt er noch dazu, daß er auf die kommende Einwirkung aufmerksam gemacht wird. Dieses Warnzeichen heißt SCALA.

2. Übungsort

Als zweiten Übungsort wählen wir eine Wegstrecke, an der rechts eine Treppe nach oben führt. Dann sagen wir etwa 3 m vor der Treppe: DESTRA-SCALA. Auf der Höhe der Treppe erfolgt die überraschende Stopp-Einwirkung mit sofortiger Lenkung nach rechts, d.h. Bügeldruck rechtsseits. Dann heißt es SCALA. Der Hund wird sich erinnern, daß auf SCALA eine unangenehme Einwirkung kommt, der er aber entgehen kann, indem er zur ersten Stufe der Treppe hingeht und dort wartet. Er wird dies tun. Wir lassen ihn eine Weile stehen und beenden die Übung mit SED und BRAVA.

3. Übungsort

Am dritten Übungsort sollte eine Treppe links nach oben führen. Wir tun genau dasselbe wie am vorhergehenden Ort, doch die Lenkung erfolgt nach links.

4. Übungsort

Eine Wegstrecke, die an einer abwärtsführenden Treppe vorbeiführt. Der Lehrvorgang ist der gleiche wie beim ersten Übungsort, jedoch muß der Hund am Treppenrand anhalten.

5. Übungsort

Ein Weg, an dem sich rechtsseits eine abwärtsführende Treppe befindet. Der Lehrvorgang ist der gleiche wie bei Übungsort 2, wiederum mit dem Unterschied, daß der Hund am Rand stehenbleibt.

6. Übungsort

Eine linksseits abwärtsführende Treppe. Der Lehrvorgang von Übungsort 3 wird übernommen und darauf geachtet, daß der Hund oben am Rand anhält.

Anzeigen der Fußgängerstreifen: ZEBRA

Es gehört zu den schwierigsten Aufgaben des Führhundtrainers, dem Hund das Anzeigen der Fußgängerstreifen beizubringen. Dies vielleicht deshalb, weil ein Fußgängerstreifen für den Hund kein Gebilde ist, das für ihn irgendwelche Bedeutung hat. Dennoch wollen wir versuchen, ihn so weit zu bringen, daß er uns auf das Hörzeichen ZEBRA zum Fußgängerstreifen hin- und danach auf dem Streifen über die Straße führt. Ein stufenweiser Übungsaufbau ist hier besonders wichtig. Außerdem erfolgen alle Übungen mit angeschirrtem Hund:

Stufe 1

Wir beginnen an X-Kreuzungen, wo der Streifen auf der Querstraße nach einwärts versetzt und ein Überqueren neben dem Streifen, wenigstens auf der einen Seite, infolge einer Abschrankung an der Trottoirrundung nicht möglich ist. Die dem Hund bekannte Weg-

strecke muß auf der andern Seite der Kreuzung geradeaus weiterführen.
Sobald der Streifen vom Hund gesehen werden kann, geben wir das Hörzeichen ZEBRA. Der Hund, der die Strecke kennt, wird uns automatisch zum Streifen hinführen und diesen gerade überqueren, da es auf der gegenüberliegenden Seite geradeaus weitergeht. Beim Abbiegen infolge der Abschrankung geben wir leichten Druck mit dem Führbügel gegen diese. Der Druck wird beim Näherkommen an den Streifen immer schwächer und hört beim Streifen ganz auf. Damit lernt der Hund, daß beim Näherkommen an den Streifen die unangenehmen Einwirkungen des Führgeschirrs nachlassen und am Streifen vollständig aufhören. Auf diese Weise soll der Streifen für den Hund eine positive Bedeutung erhalten.

Stufe 2

Wir wählen einen Tag später die gleiche Situation, mit dem Unterschied, daß die dem Hund bekannte Wegstrecke nicht über die Kreuzung, sondern der Querstraße entlang weiterführt. Der Hund wird deshalb gewohnheitsmäßig am Streifen vorbeigehen, denn er weiß noch nicht, was das Wörtchen ZEBRA bedeutet. Unsere Einwirkungen müssen dementsprechend wie folgt ausfallen:
1. Einwirkung: Beim Entlanggehen an der Abschrankung wirken wir gegen diese ein.
2. Einwirkung: Einen Meter nach dem Streifen Stopp- und unmittelbare Rechtsumkehreinwirkung. Danach, falls nötig, Hörzeichen VAI.
3. Einwirkung: Einwirkung für Wenden zum Streifen hin, d. h. Einwirkung zu einer Viertelsdrehung nach links oder rechts. Falls nötig geben wir das Hörzeichen VAI und anschließend ZEBRA, damit der Hund bis zum Streifen weitergeht. Geht er ohne VAI weiter, sagen wir nur noch ZEBRA. Wichtig ist, daß die Hörzeichen nie während der Einwirkung, sondern vor oder nachher gegeben werden, damit der Hund lernt, selbständig zu handeln. Danach überqueren wir mit PASSARE, sobald es die Verkehrssituation erlaubt. Sollte der Hund beim Überqueren versuchen, den Streifen zu verlassen,

wirken wir leicht gegendruckerzeugend ein und lenken ihn so auf die Mitte des Streifens zurück, wo es wieder angenehm ist. Die Stufe 2 wird an verschiedensten Stellen, d.h. sowohl rechtsseits als auch linksseits der X-Kreuzung, mit und ohne Abschrankung so oft wiederholt, bis keine Einwirkungen mehr nötig sind. Dann geht es weiter zur nächsten Stufe.

Stufe 3

Wir wählen einen Fußgängerstreifen außerhalb einer Kreuzung, wo links und rechts vor dem Streifen der Zutritt auf die Straße durch eine Abschrankung auf dem Trottoir versperrt ist. Dies ist oft bei Ausgängen aus Schulhausarealen der Fall, damit die Kinder weniger in Versuchung kommen, neben dem Streifen die Straße zu überqueren. Die Straße soll beidseits ein Trottoir haben.
Wir gehen zuerst auf dem linken Trottoir gegen den Fußgängerstreifen zu. Sobald der Streifen für den Hund sichtbar ist, sagen wir: DESTRA – ZEBRA. Dabei betonen wir vorerst DESTRA stärker. Infolge der Absperrung wird er mit der Rechtswendung warten bis zur Lücke vor dem Streifen. Dort geben wir dann das Hörzeichen PASSARE und lassen uns über die Straße führen. Auf der andern Seite geht's mit SINI weiter. Falls der Hund auf das DESTRA – ZEBRA nicht reagiert und am Streifen vorbeigeht, üben wir etwa 1 bis 2 m nach dem Streifen die Stopp-Rechtsumkehreinwirkung aus. Dann geben wir nochmals das Hörzeichen ZEBRA. Wenn der Hund dann selbständig zum Streifen hingeht, ist es gut; wenn nicht, lassen wir ihn vorbeigehen und wirken dann nach dem Streifen wieder mit Stopp-Rechtsumkehr ein. So lernt er, daß es auf das Hörzeichen ZEBRA hin weder vorwärts noch rückwärts weitergeht, sondern nur über den Streifen. Deshalb wird er diesen von sich aus anzeigen, womit wir unser Ziel erreicht haben. Anschließend überqueren wir die Straße auf dem Streifen und wirken entsprechend ein, falls er diesen verlassen will.

Stufe 4

Wir wiederholen die Stufe 3 auf dem rechtsseitigen Trottoir.

Stufen 5 und 6

Die Stufen 3 und 4 werden an Stellen wiederholt, wo sich neben dem Fußgängerstreifen keine Abschrankungen befinden.

Wichtig: Wie bei allen andern Übungen darf auch beim Lernen des ZEBRA nur eine Übung pro Tag erfolgen.

1 2

Anzeigen der Fußgängerstreifen (Seite 226—227)
1. *Auf das Hörzeichen FERMA wendet sich der Hund gegen den Fußgängerstreifen und bleibt am Trottoirrand stehen.*
2. *Auf das Zeichen PASSARE betritt er die Straße . . .*
3. *. . . und überquert sie auf dem Streifen.*

3

Anzeigen der Telefonkabinen: TELEFON

In Dörfern und Städten steigt die Zahl der öffentlichen Telefonkabinen. Meistens befinden sie sich in der Nähe von Verkehrsknotenpunkten. Es gibt sie aber auch auf Trottoirs in ruhigen Wohnquartieren. So wie es für Sehende notwendig sein kann, unterwegs zu telefonieren, besteht dieses Bedürfnis nicht minder für den Sehbehinderten, der ohnehin sehr vieles telefonisch erledigt. Deshalb sollte ein guter Führhund auch eine Telefonkabine anzeigen. Als Hörzeichen dazu verwenden wir das Wort TELEFON.
Der Lehrvorgang ist sehr einfach; wir bauen auf früher Gelerntes, d. h. das Anzeigen einer Türe, auf.
Zuerst wählen wir eine Telefonzelle in ruhiger Umgebung, damit wir beim Üben möglichst nicht gestört werden. Dort lassen wir den angeschirrten Hund etwa drei Meter vor der Türe absitzen. Dann gehen wir in das Häuschen hinein und beobachten den Hund etwa eine Minute. Kein Hund wartet gerne allein. Er sehnt sich nach seinem Meister in der Kabine, und es kostet ihn viel Überwindung, ihm nicht zu folgen. Wenn er es doch tut, verlassen wir die Kabine, erfassen die Leine des Hundes und gehen mit ihm

1

2

3

Anzeigen der Telefonkabinen

1. Auf das Hörzeichen TELEFON führt der Hund den Ausbilder zur nächsten in Sichtweite befindlichen Telefonkabine.
2. Vor dem Türspalt bleibt er stehen. Der Ausbilder fährt mit der Hand vom Kopf des Hundes weg in die Höhe zur Türklinke.
3. Dann öffnet er die Türe und folgt dem Hund in die Kabine.

an den Ausgangspunkt zurück. Dort wenden wir, erfassen das Führgeschirr und geben das Hörzeichen TELEFON – PORTA. Weil die Sehnsucht nach dem Ausbilder in der Kabine noch nicht verebbt ist, wird uns der Hund sofort zur Kabine führen und dort gerne die Türe anzeigen. Danach gehen wir mit dem Hund in die Kabine hinein, wo wir ihn absitzen lassen und zärtlich streicheln. Damit ist die Übung für diesen Tag beendet.

An einem andern Tag, aber am gleichen Ort, lassen wir den Hund wieder etwa drei Meter vor der Telefonkabine anhalten, geben darauf das Hörzeichen TELEFON – PORTA. Im Normalfall wird er uns selbständig zur Kabine führen und deren Türe anzeigen. Dann gehen wir wieder hinein, lassen ihn absitzen und ein bißchen ausruhen. Falls er keine Lust zeigt, uns zur Telefonkabine zu führen, lassen wir uns von ihm einige Meter von der Kabine wegführen, halten an, legen Führbügel und Leine auf seinen Rücken und gehen ohne Hund in die Kabine. Nach etwa einer Minute Pause holen wir den Hund und gehen mit ihm nur an der Leine zurück in die Kabine, wo wir ihn etwa eine Minute lang liebkosen. Bei diesem Vorgehen geht es darum, den Hund einerseits die negative Valenz des Wartens und anderseits die positive des Zusammenseins in der Kabine erleben zu lassen. So wird er bei der nächsten Übung bestimmt das angenehme Zusammensein in der Kabine dem unangenehmen Alleinsein außerhalb der Kabine vorziehen und uns die Kabinentüre künftig anzeigen.

Bei den nachfolgenden weiteren Übungen wählen wir zuerst neue Orte. Dann vergrößern wir die Distanz zur Telefonkabine, die aber immer noch in Sichtweite bleibt. Dann folgen Anzeigeübungen in belebter Umgebung, und schließlich steigern wir die Anforderungen, indem wir das Hörzeichen TELEFON schon geben, bevor die Kabine sichtbar ist.

Anzeigen der Briefkästen: LETBOX

Mit berechtigtem Stolz zeigte mir einmal ein blinder Freund, wie ihm sein Hund das richtige Postfach beim Postgebäude anzeigt. Jeden Morgen holte er sich seine Post am Postfach ab. Mit Hilfe seiner Frau lernte er den genauen Standort des Postfachs kennen. Durch den sich wiederholenden Gang an diese Stelle wurde es auch für den Hund zur Gewohnheit, jeden Tag dorthin zu gehen.

Nach einiger Zeit wußte er schon beim Weggang von zu Hause, wohin sein Meister wollte, und so zeigte er dann selbständig das Postfach an.

Genauso könnte jeder andere Führhundehalter seinen Hund den Gang zum Briefkasten lehren. Mit der Zeit müßte er dann nur noch beim Weggang von zu Hause den Brief in die Hand nehmen, worauf ihn der Hund zum Briefkasten führen würde.

Wir möchten hier mit der Ausbildung des Führhundes dem Blinden entgegenkommen und den Hund auf das Anzeigen der Briefkästen und Postfächer vorbereiten. Als Hörzeichen dafür benützen wir LETBOX.

Wir beginnen damit, daß wir nur noch in Begleitung des Hundes zum Briefkasten gehen, wobei wir stets das Wort LETBOX sagen. Dasselbe geschieht, wenn wir zum Postfach gehen. Wenn wir selbst keines haben, gehen wir mit dem Hund immer wieder an ein fremdes Fach, auch wieder mit dem Hörzeichen LETBOX.

Beim Briefkasten gehen wir wie folgt vor:

Übung 1

Etwa 10 m vor dem Briefkasten geben wir dem Hund das Hörzeichen FERMA. Dann gehen wir ohne Hund zum Briefkasten. Dort angekommen, warten wir eine Weile und rufen dann den Hund zu uns. Dieser wird freudig kommen, denn es ist für ihn das Ende einer Aufgabe. Wir nützen diese Freude aus und lassen ihn hochspringen, nicht an uns – das darf er nicht, obwohl es ein angeborenes Verhalten des Hundes ist –, sondern am Briefkasten. Das gelingt uns, wenn wir, vor dem Briefkasten stehend, rasch ausweichen. Springt er nicht an uns hoch, weil er weiß, daß dies nicht erwünscht ist, klopfen wir mit der Hand an den Briefkasten und verlocken ihn, LETBOX sagend, an ihm hochzustehen. Sobald er das tut, streicheln wir ihn, wobei wir das Hörzeichen LETBOX wiederholen. Dazu können wir auch noch einen Leckerbissen als Belohnung auf den Briefkasten legen. Wir beenden die Übung mit SED. Einen Tag später folgt

Übung 2

Wir gehen wieder zum gleichen Briefkasten. 10 m davor halten wir an, lassen den Hund warten und gehen allein zum Briefkasten. Dort legen wir einen Leckerbissen auf den Kasten. Dann gehen

Perfektes Anzeigen eines Briefkastens
Auf das Wort LETBOX führt der Hund zum nächsten in Sichtweite befindlichen Briefkasten.

wir zum Hund zurück, ergreifen wieder Leine und Führbügel und geben dem Hund das Hörzeichen LETBOX. Normalerweise wird er uns gerne zum Briefkasten führen, denn er erinnert sich noch an den Leckerbissen des Vortages, den er dort erhielt. Führt er aber nicht zum Kasten, lassen wir ihn einige Meter nach seinem Willen gehen, dann erfolgt die Stopp-Einwirkung mit unmittelbarer Lenkung in Richtung Briefkasten. Danach lassen wir den Hund wieder warten, und die Übung beginnt von neuem, bis er selbständig zum Briefkasten geht. Dort lassen wir ihn am Briefkasten hochstehen und wirken, falls nötig, mit leichtem Hochziehen der Leine ein. Dann kommen wieder das Lob und der Leckerbissen. Danach beenden wir die Übung mit SED.

Übung 3

Die dritte Übung beginnt nach dem gleichen Schema. Nachdem wir 10 m vor dem Briefkasten angehalten haben, geben wir bereits das Hörzeichen LETBOX. Alles weitere geschieht, je nach Notwendigkeit, wie am Vortag.

Weitere Übungen

Die Übung 3 wird am gleichen Briefkasten so oft wiederholt, jedoch stets mit mindestens eintägigen Pausen, bis keine Einwirkungen mehr nötig sind.
Schließlich erfolgen noch weitere Übungen an andern Briefkästen, wenn nötig mit neuem Aufbau, d. h. mit Übung 1 beginnend.
Beim Gang zum Postfach korrigieren wir lediglich mittels Stopp-Einwirkungen jedes Gehen in falscher Richtung und lassen den Hund selbständig herausfinden, was LETBOX auch noch heißt. Wir beschränken uns jedoch auf dieses eine Postfach. Das Anzeigen ist ja als Vorstufe gedacht, falls der Blinde wirklich über ein Postfach verfügt. Die Aufgabe würde dann während der Einführung vollständig gelöst.

Führen im Menschengedränge

Wir nähern uns allmählich dem Ende der Ausbildung. Damit ist auch der Zeitpunkt gekommen, da wir uns in verkehrsreichere Gebiete, in Einkaufsviertel und damit ins Menschengedränge begeben können. Dort ist es dem Hund nicht mehr möglich, zügig voranzugehen, ohne daß der Blinde dabei an andere Passanten anstößt. Zu 90% ist es aber so, daß entgegenkommende und auch stehende Personen den Blinden mit dem Hund kommen sehen und dem Gespann den Weg freigeben. Dies verleitet den Hund dazu, Personen nicht mehr auszuweichen.

Es gibt zwei Situationen, wo es zu Zusammenstößen mit Passanten im Menschengedränge kommen kann:

1. Der Hund geht links an einer stehenden Person vorbei. Im gleichen Moment macht diese einen Schritt zum Hund hin, weil ihr Blick in die Höhe oder sonstwohin gerichtet ist und sie ihn deshalb nicht sieht. Unweigerlich kommt es dann zu einem heftigen Zusammenstoß. Meistens entschuldigen sich diese Leute. Das ist sehr lieb, aber leider ist damit wenig geholfen; bei der nächsten Gelegenheit passiert es wieder. Wir können bei der Ausbildung des Hundes diesen Situationen etwas vorbeugen, indem wir ihn lehren, Personen stets rechts zu umgehen. Dazu brauchen wir eine Hilfsperson. Diese stellt sich auf dem Trottoir so auf, daß der Hund links an ihr vorbeiführen kann. Sobald der Kopf des Hundes auf der Höhe der Hilfsperson ist, macht diese einen Schritt in seine Richtung, während wir gleichzeitig den Hund mit der Leine kräftig gegen die Beine unseres Helfers ziehen. Danach lassen wir ihn rechts vorbeiführen. Ein oder zwei Übungen dieser Art sollten genügen, damit der Hund künftig möglichst niemanden mehr links umgeht.

2. Der Hund geht zwischen zwei Personen durch, weil keine andere Möglichkeit vorhanden ist. Auch das darf er nicht; er muß diese Situation vielmehr durch langsames Gehen oder Stehenbleiben anzeigen, damit der Blinde sich bemerkbar machen kann. Gegen dieses Durchgehen wirken wir mit Bügelstoß nach vorne und Leinenzug nach hinten ein, im Moment, wo er seinen Kopf zwischen den beiden Personen hat. Damit wird er von selbst langsamer gehen. Die erste Einwirkung muß stark sein, damit man die nächsten bei andern Situationen nur noch anzutönen braucht.

1   2

Führen im Menschengedränge

Damit der Hund auch lernt, Personen in genügendem Abstand auszuweichen, muß eine Hilfsperson beigezogen werden, die absichtlich einen Zusammenstoß herbeiführt:

1. Der Ausbilder nähert sich mit dem Hund der Hilfsperson.
2. Im Moment, da der Hund an der Hilfsperson vorbeiführen will, bewegt sich diese gegen den Hund.
3. Der Ausbilder verstärkt die Kollision durch Zug an der Leine gegen die Hilfsperson. Dieses für den Hund unangenehme Erlebnis führt dazu, daß er künftig rechtsseitig stehenden Personen möglichst weit ausweicht.

3

Führen in Warenhäusern

Es lohnt sich auch, sich vom Hund in Warenhäusern herumführen zu lassen. So kann das Umgehen von verschiedensten Hindernissen und auch von Personen geübt werden.

Führen in Bahnhöfen

Auch Bahnhöfe sind gute Übungsplätze für den fertig ausgebildeten Hund. Hier kann auf kleinem Raum eine Vielzahl von Übungen wiederholt und damit der Hund begutachtet werden. Ganz besonders kann dann das Führen im Menschengedränge geprüft werden.

Rolltreppenverweigerung

Infolge der Unfallgefahr (Einklemmen der Krallen) darf der Führhund keine Rolltreppen begehen. Wir müssen ihn deshalb lehren, daß er vor Rolltreppen umkehrt und sich auch nicht zwingen läßt, sie zu betreten.
Es gibt zwei Möglichkeiten, dem Hund die Rolltreppe als verbotenen Ort mit einer unangenehmen Einwirkung einzuprägen:

a. Wir lassen uns vom Hund gegen die Rolltreppe führen. Im Moment, da er sie betreten will, geben wir einen kräftigen Bügelstoß nach vorne und fangen den Stoß gleichzeitig mit Leinenzug nach hinten ab. Anschließend lenken wir den Hund zur Seite und lassen ihn, als sei nichts geschehen, mit VAI weiterführen.
b. Wir lassen den Hund ein bis zwei Stufen der Rolltreppe betreten. Dann lassen wir den Führbügel los und reißen den Hund kräftig rückwärts. Das mag für manche Menschen roh aussehen. Es ist deshalb auch nur bei ganz harten Hunden zu empfehlen. Aber wir können vielleicht damit Schlimmeres verhüten. Wir müssen uns bei all unserem Tun bewußt sein, daß wir die schwere Verantwortung später nur übernehmen können, wenn wir dem Blinden einen wirklich zuverlässigen Hund übergeben.

Rolltreppenverweigerung
Durch eine kräftige Stopp-Einwirkung — Bügelstoß nach vorne bei gleichzeitigem Leinenzug nach hinten — erlebt der Hund die Rolltreppe als etwas Unangenehmes und meidet sie künftig.

Bei beiden Einwirkungen müssen wir später den Hund prüfen. Weicht er der Rolltreppe aus, müssen wir zusätzlich seinen Widerstand herausfordern, indem wir versuchen, ihn gegen die Treppe zu stoßen. Wir lassen ihn gewinnen und loben seine Weigerung.

Verhalten in Aufzug und Transportmittel

Im Lift soll der Hund ruhig stehen bleiben. In andern Personentransportmitteln darf er absitzen oder abliegen. In jedem Fall muß er bei seinem Meister bleiben; andere Personen darf er nicht beachten. Wir können dabei seine Aufmerksamkeit auf uns lenken, indem wir ihn streicheln und so andern Personen zuvorkommen, die das auch tun möchten.

Langsam gehen: COMOD

Stellen wir uns vor, wir zögen einen Fahrradanhänger über einen steinigen Weg. Wir fänden dabei heraus, daß es bei langsamer Gangart weniger holpert und das Gehen angenehmer ist. Genauso wird auch der Hund reagieren, wenn wir ihm über das Führgeschirr die der Wegbeschaffenheit entsprechenden Impulse geben. Deshalb suchen wir eine solche Wegstrecke auf. Kurz vor Beginn des schlechten Weges geben wir das Hörzeichen COMOD. Beim Betreten bewegen wir den Führbügel ruckartig nach vorne und hinten. Die Stärke der Bewegungen muß sich nach der Härte des Hundes richten. Sobald wir wieder auf besserem Weg sind, halten wir den Bügel ruhig. Derart lernt der Hund, auf unwegsamem Gelände langsam zu gehen, und er verbindet dies mit dem Hörzeichen COMOD, das wir ihm vor der Einwirkung gegeben haben. Anderntags geben wir das Hörzeichen COMOD auf einem Weg mit normalem Grund und wirken anschließend wie oben beschrieben mit dem Führbügel ein. Die Strecke, auf der die Einwirkungen erfolgen, sollte am Anfang nicht länger als 50 m sein.

Es folgen weitere Übungen mit jeweils einem Tag Pause. Von Übung zu Übung werden die Einwirkungen schwächer, bis der Hund auf das Hörzeichen COMOD hin von sich aus langsamer geht und das Langsamgehen beibehält. Das COMOD ist stets mit FERMA zu beenden. Dann kann es wieder in normaler Gangart weitergehen.

Schnell gehen: TEMPO

Ein Hund, der einem bestimmten Ziel zustrebt, geht bedeutend schneller als ein Mensch. Wenn er dazu noch etwas ziehen kann, wie z. B. der Schlittenhund, macht es ihm größten Spaß, zu traben oder zu rennen. Ein Führhundehalter wettete einmal mit mir, daß er zusammen mit seinem Hund auf einer 100-Meter-Schnellaufstrecke schneller sei als ich ohne Hund. Sein Hund ließ mich dann zwar knapp gewinnen, wahrscheinlich weil die Sorge um seinen geliebten Partner größer war als der Wunsch, mir zu beweisen, er sei mir punkto Schnelligkeit weit überlegen. Es scheint, daß Hunde manchmal instinktiv vernünftiger sind als wir Menschen. Doch wie dem auch sei, wir möchten die Führhunde nicht zu Schnelläufern ausbilden und damit eine neue Disziplin für die Behinderten-Olympiaden ins Leben rufen. Es gibt indes Situationen, wo es auch der Blinde eilig hat und er eine schnellere Gangart einschlagen möchte. Außerdem ist nichts dagegen einzuwenden, wenn er auf einem hindernisfreien Wegstück einmal einen Schnellauf einschaltet oder auf einem Volksmarsch bei den Besten mithält.
Deshalb lassen wir den Hund ab und zu auch im Führgeschirr traben. Wir beginnen stets mit dem Hörzeichen TEMPO, beschleunigen unseren Schritt und gehen in Laufschritt über. Jeder arbeitsfreudige Hund liebt diese Abwechslung. Er wird sich sofort unserem Schritt anpassen und selbst in Trab übergehen. Zweifellos werden wir schneller ermüden als der Hund, von selbst nach einigen hundert Metern das Tempo verlangsamen und nur noch ein schnelles Gehen beibehalten. Dann beenden wir auch diese Übung mit FERMA. Es ist eine Übung, die kein besonderes Können vom Ausbilder verlangt, höchstens ein bißchen körperliche Kondition. Dem Hund aber bietet sie willkommene Abwechslung.

Warnruf: NO

Auch im Dasein des Führhundes gibt es immer wieder Ereignisse, die das Tier in Spannung versetzen, Gefühle aufwallen lassen und Reaktionen auslösen. So können Artgenossen, andere Tiere oder bestimmte Menschen beim Führhund Lust- oder Unlustgefühle auslösen, worauf eine instinkt- oder erfahrungsbedingte Reaktion folgt. Geschieht dies während der Führarbeit, kann das für den Blinden sehr unangenehm, unter Umständen sogar gefährlich werden.
Deshalb müssen wir ihm die Möglichkeit verschaffen, den Hund vor ablenkenden Einflüssen zu warnen und zum Weiterführen zu bewegen. Das geschieht mit dem Warnruf NO!
Damit der Hund das NO richtig deuten lernt, muß er es mit einem unangenehmen Erlebnis in Verbindung bringen. Dabei ist es vorerst gar nicht nötig, daß dieses unangenehme Erlebnis mit einer unerlaubten Handlung verknüpft wird. Nur die Verknüpfung von NO mit dem Unlusterlebnis ist wichtig, damit später das Kennzeichen NO allein die unlustbetonte Erinnerung auslöst.
Es gibt mancherlei unerwartete Ereignisse für den Hund; z. B. trifft ihn ein Wasserstrahl, ein von einem Baum herunterfallender Ast, oder es knallt plötzlich neben ihm. All dies bewirkt eine Schreckreaktion, ohne daß damit ein körperlicher Schmerz verbunden sein muß. Der Überraschungseffekt allein genügt, um eine Handlung abrupt abzubrechen.
Das Mittel, das wir anwenden, um beim Hund unmittelbar auf den Warnruf NO hin ungesehen und unerwartet einwirken zu können, ist eine etwa 1 m lange dünne Eisenkette. Wir nennen sie Wurfkette. An ihr sind 10 Metallblättchen (5 x 10 cm groß) im Abstand von je 10 cm mit kleinen Ringen befestigt. Sie wird wie folgt angewendet:
Wir gehen mit dem Hund spazieren und lassen ihn frei. Dabei warten wir den Moment ab, da er uns nicht beachtet. Dann sagen wir ein klares NO und werfen ihm die Kette auf den Widerrist. Danach machen wir keine weitere Bewegung. Der Hund wird überrascht zusammenfahren, vor der an ihm hinuntergleitenden, klirrenden Kette flüchten und bei uns Schutz suchen. Wir streicheln und beruhigen ihn, lassen ihn absitzen, nehmen ihn an die Leine und gehen weiter. Um die Kette bekümmern wir uns nicht.

Wir holen sie später, ohne daß dies der Hund sieht. Wenn wir diese Übung drei Mal an verschiedenen Tagen und Orten durchführen, wird der Hund unser NO als Warnruf deuten und sich sofort zu uns begeben, um dem unangenehmen Ereignis, an das er sich erinnert, zu entgehen. Später benützen wir diesen Warnruf zwei bis drei Mal während der Führarbeit, wobei wir die Kette nicht auf den Hund werfen, sondern nur noch zu Boden fallen lassen. Auch jetzt lassen wir sie liegen und holen sie erst, nachdem wir den Hund außer Sichtweite gebracht haben.

Bei der Einführung des Hundes beim Blinden müssen diese Übungen mit der Wurfkette in Verbindung mit der NO-Warnung des neuen Hundehalters wiederholt werden.

Löschen der Geschirreinwirkungen

Wir haben immer wieder durch bestimmte Einwirkungen mit dem Führbügel den Hund zu richtigem Verhalten bewogen. Dazu haben wir ihm, meist ganz unbewußt, durch bestimmte Körperbewegungen auch noch Sichtzeichen gegeben. So hat er gelernt, auf unsere taktilen Zeichen (Hilfen mit dem Führbügel), Sichtzeichen (unbewußte Körperbewegungen) und Hörzeichen (Worte) zu achten und sich entsprechend zu verhalten. Seine Reaktionen erfolgten somit synchron auf Impulse aus drei verschiedenen Sinneskanälen.

Nun möchten wir, daß der Führhund bei der Führarbeit nur noch auf die Hörzeichen achtet und sich nicht durch Impulse, die über den Tast- und Gesichtssinn ins zentrale Nervensystem gelangen, lenken läßt. Es wird unvermeidlich sein, daß später jeder Blinde seinem Hund unbewußt zu den gelernten Hörzeichen auch noch Tast- und Sichtzeichen gibt. Würde der Hund darauf reagieren, ginge dabei viel Gelerntes, das während der Anpassungsphase in den Hintergrund getreten war, wieder verloren.

Unsere Aufgabe besteht nun darin, daß wir − einfach ausgedrückt − alle Sicht- und Tastzeichen, die wir im Laufe der Ausbildung dem Hund mitgaben, wieder löschen. Dies geschieht, indem wir mit Führbügel und Körperbewegungen Impulse geben, die dem Hörzeichen widersprechen. Reagiert der Hund auf Sicht- und

Unterwegs mit Ben und Bright

(von Alfred Gloor, Thalwil/ZH)

Im Jahr 1920 bin ich in der Zürichseegemeinde Horgen auf die Welt gekommen. Vierzehn Monate später bekam ich einen Bruder. Als wir noch Kleinkinder waren, stellte man bei uns beiden bereits eine starke Kurzsichtigkeit fest. Da ich in den ersten Jahren oft erkrankte, war ich kleiner und schmächtiger als mein Bruder. So kam es dann, daß wir miteinander in den Kindergarten und später in die Schule gingen. Schon als Kleinkinder waren wir sehr häufig in der Augenklinik in Zürich. Es flossen oft viele Tränen, da wir manchmal tagelang hingehalten wurden, bis sich alle Studenten unsere Augen angesehen hatten. In diesem Alter verstanden wir nicht, daß sie ja auch lernen mußten. Sonst aber verlebten wir eine schöne Jugendzeit. Da wir außerhalb des Dorfes wohnten, war unser Weg in den Kindergarten recht weit und meistens erlebnisreich. Was dem einen nicht in den Sinn kam, das fiel dem andern ein. So war es nicht verwunderlich, daß wir uns sehr oft verspäteten, was in jener Zeit noch Strafen nach sich zog. Wenn alles nichts half, kriegte man mit dem Lineal Tatzen auf die Hand. Als wir im Frühjahr 1928 in die erste Klasse kamen, ergaben sich die ersten Schwierigkeiten. Unsere Kurzsichtigkeit war so groß, daß wir nur das sahen, was wir direkt vor den Augen hatten. Der Lehrer konnte uns also an der Wandtafel nichts zeigen. Die Schulbehörde sahen ein, daß dieser Zustand unhaltbar war, und so wurde entschieden, uns nach Zürich-Wollishofen in die Blindenschule zu schicken. Dort mußten wir zuerst die Blindenschrift erlernen und das Rechnen im Setzkasten. Für uns Buben war die tägliche Bahnfahrt nach Wollishofen und zurück am schönsten und abenteuerlichsten. Die Schule war für uns gar nicht beschwerlich, denn wir hatten ja keine Hausaufgaben zu erledigen und wußten ohnehin schon, was wir werden wollten. Kondukteur (Schaffner) natürlich: Dann könnte man vom rollenden Zug abspringen und

Zur vorhergehenden Seite:

Baustellen (vgl. auch Seite 195)
An unerwarteten Baustellen zeigt der Führhund seine Verläßlichkeit. Hier muß sich der Blinde ganz der geschickten Führung des Hundes anvertrauen.

beim Anfahren wieder aufspringen. Ich weiß nicht, wer unsern Eltern und der Schule unsere Schulwegfreuden beschrieb; auf alle Fälle wurde die Sache geändert, und wir mußten die ganze Woche über im Internat bleiben. Das tat unserem Wissen und Lernen nur gut. Auch war es sehr von Nutzen, daß wir in den letzten Schuljahren wieder in der Normalschrift Unterricht hatten.
Im Frühjahr 1937 kamen wir aus der Schule. Ich siedelte in das Blindenheim Basel über und absolvierte dort eine Lehre als Gestellkorbmacher. 1942 schloß ich mich zwei normalsehenden Mitarbeitern an und wechselte zur Rohrmöbelindustrie Horst in Steinen (Kanton Schwyz). Von hier aus konnte ich die Wochenenden wieder zu Hause bei meinen Eltern verbringen und hatte gleichzeitig die Möglichkeit, die Zusammenkünfte der Sehbehinderten in Zürich zu besuchen. Dort erfuhr ich, daß im Herbst 1943 ein Kurs in kaufmännischen Fächern durchgeführt werde. Damit ich in dieser Zeit auch etwas Geld verdienen konnte, gab mir der kantonale Blindenfürsorgeverein die Möglichkeit, einige Späterblindete zu Hause im Sesselflechten und Netzeknüpfen zu unterrichten. Dies war für mich eine schöne und lehrreiche Zeit. Bei den Zusammenkünften in Zürich lernte ich zwei sehbehinderte Vertreter kennen, die mit Erfolg für die Seifenfabrik Blidor in Langnau arbeiteten. Da ich bestrebt war, mir eine sichere Lebensgrundlage zu schaffen, entschloß ich mich ebenfalls für den Vertreterberuf. Von der Firma Blidor wurde mir ein Reisegebiet in der Nordostschweiz angeboten. Und so bezog ich im Juni 1944 mein Domizil in Stein am Rhein.
Mit großem Einsatz machte ich mich an die neue Arbeit. Meine wöchentliche Arbeitszeit dauerte 60 bis 70 Stunden. Schon in den ersten Monaten zeigte sich, daß ich mir in diesem Beruf eine ausreichende Existenz aufbauen konnte. 1946 lernte ich meine zukünftige Frau kennen, und im folgenden Frühling gründeten wir unser eigenes Heim. Da ich von der Firma die Aufgabe übernahm, alle neuen Vertreter in ihre Reisegebiete einzuführen, übersiedelten wir 1950 nach Thalwil, wo ich bessere Bahnverbindungen hatte. Mein Reisegebiet lag gleichfalls am Zürichsee. Infolge des grauen Stars verschlechterte sich mein Sehvermögen immer mehr. 1970 entschloß man sich zu einer Staroperation. Nach anfänglichem Erfolg löste sich die Netzhaut, und nach einer mißlungenen Netzhautoperation blieb das Auge dunkel. Auch im andern Auge nahm das Sehvermögen zusehends ab. Da ich Kollegen hatte, die

Führhunde besaßen, entschloß auch ich mich für diese Lösung. Im August 1973 erhielt ich meinen Labradorrüden Ben. Herr Walter Rupp von der Blindenführhundschule in Allschwil brachte mir meinen neuen Freund und begleitete mich zur Einführung während der ersten acht Tage. Als es jedoch darauf ankam, mit meinem vierbeinigen Begleiter allein die Kundschaft zu besuchen, traten erst die eigentlichen Schwierigkeiten auf. Ich weiß noch gut, wie ich eines Abends zu meiner Frau sagte: «Jetzt muß ich nicht nur auf mich allein, sondern auch auf den Hund aufpassen.» Erst von dem Augenblick an, da ich erkannte, daß ich mich vom Hund führen lassen mußte, kam das gute Zusammenspiel. Zwar war ich froh, noch einen ganz kleinen Sehrest zu haben, aber ich mußte lernen, mich ganz meinem Führhund anzuvertrauen. Nur auf diese Weise konnten wir zu einem guten Gespann zusammenwachsen. Wenn Ben entschieden stehenblieb, wollte er mir auf diese Weise ein Hindernis anzeigen. Dies erfuhr ich, als er mich auf mein Kommando hin zu einem Haus führte. Bevor wir zur Haustüre kamen, blieb er stehen. Da ich an kein Hindernis dachte, gab ich ihm den bestimmten Befehl, die Türe zu zeigen. Ben gehorchte, ging etwas vorwärts – und schon war's geschehen. Mit dem Kopf stieß ich an ein Brett, denn das Haus war eingerüstet. Ben hatte mir also ganz korrekt das Höhenhindernis angezeigt.

Mit der Zeit bekam ich immer mehr Freude und Sicherheit mit meinem treuen Führhund. Nach dem dritten oder vierten Umgang im Reisegebiet war er schon so sicher, daß es nicht mehr vieler Kommandos bedurfte. Wenn es Mittagszeit war, brauchte ich nur «Restaurant» sagen, und schon führte er mich auf dem kürzesten Weg zu der Gaststätte, wo wir zu essen pflegten. Und ebensosicher führte er mich am Abend zum Bahnhof. Aber auch zu Hause war er mir ein guter Helfer. In Thalwil und in Zürich konnte ich mit ihm alle Besorgungen verrichten. Es ist etwas Beglückendes, wenn man als Nichtsehender wieder eine solche Selbständigkeit erlangt. Ben war auch in der Freizeit und in den Ferien ein lieber, guter Freund, konnte ich doch mit ihm viele Wanderungen, ja sogar Bergtouren unternehmen.

Ben hing auch sehr an meiner Frau. Als sie einmal im Spital lag, besuchte ich sie alle Tage. Ben mußte natürlich in der Eingangshalle warten, bis ich zurückkam. Zwei Tage vor ihrer Entlassung durfte sie mit der Krankenschwester zu Ben hinunterkommen. Das gab eine Begrüßung! Er sprang hin und her und her und hin durch die sich selbstöffnenden und schließenden Glastüren. Man hörte nur noch die Türen; auf, zu, auf, zu. So groß die Wiedersehensfreude war, so groß war auch die Enttäuschung, als wir wieder allein nach Hause gehen mußten. Als wir anderntags auf die Reise gingen, fing Ben zu hinken an. Es war so schlimm, daß ich zum Tierarzt gehen mußte. Der Arzt fand keine körperliche Störung, vermutete jedoch eine psychische. Als ich ihm die Sache mit dem Spital erzählte, war für ihn alles klar. Solche und viele andere Begebenheiten könnte man noch erzählen. Leider mußte ich Ben – für mich viel zu früh – wegen einer schnell fortschreitenden Krankheit einschläfern lassen. Selbstverständlich war ich bis zuletzt bei ihm. Nun stand ich hilflos da und mußte mir ein Taxi bestellen, um nach Hause zu kommen. Acht Jahre lang war Ben mein treuer Freund und guter Führer gewesen.

Ich war sehr froh und dankbar, daß ich schon nach zwei Tagen wieder einen Hund bekam. Es war ein großer, sehr schöner Labradorrüde namens Bright. Die Wesenszüge der beiden Hunde waren sehr verschieden. Ben war schnell und raschentschlossen. Bright hingegen war sehr langsam, wegen seiner Größe etwas schwerfällig, aber ein lieber Kerl. Ich hatte mit ihm am Anfang sehr große Schwierigkeiten, die Kundschaft zu finden. Meine Ungeduld brachte mir aber gar nichts ein. Nur mit Einfühlungsvermögen und viel Liebe war Bright für seine Aufgabe zu gewinnen. Er brauchte viel Aufmunterung und Geborgenheit. Nach und nach schloß er sich mir ganz an. Ich entdeckte an Bright auch Vorzüge, die Ben nicht besaß. Er war anderen Hunden gegenüber überaus verträglich. Auch die Fußgängerstreifen zeigte er gut an. Ich ging mit ihm oft in den Wald, um Waldläufe zu machen. Das gefiel uns beiden, und er wurde dadurch lockerer. Auf diese Weise wurde auch er ein schneller Hund. So wuchsen wir in der Arbeit und Freizeit zu einem guten Team zusammen. Zweimal verbrachte ich allein mit Bright eine Ferienwoche im Engadin. Das waren für uns beide sehr schöne und erlebnisreiche Wochen. Wenn ich den Rucksack packe, zeigt er jedesmal große Freude. Wenn ich daran denke, mit welchem Elan mich Bright auf den 3200 Meter hohen Piz Languard führte! Von Pontresina stiegen wir in dreieinhalb Stunden 1400 Meter hinauf und in zweieinhalb Stunden wieder hinunter. Das ist von einem Führhund sicher eine Glanzleistung. Dank seiner stattlichen Größe sind ihm noch andere Dinge möglich. So ging ich einmal nach einem Einkauf in Zürich durch die

Halle des Hauptbahnhofs, um zu den Bahnsteigen zu gelangen. Dort muß ich immer jemand fragen, auf welchem Geleise mein nächster Zug nach Thalwil fährt. Es fiel mir auf, daß Bright unkonzentriert war. Ich fuhr ihm mit der Hand über den Kopf, und siehe da, in seinem Maul trug er ein frisch verpacktes Schinkenbrot. Wahrscheinlich hatte er sich diese Wegzehhrung im Vorbeigehen aus einem Verkaufskorb geschnappt. Ähnliches geschah in einem Delikateßgeschäft, als ich Erdbeeren kaufte. Als wir hinausgingen, hatte Bright es sehr eilig, nach Hause zu kommen. Dies ist meist ein Zeichen dafür, daß er wieder etwas erbeutete. Und wirklich hatte er im Geschäft unbemerkt eine große rote Rübe gestohlen. Abgesehen von solch lustigen Zwischenfällen, kann ich sehr gut mit ihm auch in Selbstbedienungsläden einkaufen. Auf das Wort «Fuori» – das heißt «Hinaus» – geht er sofort an die Kasse. Seit bald zwei Jahren bin ich pensioniert, und Bright und ich können das Leben ruhiger gestalten. Aber eines bleibt: Er braucht mich, und ich brauche ihn.

Tastzeichen statt auf Hörzeichen, korrigieren wir ihn mit NEIN.
Wir kennen Einwirkungen oder Hilfen in Verbindung mit einem Hörzeichen und solche ohne Hörzeichen. Einwirkungen in Verbindung mit Hörzeichen erfolgten bei AVANTI und VAI, FERMA, DESTRA, SINI, RITOR, DA PARTE, DI LATO, COMOD und TEMPO sowie bei den Hörzeichen für Nahziele und das Einsteigen. Beim PASSARE gibt es keinerlei Einwirkungen, denn dort ist der Verkehr auf der Straße für das Weitergehen maßgebend. Ohne Hörzeichen erfolgten verschiedene Lenkungen mit Führbügel und Leine, um einem Hindernis auszuweichen.

Wir beginnen mit den Übungen in Verbindung mit Hörzeichen.
AVANTI und VAI:
Wir geben das Hörzeichen mit gleichzeitiger leichter Stopp-Einwirkung. Falls der Hund dabei stoppt statt weiterzugehen, korrigieren wir mit NEIN-AVANTI (nie mit NEIN-VAI).
FERMA:
a. Beim stehenden Hund sagen wir FERMA, ziehen gleichzeitig den Führbügel nach hinten an und machen eine Schrittbewegung nach vorne. Falls der Hund dabei geht, korrigieren wir mit NEIN-FERMA.
b. Beim führenden Hund sagen wir FERMA, lassen das Geschirr fallen, ziehen gleichzeitig mit der Leine nach vorne und machen noch einen Schritt vorwärts. Geht der Hund weiter, heißt es NEIN-FERMA.
c. Beim führenden Hund sagen wir FERMA, lassen als weitere Variante aber den Bügel nicht fallen und gehen weiter. Folgt uns der Hund, heißt es wieder NEIN-FERMA.
DESTRA:
An einer Stelle, wo der Hund sowohl nach rechts als auch nach links abbiegen kann, z. B. nach dem Überqueren der Straße beim Trottoir-Aufgang, geben wir das Hörzeichen DESTRA, drehen uns leicht nach links und wirken zur Linkswendung ein (Bügeldruck links). Folgt der Hund dem Bügeldruck, korrigieren wir mit NEIN-DESTRA.
SINI:
Auch wieder an einer Stelle, wo der Hund beidseits ab- oder einbiegen kann, geben wir das Hörzeichen SINI, drehen uns leicht nach rechts ab und wirken gleichzeitig mit Bügeldruck rechts zur Rechtswendung ein. Wenn der Hund dem Bügeldruck folgt, korrigieren wir mit NEIN-SINI.

RITOR:
Wir geben das Hörzeichen RITOR und verführen, mit einem Schritt nach vorne, den Hund zum Weitergehen. Geht er weiter, folgt die Korrektur NEIN-RITOR.

DA PARTE / DI LATO:
Hier sind die Einwirkungen dieselben wie bei DESTRA und SINI, und damit ist auch das Vorgehen dasselbe, mit dem Unterschied, daß die Übungen auf einer Straße ohne Trottoirs erfolgen.

COMOD / TEMPO:
Bei COMOD und TEMPO verzichten wir auf die Löschung der Geschirr-Einwirkungen, denn es könnte vorkommen, daß später der Blinde auf unwegsamem Gelände ab und zu stolpert, dabei die Stoßbewegung ausführt und damit den Hund zu noch langsamerem Gehen veranlaßt, was der Situation entsprechen würde. Bei TEMPO soll sich der Hund den Schritten seines Meisters anpassen. Deshalb gibt es hier nichts zu korrigieren.

Hörzeichen für Nahziele und ENTRA:
Wir gehen bei allen Hörzeichen zum Anzeigen der Nahziele so vor, daß wir nach dem entsprechenden Hörzeichen den Hund mit Führbügel und / oder Leine und Körperbewegung vom Ziel weglenken und wieder, falls er sich weglenken läßt, mit NEIN + Hörzeichen korrigieren.

Bei allen Korrekturen ist darauf zu achten, daß unmittelbar auf das Korrekturzeichen NEIN das entsprechende Hörzeichen folgt, z. B.

NEIN-AVANTI und nicht NEIN ----- AVANTI.

Mit diesen Übungen wiederholen wir gleichzeitig all das Gelernte und sichern damit die Ausführung der verschiedenen Aufgaben.

Von nun an dürfen keinerlei Geschirreinwirkungen mehr erfolgen.

Damit sind wir am Ende der Ausbildung mit dem Ausbildungs-Führgeschirr. Die nachfolgenden Übungen erfolgen im Benützer-Führgeschirr. Dieses Geschirr wird zusammen mit dem Hund abgegeben.

Fernziel-Führen:
Zurück zum Ausgangspunkt: CASA

Ich kenne bis jetzt noch keinen Führhundehalter, der sich nicht wenigstens einmal verirrte, aber dank seinem Hund wieder den Heimweg fand.
Es ist enorm wichtig, daß wir den Führhund lehren, zum Ausgangspunkt zurückzukehren. Der Ausgangspunkt kann das Zuhause sein, ein Hotel, wo man sich vorübergehend aufhält, ein Parkplatz, wo man geparkt hat und von dort zu Fuß weggegangen ist, ein Bahnhof usw.
Der Lehrgang gestaltet sich wie folgt:
Beim Lernen des Begriffs APPORT gaben wir dem Hund einen mit Fleisch gefüllten Beutel, den er nach Hause tragen und dort dessen Inhalt an seinem Schlafplatz verzehren durfte. Wir bedienen uns nun wieder dieses Beutels. Wir nehmen ihn beim nächsten Weggang von zu Hause mit. Vor dem Rückweg geben wir dem Hund das Hörzeichen CASA, nehmen den Beutel hervor und geben ihm diesen zu tragen. Auf dem Weg nach Hause geben wir nur noch Hörzeichen für das Überqueren der Straße. Sollte er eine falsche Richtung einschlagen, korrigieren wir mit NEIN-DESTRA oder NEIN-SINI und fügen noch CASA an. Zu Hause angelangt, lassen wir uns zum Schlafplatz des Hundes führen, wo wir uns den Beutel mit DAI übergeben lassen. Danach geben wir dem Hund den feinen Inhalt und sagen nochmals CASA. Damit bedeutet CASA für ihn soviel wie Fleisch, das man bei der Rückkehr verzehren kann.
Wir wiederholen diese Übung an den folgenden Tagen; dies so lange, bis auf dem Heimweg keine Korrekturen mehr nötig sind.
Bei den folgenden Übungen legen wir vor dem Weggehen den mit Fleisch gefüllten Beutel, für den Hund sichtbar, auf dessen Schlafplatz. Die Folge davon wird sein, daß er nur unwillig von zu Hause weggehen wird. Um so schneller aber wird er heimkehren, wenn er das Wörtchen CASA hört; denn er wird vor seinem geistigen Auge das Bild des Beutels auf seinem Schlafplatz sehen und sich von diesem Bild nach Hause leiten lassen.
Damit sind wir aber immer noch nicht zufrieden. Nun wiederholen wir die gleichen Übungen in der Stadt von einem Parkplatz, wo unser Fahrzeug steht, und von einer Tram- oder Busstation

Zurück zum Ausgangspunkt
Bei jeder Heimkehr läßt der Ausbilder den Hund etwas tragen und gibt ihm das Hörzeichen CASA. So lernt der Hund schnell, daß er zum Ausgangspunkt zurückgehen muß.

aus, an der wir ausgestiegen sind. So lernt jeder Hund, uns auf das Hörzeichen CASA von jedem beliebigen Punkt aus zum Ausgangspunkt zurückzuführen.

Abschlußübungen mit Augenbinde

Es ist ein Unterschied, ob der Hund einen Sehenden oder einen Nicht-Sehenden führen muß. Der sehende Ausbilder wird seinen Hund immer wieder, wenn auch unbewußt, lenken. Dies hat zur Folge, daß der Hund bei ihm einwandfrei führt, selbst wenn der Ausbilder vorübergehend seine Augen schließt oder sie mit einer Augenbinde verdeckt. Unbewußt gibt er ihm leichte Hilfen mit dem Führbügel oder richtet sein Gehtempo nach der sichtbaren Umgebung, indem er beispielsweise vor dem Anhalten vor Kreuzungen seinen Schritt leicht verlangsamt. Dies alles sind Vorzeichen für den Hund, daß etwas Bestimmtes folgt.
Deshalb sind folgende Übungen mit der Augenbinde durchzuführen:

1. Übung: auf dem Lande mit Überlandstraße (Übungen mit DI LATO und DA PARTE), Feldwege mit seitlichen Fahrzeugrinnen und Grünstreifen in der Mitte, schmaler Waldpfad mit herabhängenden Ästen, Bodenunebenheiten, Wasserlachen, Kreuzungen ohne Randstein, Abschrankungen mit schmalem Durchgang für Fußgänger, Wildwechsel
2. Übung: in gebirgiger Gegend auf Bergpfaden mit rechtsseitigen Abhängen, Holzstege über Wildbäche, Alpweiden, Steilhänge mit schmalen Fußwegen, Bergkämme
3. Übung: in einem Bauerndorf mit schmalen Trottoirs und Wegen ohne Trottoirs, vorbei an Hofhunden, Hühnerhöfen, Dorfbrunnen
4. Übung: in ruhigem Wohngebiet mit Straßenüberquerungen, Kreuzungen, übergehend auf belebteres Gebiet mit Fußgängerstreifen, ampelgeregelten Kreuzungen, Straßenbahn- oder Busfahrt, Treppen, Unterführungen, Stangenhindernisse, Leitern, Drehtüren

5. Übung: im Einkaufsviertel, Menschengedränge, Lift, an Rolltreppen, im Warenhaus und Selbstbedienungs-Center
6. Übung: belebter Bahnhof: Anzeigen des Billettschalters, des Einstiegs in Eisenbahnwagen, des Taxis, der Telefonzelle, des Briefkastens; Überqueren von Straßen zwischen parkierten Fahrzeugen; Anzeigen von Fußgängerstreifen
7. Übung: Besuch eines Tierparks, eines Tea Rooms mit Anzeigen von Türe, Sitzgelegenheit und Ausgang
8. Übung: Stadtgebiet mit Baustellen: Umgehen von Baustellen entlang der Fahrbahn, Umgehung mit Überqueren der Fahrbahn, Durchgang durch Baustelle auf Bretterweg etc.
9. Übung: Spezielle Übungen an Höhenhindernissen wie Fahrradständer-Vordach, Garage-Kipptor, Fensterläden, Sonnenstoren, Lieferwagenrückspiegel, Hebebühne bei Lastwagen; Langsam- und Schnellgehen
10. Übung: Hindernisparcours mit Querbalken, Flaschenparcours, Bretter, Höhenhindernis, Schlauch, Stangen

Jede Übung ist sorgfältig zu planen und sollte ohne menschliche Begleitung erfolgen. Der Ausbilder soll sich dabei bewußt werden, daß er sich nur während 10 Tagen vom Hund blind führen lassen muß. Der Blinde muß es sein ganzes Leben lang. Wenn der Ausbilder Angst hat, soll er daran denken, daß der Blinde sie auch hat, jeden Tag von neuem, und trotzdem gibt er nicht auf. So darf auch ein Ausbilder nie aufgeben und seinen Mut nie verlieren, auch wenn er ab und zu an sich, an seiner Berufung zweifelt. Gerade dies scheint mir ein Zeichen, daß er seine Aufgabe ernst nimmt und verantwortungsbewußt ist.

Wir sind damit am Schluß dieses Leitfadens für die Ausbildung des Führhundes angelangt. Was hier vermittelt wurde, bildet zwar eine umfassende Grundlage. Doch erst mit wachsender Erfahrung erreicht der Ausbilder jenen Wissensstand, der zur professionellen Ausübung seiner Arbeit unerläßlich ist. Dabei ist zu beachten, daß jeder Hund seinen eigenen Charakter hat, unterschiedlich schnell lernt und überdies nicht auf jede Lehrmethode gleich anspricht. Deshalb ist es auch nicht möglich, eine alles umfassende, für jeden Fall gültige Anleitung niederzuschreiben. Erst die Erfahrung mit verschiedenen Hunden schult den Ausbilder. Da er seine eigenen

Fehler am wenigsten sieht, wäre es gut, wenn er so oft als möglich mit der Video-Kamera beim Ausbilden und ganz besonders bei den Schlußübungen mit der Augenbinde im Bild festgehalten würde. Er wird überrascht sein, wie viel er immer noch an sich selbst zu arbeiten hat. Schließlich ist es doch so, daß jeder Fehler des Hundes zuerst beim Ausbilder und nicht beim Hund gesucht werden muß. Deshalb gibt es keine Strafe für den Hund beim Nichtkönnen einer Aufgabe, sondern ein Nachdenken beim Ausbilder und ein Einfühlen in die Welt des Hundes einerseits, in das Dasein des Blinden andererseits.
Schließlich möchte ich noch auf zwei wichtige Punkte hinweisen.

1. *Nachtübungen:* Es ist selbstverständlich, daß der Hund auch bei Nacht führt. Deshalb ist es wichtig, daß man mit ihm öfter auch übt, wenn es dämmert und dunkel ist.
2. *Freilauf:* Einmal pro Tag sollte der Hund an einem bestimmten Ort frei gelassen werden, damit er sein Bewegungsbedürfnis befriedigen kann. Dies geschieht am besten abends vor der Nachtruhe. Mindestens einmal in der Woche sollte er auch mit Artgenossen, die er kennt, spielen können.

8. Qualifikation des Führhundes

Eine umfassende Beurteilung des Führhundes am Ende seiner Ausbildung liegt sowohl im Interesse des Blinden und des Kostenträgers als auch des Ausbilders. Dem Blinden und dem Kostenträger wird damit bescheinigt, einen qualifizierten, den Kosten entsprechenden Führhund zu erhalten. Der Ausbilder wird von seiner enormen Verantwortung entlastet und damit frei für einen Neubeginn mit einem andern Hund.

Bei einer sorgfältigen Beurteilung des Hundes werden auch Schwächen erkannt, die sich der Blinde besonders merken muß, damit er sich nach ihnen richten kann. Gibt es einmal Probleme mit dem Hund, kann das Qualifikationsblatt Hinweise geben, wo die Ursache des Fehlers liegen könnte.

Einen Führhund prüfen und qualifizieren kann nur jemand, der schon selbst Führhunde ausgebildet und beim Blinden eingeführt hat. Um ein möglichst klares Bild des Hundes zu erhalten, empfiehlt es sich auch, ihn in einer ihm bekannten wie auch in einer fremden Umgebung zu prüfen. Außerdem ist es von Vorteil, wenn der Hund den Experten nicht kennt.

Die Qualifikation des Führhundes umfaßt folgende Kriterien:

a. Physischer Zustand
b. Psychischer Zustand
c. Grunderziehung
d. Appell und Führigkeit
e. Führleistung

Das Vorgehen bei der Prüfung muß dem Experten, der über das nötige Fachwissen verfügt, überlassen werden. Es muß ihm auch freigestellt werden, sich beim Züchter und früheren Haltern des Hundes, beim Ausbilder und allenfalls auch beim Tierarzt über den Hund zu erkundigen. Es ist selbstverständlich, daß dies auf dem Qualifikationsblatt entsprechend vermerkt wird.

Das nachfolgende derartige Blatt darf als Fähigkeitsausweis des Führhundes betrachtet werden. In diesem Sinne wird es dem Blinden mit dem Hund übergeben. Eine Kopie davon ist in jedem Fall im Dossier des Hundes beim Experten aufzubewahren.

Qualifikationsblatt des Blindenführhundes

Name und Geschlecht des Hundes: ....
Alter: .... Gewicht: ....
Rasse: .... Tätowier-Nr. ....
Impfdaten: .... Tierärztl. Zeugnis ....
....

Kriterium:	Beurteilung		
	gut	befrie-digend	unbefrie-digend

Physischer Zustand:
— Größe
— Gewicht
— Haarkleid
— Muskulatur
— Gelenke
— Gangwerk
— Pfoten
— Augen
— Ohren
— Gebiß
— Rutenhaltung
— Verdauung
— Futterverwertung
— Speichelfluß
— Atmung
— Exkretion:
  — Kot
  — Harn
— Körpertemperatur
— Witterungsempfindlichkeit
— Allg. Empfindlichkeit
  (physische Härte)
— Hitzerhythmus bei Hündinnen:
  — Verhalten vor der Hitze
  — Verhalten während der Hitze
  — Verhalten nach der Hitze
  — Scheinträchtigkeit			

Kriterium:	Beurteilung		
	gut	befrie-digend	unbefrie-digend

Psychischer Zustand:
 — Hemmungsfaktor:
   — Tastsinn
   — Gesichtssinn
   — Gehörsinn
   — Geruchssinn
 — Erregungsfaktor:
   — Tastsinn
   — Gesichtssinn
   — Gehörsinn
   — Geruchssinn
 — Temperament
 — Arbeitsfreudigkeit
 — Selbständigkeit
 — Meutetrieb
 — Jagdtrieb
 — Wachtrieb
 — Schutztrieb
 — Fluchttrieb
 — Kampftrieb
 	
 Grunderziehung:
 — Stubenreinheit
 — Versäubern auf Hörzeichen
 — Untugendfrei hinsichtlich:
   — aufsteigen auf Polstermöbel und Betten
   — betteln
   — stehlen
   — benagen von Möbeln und Teppichen
   — aufnehmen von Unrat
   — graben von Löchern
   — aufstehen an Personen
   — weglaufen (streunen)			

Kriterium:	Beurteilung		
	gut	befrie-digend	unbefrie-digend

Appell und Führigkeit:
— auf den Pflegetisch springen
— auf dem Pflegetisch stehen
— Kehrtwendung nach rechts
— sitzen
— Reaktion auf NEIN
— Reaktion auf NO
— herankommen auf Ruf
— auf den Ruheplatz gehen
— warten
— abliegen
— einen Gegenstand tragen
— bei Fuß gehen, angeleint
— Wendungen nach rechts
— Wendungen nach links
— Wendungen rechtsumkehrt
— Wendungen linksumkehrt
 	
Führleistung:
— anhalten bei Absätzen
— hinführen zum Trottoir
— Straße überqueren
— nach rechts abbiegen
— nach links abbiegen
— umkehren
— ausweichen bei Seitenhindernissen
— anhalten vor Bodenhindernissen
— umgehen von Bodenhindernissen
— führen entlang von Abgründen
— verlangsamen bei Boden-
  unebenheiten
— Höhenhindernisse bis 2 m
— verweisen von Fahrzeugen beim
  Straßenüberqueren
— überqueren von Kreuzungen
— Bewältigung von Baustellen
— führen auf Straßen ohne Trottoir			

Kriterium:	Beurteilung		
	gut	befriedigend	unbefriedigend
— Nahzielführen: 　— zu einer Sitzgelegenheit 　— zu einer Türe 　— zu einem Schalter 　— zu einem Personentransportmittel 　— zum Ausgang 　— zur Treppe 　— zum Fußgängerstreifen 　— zur Telefonkabine 　— zum Briefkasten — führen im Menschengedränge — Rolltreppenverweigerung — Verhalten in Lift und Transportmitteln — langsam gehen — schnell gehen — zum Ausgangspunkt zurück			

Bemerkungen:

Ort / Datum:　　　　　　　　Der Experte:

Dieses Qualifikationsblatt sagt nicht aus, mit wievielen «unbefriedigend» der Führhund untauglich ist. Es liegt im Ermessen des Experten, je nach Einsatz des Hundes zu entscheiden, ob er einem bestimmten Blinden anvertraut werden kann oder nicht. Maßgebend ist immer das Gefahrenrisiko, dem der Empfänger des Hundes ausgesetzt sein wird. Hinsichtlich der Führleistung müssen jedoch bestimmte Mindestanforderungen erfüllt sein. Um dies festzustellen, leistet die folgende «Interne Prüfungsordnung für Ausbilder» von Walter Hantke wertvolle Dienste. Mit ihr ist eine klare und sinnvolle Beurteilung möglich, die dem Gefährlichkeitsgrad der verschiedenen Disziplinen Rechnung trägt.

Interne Prüfungsordnung für Ausbilder

Fehlverhalten:	Verlustpunkte
1. Nichtbeachten von Fahrzeugen	22
2. Unterlaufen von Höhenhindernissen	22
3. Nichtbeachten einer Vertiefung	22
4. Nichtsicherung vor Fußgängerüberquerungen	22
5. Nichtsicherung bei parallelverlaufender Straße	22
6. Nichtbefolgung des Kommandos A TERRA	22
7. Nichtreaktion auf das Verbotssignal NO	22
8. Fehlverhalten bei Seitenhindernissen	bis 22
9. Fehlverhalten bei Ecken rechts	bis 22
10. Nichtbeachten von Bodenhindernissen	bis 22
11. Nichtbeachten von Trottoir abwärts	bis 22
12. Nichtbefolgung der Hörzeichen DA PARTE und DI LATO	bis 22
13. Nichtreaktion von PASSARE bei freier Straße	bis 22
14. Fehlverhalten beim Einsteigen in Fahrgelegenheiten	bis 22
15. Fehlverhalten beim Aussteigen aus Fahrgelegenheiten	bis 22
16. Nichtbefolgung von PIEDE	bis 22
17. Fehlverhalten bei Treppen	bis 22
18. Nichtbefolgung des Hörzeichens TEMPO	bis 11
19. Nichtbefolgung des Hörzeichens COMOD	bis 11
20. Nichtbeachtung von Trottoir-Aufgängen	bis 10
21. Nichtbefolgung des Hörzeichens DESTRA	bis 10
22. Nichtbefolgung des Hörzeichens SINI	bis 10
23. Nichtbefolgung des Hörzeichens DESTRA bei Einmündungen	bis 10
24. Nichtbefolgung des Hörzeichens SINI bei Einmündungen	bis 10
25. Nichtbefolgung des Hörzeichens RITOR	bis 10
26. Fehlverhalten bei Türen	bis 10
27. Fehlverhalten bei Engpässen	bis 10
28. Nichtbefolgung des Hörzeichens FERMA	5
29. Nichtbefolgung des Hörzeichens SED	5
30. Nichtbefolgung des Hörzeichens RESTA	5
31. Nichtanzeigen von Briefkästen	2
32. Nichtanzeigen von CASA	2
33. Nichtbefolgung des Hörzeichens POSTO	2
34. Nichtbefolgung des Hörzeichens APPORT	2
35. Nichtreaktion auf Korrektur NEIN	2
36. Nichtbefolgung des Hörzeichens TAXI	2
37. Nichtbefolgung des Hörzeichens PORTA	2
38. Nichtbefolgung des Hörzeichens BANCA	2

Bewertung: 80 bis 100 Punkte = tauglich

9. Führhundanwärter / Führhundgespann

Es ist selbstverständlich, daß der Blinde, der sich einen Führhund wünscht, genauso sorgfältig ausgelesen werden muß, wie dies seinerzeit der Führhund wurde. Von vorneherein fallen Kinder außer Betracht, denn es ist ihnen nicht möglich, dem Hund jene Geborgenheit und Führung zu vermitteln, die er für eine verläßliche Leistung benötigt. Auch ältere und schwächliche Blinde werden nicht in der Lage sein, einen Hund zu meistern. Das Fehlen der bestimmten und konsequenten Haltung hätte zur Folge, daß der Hund bald nur noch das ihm Angenehme ausführen würde. Damit sänke auch die Führleistung, und das Gefahrenrisiko würde auf ein nicht mehr verantwortbares Maß ansteigen.

Ratschläge an künftige Führhundhalter

Überlegungen vor der Anschaffung

Wer blind oder sehbehindert ist und sich einen Führhund wünscht, sollte sich zuerst überlegen, ob er wirklich genügend Zeit und Geduld aufbringen wird, diesen Hund zu betreuen. Denn in ihm erhält er ja keine „Führmaschine", sondern ein Lebewesen, das der Pflege, der Bewegung und Zuwendung bedarf. Den Langstock, der bei seriöser Ausbildung ja ebenfalls eine ausgezeichnete Gehhilfe darstellt, kann man beim Nachhausekommen an die Garderobe hängen. Der Führhund dagegen «belastet» den Besitzer weiterhin: Er muß sein Futter erhalten, muß gebürstet und auch noch einmal ausgeführt werden, bevor man sich zur Nachtruhe begeben kann. Eine gute Führleistung wird der Hund nur dann erbringen, wenn es dem Blinden gelingt, zu ihm ein harmonisches Verhältnis aufzubauen und zudem bei der Führarbeit aufmerksam und aktiv mitzumachen. Das bedeutet, daß man den Hund als lebenden Begleiter ernst nimmt und entsprechend behandelt. Er braucht den Kontakt mit uns und unsere Zuneigung auch außerhalb der Führarbeit. Wer über eine natürliche Tierliebe verfügt, dem wird dies freilich nicht schwerfallen. Der Führhund kann aber auch erkranken, und überdies ist irgendwann mit seinem Ableben zu rechnen. Auch das gehört also zu den Belastungen, denen sich der Blinde oder Sehbehinderte aussetzt, wenn er sich einen Führhund anschafft.

Zur Ernährung des Blindenführhundes

Ein Hund ist nicht darauf angewiesen, abwechslungsreiche Nahrung zu erhalten. Er frißt am liebsten jeden Tag dasselbe, sofern es ihm gut schmeckt. Um so wichtiger ist es, daß ihm ausgewogenes Futter vorgesetzt wird, das alles enthält, was er benötigt. Ein solches Futter ist zum Beispiel PAL, das als Büchsenfleisch angeboten wird. Eine ideale Ergänzung dazu ist die Flockennahrung MIXER von PAL. Man rührt beides mit etwas Wasser an, so daß ein nicht zu dickflüssiger Brei entsteht. Verfügt man über Frischfleisch, sollte es stets leicht angebrüht werden. Auch dabei eignet sich MIXER von PAL als ergänzende Flockennahrung.
Die Futtermenge ist auf die Größe des Hundes abzustimmen. In der Regel beträgt der Fleischanteil etwa 300 bis 400 Gramm. Am besten wird das Futter ein- bis zweimal täglich verabreicht, je nach der vom Hund an den Tag gelegten Freßgewohnheit. Mit Vorteil füttert man stets zur selben Tageszeit. Beim Führhund hat sich die Abgabe am Morgen (Frühstückszeit) bewährt, weil so die Fütterungszeit leicht einzuhalten ist. Nach ungefähr zwei Stunden wird der Hund zum Urinieren geführt. Den Kot setzt er gewöhnlich im Laufe des Nachmittags ab.
Füttert man zweimal, wird dem Hund die zweite Portion am Abend gereicht, wonach er ebenfalls zwei Stunden später zum Urinieren geführt wird.
Je regelmäßiger die Fütterung erfolgt, desto weniger Probleme treten bei der Versäuberung auf.
Als Futterstelle sollte ein geschützter, ruhiger und schattiger Ort gewählt werden. Selbstverständlich ist die Schüssel nach der Nahrungsaufnahme zu reinigen, wobei Speisereste entfernt werden.
Ergibt sich beim Hund gut geformter Kot und ist er im Fell glatt und weich, läßt sich auf einen guten Ernährungszustand und Verdauungsprozeß schließen.
Etwas Wasser sollte für den Hund immer erreichbar sein, doch nicht zuviel bei jenen Hunden, die offensichtlich mehr als genug Flüssigkeit zu sich nehmen. Übermäßiges Trinken können sich Hunde angewöhnen, vor allem wenn ihre Ernährung nicht ausgewogen ist.

Wie gelangt man zu einem Führhund?

In manchen Ländern ist der Führhund heute ein anerkanntes Hilfsmittel, das grundsätzlich von den öffentlichen sozialen Institutionen zu finanzieren wäre. Was er wirklich kosten darf, ist indes oft nicht genau festgelegt, und nicht überall bewegen sich die Ansätze in einem Rahmen, der für eine seriöse Aufzucht und Ausbildung ausreicht. Auch im günstigsten Fall – und das betrifft im deutschsprachigen Raum die Schweiz – sind die Ausbilder auf private Zuschüsse von Gönnern angewiesen. Die Prüfung der

Leistung eines Führhundes und seine Zuteilung an geeignete Blinde und Sehbehinderte sowie die spätere Überwachung der Führgespanne wird in der Schweiz durch das Bundesamt für Sozialversicherung geregelt. Der Blinde kann seinen Antrag für einen Führhund an die zuständige Kommission der Invalidenversicherung (IV) richten, und zwar am besten über die ihn vertretende Selbsthilfeorganisation. Alles weitere ergibt sich dann. Für die Haltung des Führhundes wird laufend eine Entschädigung ausgerichtet. Auch in der Bundesrepublik Deutschland ist der Führhund sozialrechtlich als Hilfsmittel im Sinne der Versicherungsordnung (RVO § 181/182) anerkannt. Das heißt, daß alle Krankenversicherungen ihren blinden Mitgliedern im Bedarfsfall die gesamten Kosten der Beschaffung (und Wiederbeschaffung), des Unterhalts und der Pflege – einschließlich der tierärztlichen Behandlung – in vollem Umfang erstatten müssen. Die Bundesversicherungsanstalt für Angestellte oder die Arbeitsämter sind in gleichem Sinne kostenerstattungspflichtig, wenn der Hund ausschließlich beruflichen Zwecken dient, was freilich selten vorkommt. Ist jemand nicht krankenversichert und braucht er den Hund nicht für berufliche Zwecke, werden die Kosten im Rahmen bestimmter Einkommensgrenzen durch die Sozialhilfe erstattet.

Eine Höchstgrenze für die Kostenerstattung, also auch für den Anschaffungspreis eines Blindenführhundes, gibt es nicht und kann es nach der derzeitigen Rechtslage auch nicht geben, da die Kostenträger verpflichtet sind, die im Einzelfall «angemessenen» Kosten zu übernehmen. Allerdings sind die Sozialleistungsträger ebenso verpflichtet, «nicht mehr als die angemessenen Kosten» zu übernehmen. Diese Bestimmung einer im Prinzip sinnvollen und großzügigen Rechtslage führte jedoch nach Aussage von Kennern der Situation in Deutschland in der Praxis zu einer völlig unzulänglichen Erstattung der Führhundkosten. Für die Anschaffung des ausgebildeten Hundes werden zwischen 4500 und 11500 DM bezahlt, während der Ansatz in der Schweiz ein Mehrfaches des zweitgenannten Betrages ausmacht. Die deutschen Gewährsleute weisen darauf hin, daß eben deswegen die Ausbildung der Führhunde in ihrem Land auch bei bestem Willen und Können der Schulen nicht ausreichend gestaltet werden kann. Man hofft aber, daß sich die Verhältnisse mit der Zeit klären und die Kostenerstattungen entsprechend angepaßt werden.

In Österreich ist die Rechslage unklar. Aber auch hier kommen als Kostenträger die Unfallversicherungen, die Krankenkassen und die Fürsorgestellen in Frage.

In jedem Falle ist zu empfehlen, daß sich der angehende Führhundhalter vor der Antragstellung bei seiner Selbsthilfeorganisation erkundigt und sich von ihr beraten läßt. Er muß dann mit Abklärungsvorgängen rechnen. In der Schweiz hat er einen Test zu bestehen, der in Anwesenheit eines Vertreters der Selbsthilfeorganisation von einem Experten der IV durchgeführt wird.

Die Liebe und Treue eines Hundes

Name   *Brigitta Stehli*
Wohnort   *Baden/AG*
Geburtsdatum *31. Juli 1964*
Beruf   *Telefonistin*
Hobbies   *Tiere, vor allem das Arbeiten mit Hund und Pferd, Brieffreundschaften mit aller Welt, Musik, Handarbeiten und etwas Sport wie Schwimmen, Wandern etc.*

Durch eine Erbkrankheit wurde ich im Alter von 15 Jahren und 5 Monaten stark sehbehindert. Das heißt, daß ich nur noch einige Farben und wenige Umrisse erkennen vermag. Meine ersten Gedanken damals im Spital waren: «Wenn ich schon nichts mehr sehen soll, so kann ich mir endlich meinen Traum von einem Hund erfüllen.» Dabei dachte ich weniger an die Führarbeit des Hundes, als an die Liebe und Treue, die einem ein Hund so schön geben kann. In meinen Träumen sah ich den Hund immer als den treusten Gefährten des Menschen unter den Tieren. Und da habe ich mich nicht getäuscht.
Damals spielten weder Rasse noch Farbe des Tieres eine Rolle für mich. Mit meinem ersten Führhund Anoki ging ich – oder er mit mir – wirklich durch dick und dünn. Ich liebte meinen Anoki sehr, doch leider starb er schon im Alter von knapp 6 Jahren an Krebs. Damals glaubte ich, dieser Verlust sei nie mehr gutzumachen.
Nun hat dennoch ein anderer Vierbeiner mein Herz wieder erobern können, der junge Gordon-Setter-Rüde Sancho. Er ist lieb und anhänglich, und er hat genau das Temperament und die Lebhaftigkeit, die ich brauche. Auch er ist nun ein Treuer, mein treuster Gefährte geworden; außerdem leistet er mir große Dienste im Führgeschirr. Und es macht mich jedesmal sehr glücklich, wenn er eine besonders schwierige Aufgabe hervorragend meistert, zumal er in der Schweiz der erste Setter im Führgeschirr ist.
Ich könnte mir ein Leben ohne einen so treuen Gefährten nicht mehr vorstellen.

Zur vorhergehenden Seite:
Führen auf Straßen ohne Trottoir (vgl. auch Seite 199)
«Tägliche Spaziergänge auf Nebenstraßen und Feldwegen, fern vom hektischen Stadtverkehr, tun Sancho und mir gut. Die Natur, die uns umgibt, ist wunderbar und stimmt uns glücklich.»

Anforderungen an den Führhundanwärter

Schriftliches Begehren

Ein Blinder oder Sehbehinderter, der sich einen Führhund wünscht, stellt ein schriftliches Begehren an die Führhundschule mit folgenden Angaben:

— Name und Adresse
— Tel.-Nummer
— Kurzer Lebenslauf
— Angaben über den Grad der Sehbehinderung (ärztl. Zeugnis)
— Angaben über das Gehör (Audiogramm)
— Angaben über weitere körperliche Behinderungen (ärztl. Zeugnis)
— Angaben über Körpergröße und Gewicht
— Angaben über körperliche Konstitution und Gesundheit
— Angaben über Charakter und Gemütsverfassung
— Angaben über die Wohnverhältnisse:
  — Mietwohnung? (Einverständnis des Hauseigentümers zur Haltung des Führhundes)
  — Eigenheim?
  — Mitbewohner? (Einverständnis zur Haltung des Führhundes)
  — Aufenthalt und Schlafplatz des Hundes?
— Angaben über gegenwärtige Beschäftigung und Hobbys
— Adresse des Arbeitgebers
— Schriftliche Einwilligung des Arbeitgebers zur Mitnahme und Unterbringung des Führhundes am Arbeitsplatz
— Kurze Beschreibung des Arbeitsplatzes
— Ruheplatz des Hundes am Arbeitsplatz
— Angaben über den vorgesehenen Einsatz des Führhundes
— Wünsche für Rasse und Geschlecht des Hundes
— Angaben über Erfahrung mit Führhunden oder andern Hunden
— Referenzen

Es ist empfehlenswert, daß die Führhundschule einen entsprechenden Fragebogen für Führhundanwärter ausarbeitet, in dem obige Fragen enthalten sind.

Prüfung des Begehrens

Das Begehren um die Abgabe eines Führhundes wird von einem Verantwortlichen der Schule sorgfältig geprüft. Ärztliche Zeugnisse werden wenn nötig mit dem Vertrauensarzt besprochen. Mit spezieller Sorgfalt müssen die Begehren von Diabetikern behandelt werden. In jedem Fall muß mit dem den Patienten behandelnden Arzt Rücksprache genommen werden, damit er bescheinigen kann, daß das Training mit dem Hund sich nicht nachteilig auf die Krankheit auswirkt. Alle Angaben des Bewerbers und des Arztes sind vertraulich zu behandeln.

Bei der Vorabklärung anhand des Begehrens muß der Kandidat folgende Anforderungen erfüllen:

— genügend gute körperliche, geistige und seelische Verfassung
— Grad der Sehbehinderung: vollblind oder hochgradig sehbehindert
— weder alkohol- noch drogensüchtig
— kein Hörschaden oder, falls vorhanden, ausreichende Behebung des Schadens durch Hörapparat
— zweckmäßige Unterbringung des Führhundes zu Hause und am Arbeitsplatz

Darf anhand der eingegangenen Unterlagen angenommen werden, daß sich der Kandidat als Führhundhalter eignet, wird er zu einer Besprechung mit weiteren Abklärungen eingeladen.

Begutachtung des Blindenführhund-Anwärters

Es werden die Angaben im Begehren soweit als möglich nochmals überprüft; dann folgen die Testversuche:

— Orientierungsvermögen
— Mobilität mit bisherigen Hilfsmitteln
— Überprüfung der Sinne:
  — Gehör
  — Richtungs- und Raumgefühl
  — Gleichgewichtssinn
  — Geruchssinn
  — Temperatursinn
— Begegnung mit Versuchshund

Überprüfung der Wohnverhältnisse

— Besuch beim Anwärter
  — Kontakt mit Familienangehörigen
  — Begutachtung der Wohnverhältnisse
  — Unterbringung des Hundes

Überprüfung des Arbeitsortes

— Besuch am Arbeitsort
  — Besichtigung des Arbeitsplatzes
  — Ruheplatz des Hundes
  — Kontakt mit Vorgesetzten und Mitarbeitern

Zusammenfassung und Schlußfolgerung

— Körperliche Beweglichkeit
— Reaktionsvermögen
— Einstellung zum Hund
— Ordnung und Sauberkeit
— Charakteranlagen
— Sind Allergien bekannt?
— Einstellung der Wohngefährten zum Hund
— Einstellung der Arbeitskollegen zum Hund
— Anforderungen an den Hund
— Besondere Feststellungen

Der endgültige Entscheid über die Abgabe eines Führhundes liegt bei der Führhundschule, die auch die Verantwortung für ihren Entscheid übernimmt. Dieser Entscheid kann weder von einer Sozialeinrichtung oder Aufsichtsbehörde noch von einem Gericht angefochten werden.

Beratung des Führhundanwärters

Im Verlauf der Begutachtung soll der Führhundanwärter offen über die Vor- und Nachteile des Führhundes und dessen Möglichkeiten und Grenzen orientiert werden. Er soll auch über andere Mobilitätshilfen informiert werden. Dabei ist besonders wichtig, daß er sich seiner Verantwortung gegenüber dem Hund bewußt wird und die Weisungen der Schule befolgt. Wenn Probleme auftreten, soll er sich vertrauensvoll an die Schule wenden. Auch ist ihm zuzusichern, daß alle Angaben über seine Person vertraulich behandelt werden.

Gesuchsverfahren für Ersatzhundanwärter

Wünscht ein Führhundhalter den Ersatz seines Hundes, muß er vorerst Angaben über den Verlust seines früheren Hundes machen.
Maßgebend für die Zuteilung eines Ersatzhundes sind das Dossier des Blinden und wenn nötig die neuesten ärztlichen Befunde.
Ein Anwärter, der seinen vorherigen Hund von einer anderen Schule erhielt, soll begründen, wieso er sich nicht mehr an sie wendet. Nötigenfalls ist mit jener Schule Rücksprache zu nehmen. Je nach Fall muß ein neues Abklärungsverfahren eingeleitet werden.

Einführung des Hundes beim Blinden

Es muß davon ausgegangen werden, daß die meisten Führhundanwärter kynologische Laien sind. Es ist deshalb notwendig, daß sie nicht nur im Umgang mit ihrem Hund unterrichtet werden, sondern daß ihnen auch ein elementares hundefachliches Wissen vermittelt wird. Außerdem ist in den meisten Fällen auch ein Lehrgang in Orientierung notwendig. Es gibt Schulen, wo die Einführung des Hundes im Schulungszentrum erfolgt, andere führen den Hund am Wohnort des Blinden ein. Eine Ausbildung des Blinden in der Ausbildungsstätte ist vorzuziehen. Der Blinde ist dann weg von zu Hause, von den dortigen Interessen und Pflichten und kann sich voll dem Hund und der zu erlernenden Materie widmen. Wenn das Sichloslösen vom üblichen Alltag auch zu Hause möglich ist, kann die Einführung am Wohnort ebenso erfolgreich sein wie in der Führhundschule. Wichtig ist in beiden Fällen, daß der Blinde seinen Hund rund um die Uhr bei sich hat, damit die Anpassung möglichst schnell vor sich geht.

Bei einer Einführung am Wohnort des Blinden hat sich folgende Praxis bewährt:

a. 1. Teil der Einführung mit Instruktor: 5 Tage Angewöhnung des Hundes an den Sehbehinderten und an die neue Umgebung. Gleichzeitig erfolgt die allgemeine Wissensvermittlung und die Instruktion im Umgang mit dem Führhund, verbunden mit Übungen an der Leine und leichten Übungen im Führgeschirr.
b. 14 Tage Angewöhnungszeit ohne Instruktor: Während dieser Zeit unternimmt der Sehbehinderte allein mit angeschirrtem Hund täglich mehrere kleine Spaziergänge in ruhigen Wohngebieten und wenn möglich Spaziergänge mit Begleitperson und angeleintem Hund in verschiedensten Umgebungen.
c. 2. Teil der Einführung mit Instruktor: Orientierungsübungen mit Hund an verschiedensten Orten.
d. Probezeit: Nach Abschluß des Einführungslehrganges folgt eine Probezeit von 6 Monaten. Während dieser Zeit wird der Führhundhalter viermal besucht, kontrolliert und beraten. Nach Ablauf der Probezeit wird das Gespann vom Prüfungsexperten geprüft. Danach wird entschieden über:

— definitive Abgabe des Hundes oder
— Verlängerung der Probezeit oder
— Rücknahme des Hundes.

Bei definitiver Abgabe des Hundes erhält der Führhundhalter eine Identitätskarte, worin nebst dem Namen des Halters und des Hundes vermerkt ist, daß sowohl Hund als auch Halter voll ausgebildet und als Führgespann mit allen ihnen zustehenden Privilegien international anerkannt sind.
Als Grundlage des Einführungskurses dient das Ausbildungsprogramm des Hundes. Es werden in verkürzter Zeit alle Aufgaben des Hundes durchgenommen und erklärt. Täglich wird ein Arbeitsrapport erstellt, in dem auch etwaige Probleme beim Hund und beim Blinden festgehalten werden.

Abschlußrapport der Einführung

Während der drei letzten Tage der Einführung begutachtet der Lehrgangsleiter das Führgespann und erstellt den Abschlußrapport gemäß nachfolgendem Muster:

Abschlußrapport über die Einführung
Personalien des Halters:
Name und Nr. des Hundes:
Beurteilung des Hundes

Begutachtung:	gut	befrie-digend	unge-nügend

A. *Führleistung*
— anhalten bei Absätzen
— hinführen zum Trottoir
— Straße überqueren
— nach rechts abbiegen
— nach links abbiegen
— umkehren
— ausweichen bei Seitenhindernissen
— anhalten vor Bodenhindernissen
— umgehen von Bodenhindernissen
— führen entlang von Abgründen
— verlangsamen bei Bodenunebenheiten
— Höhenhindernisse bis 2 m
— verweisen von Fahrzeugen beim Straßenüberqueren
— überqueren von Kreuzungen
— Bewältigung von Baustellen
— führen auf Straßen ohne Trottoir
— Nahzielführen:
  — zu einer Sitzgelegenheit
  — zu einer Türe
  — zu einem Schalter
  — zu einem Personentransportmittel
  — zum Ausgang
  — zur Treppe
  — zum Fußgängerstreifen
  — zur Telefonkabine
  — zum Briefkasten
— führen im Menschengedränge
— Rolltreppenverweigerung
— Verhalten in Lift und Transportmittel			

Begutachtung:	gut	befrie-digend	unge-nügend

— langsam gehen
— schnell gehen
— zum Ausgangspunkt zurück
 	
B. Psychisches Verhalten
— Beziehung zum Meister
— Arbeitsfreude
— Zugfreudigkeit
— Ablenkbarkeit
   — durch Gerüche
   — durch optische Eindrücke
   — durch akustische Eindrücke
   — auf Schuß
— Verhalten gegenüber
   — Hunden
   — Katzen
   — anderen Tieren
   — Personen
 	
C. Begutachtung des Blinden
1. Kontakt mit dem Hund
   Unterordnung
   — abliegen
   — sitzen
   — stehen
   — warten
   — herankommen
   — bei Fuß gehen
   — Wendungen rechts
   — Wendungen links
   — Kehrtwendungen
2. Orientierungssinn
3. Beweglichkeit
4. Ortskenntnisse			

Bemerkungen:

Ort/Datum: Unterschrift:

Kontrolle des Führgespanns nach einem Jahr und dann alle zwei Jahre

Spätestens ein Jahr nach definitiver Abgabe des Hundes und danach in regelmäßigen Abständen von zwei Jahren hat ein Verantwortlicher der Schule einen Kontrollbesuch abzustatten und darüber zu berichten. Der Bericht soll über folgendes Auskunft geben:
— Datum der Kontrolle
— Name und Adresse des Führhundhalters
— Name und Alter und Abgabedatum des Hundes
— durchgeführte Impfungen
— Gesundheitszustand des Hundes
— Aufenthaltsort des Hundes in der Wohnung des Halters
— Aufenthaltsort des Hundes am Arbeitsplatz
— Einstellung der Familie oder anderer Wohngefährten des Halters gegenüber dem Hund
— tägliche Führaufgaben des Hundes
— Zusammenarbeit von Hund und Halter
— Führleistung des Hundes
— Kontakt zwischen Halter und Hund
— Besondere Beobachtungen

Betreuung, Beratung und Fortbildung des Führhundgespanns

Der Führhundhalter soll sich mit allen den Hund betreffenden Problemen an die Schule wenden. Diese trifft die ihr geeignet erscheinenden Maßnahmen, um die Probleme zu lösen, z. B. durch telefonischen oder schriftlichen Ratschlag oder Nachschulung des Hundes oder des Halters.
Die Schule führt auch periodische Weiterbildungskurse durch, einzeln oder in kleinen Gruppen; die Teilnahme ist jedoch freiwillig.
Führhundhalter, die die Weisungen der Schule nicht befolgen, den Hund mißhandeln oder mißbrauchen, sind zu ermahnen; wenn dies nicht hilft, ist die Wegnahme des Hundes an zuständiger Stelle zu beantragen.

Drei glückliche Führgespanne

10. Neue Entwicklungen im Blindenhundewesen

Auf vielen Fachgebieten herrscht die Tendenz, Wissen aus Konkurrenzangst geheimzuhalten. Es ist darum außerordentlich erfreulich, daß im Blindenführhundewesen international der Erfahrungsaustausch gefördert wird. Ich hatte Gelegenheit, während mehrerer Monate die englische Führhundausbildung und die Organisation der «Guide Dogs for the Blind Association» zu studieren, die sieben selbständig arbeitende Schulen und eine eigene Zuchtstätte umfaßt. Dasselbe geschah auch in der Königlichen Führhundschule in Holland, die mit ihrem großen, zweckmäßig gestalteten Hindernisgarten als eine der schönsten Führhundschulen der Welt betrachtet werden kann. Auch die Besuche in den größten Blindenhund-Ausbildungszentren der USA, in Morristown und San Rafael, Kalifornien, gaben mir wertvolle Einblicke in diese Großbetriebe. Die Aufenthalte in diesen seit über fünfzig Jahren bestehenden Schulen, wo ich mit Fachleuten Erfahrungen austauschte, waren für mich sehr wertvoll; sie zeigten mir, daß man gegenseitig lernen soll und kann. Besonders interessant ist für mich auch die Mitarbeit in der internationalen Fachgruppe für Blindenführhunde, die gegenwärtig Normen für die internationale Anerkennung von Blindenhundschulen ausarbeitet. Im weiteren nimmt die Fachgruppe von Führhundhaltern gerne Anregungen entgegen, die sie behandelt und an die zuständigen Stellen weiterleitet.

Es steht fest, daß es in vielen Ländern entweder noch keine oder dann zu wenig gute Führhundschulen gibt. Dies mag zum Teil an fehlenden finanziellen Mitteln, aber auch an der mangelnden Weitervermittlung fachlichen Wissens liegen.

Dieser Umstand hat mich bewogen, nicht nur dieses Buch über die Ausbildung und den Einsatz des Blindenführhundes zu schreiben, sondern auch den Verein für Blindenhunde und Mobilitätshilfen zu gründen, der durch den Betrieb einer internationalen Fachstelle für die Ausbildung von Blindenhunden eine neue Entwicklung im Blindenhundewesen mit vielversprechender Zukunft einleitet. Allen Mitbegründern dieses Vereins, insbesondere den Herren Dr.

Willy-René Felgenhauer, Dr. Willi Fraefel, Freddy Mariaux und ihren Gattinnen, danke ich herzlich für ihre geschätzte Mitarbeit.
Dank gebührt auch allen dem Verein beigetretenen Mitgliedern, wozu eine ansehnliche Zahl von Augenärzten aus dem In- und Ausland zählt.
Die Internationale Fachstelle für die Ausbildung von Blindenhunden (IFAB) arbeitet nach folgendem neuem Modell:

Zusammenarbeit mit seriösen Züchtern

Um die Kosten möglichst niedrig zu halten, verzichtet die IFAB auf eine eigene Hundezucht und auf eigene Zwingeranlagen. Die Hunde werden bei seriösen Züchtern bezogen, und die Ausbilder halten ihre Hunde statt in einem Zwinger bei sich in der Wohnung oder geben sie Personen, auch älteren Leuten, von wo sie regelmäßig zur Ausbildung abgeholt werden, in Obhut.
Die Welpen werden in enger Zusammenarbeit mit dem Züchter während der Aufzucht (8 – 10 Wochen) fachgemäß gefördert und ebenso getestet.

Junghund-Ausbilder

Als Junghund-Ausbilder eignen sich menschen- und tierfreundliche Personen, die gerne mit Hunden sinnvoll arbeiten möchten, ohne diese zu «besitzen». Kynologische Kenntnisse sind erwünscht, jedoch nicht Bedingung. Die Junghund-Ausbilder werden in Kursen auf ihre Aufgabe vorbereitet und weitergebildet. Ein Junghund-Ausbilder betreut jeweils nur einen Hund. Er hält ihn bei sich in der Wohnung und integriert ihn in den Familienbereich, was an sich schon einer unerläßlichen Grundausbildung gleichkommt. In speziellen Übungen mit verschiedener Umgebung (wie Stadtverkehr, Restaurants, Geschäfte, Bahnhof und andere Gebäude, Lift, Zug, Tram, Bus und Privatauto) gilt es, den Hund mit seiner späteren Aufgabe vertraut zu machen. Viel Konsequenz in der Angewöhnung an ein erwünschtes Verhalten und möglichst wenig Druck im Sinne von Dressur ist dabei die Richtschnur.

Blindenhund-Ausbilder

Die Schulung des Blindenhund-Ausbilders dauert drei Jahre, wobei er von Anfang an in die eigentliche Ausbildungstechnik eingeführt wird und somit zur praktischen Mitarbeit gelangt. Während mindestens einem Jahr wird er vom Führhund-Instruktor betreut und begleitet. Personen, die sich bereits als Junghund-Ausbilder bewährt haben, werden bevorzugt. Der Blindenhund-Ausbilder arbeitet im Normalfall mit drei Hunden. Auch er hält seine in Ausbildung stehenden Hunde nicht in einem Zwinger, sondern in seiner Wohnung. Wo dies nicht möglich ist, gibt er sie anderen, in seiner Nähe wohnenden Personen in Obhut, von wo er sie regelmäßig zur Ausbildung abholt. Ein vollamtlich angestellter Blindenhund-Ausbilder sollte in der Lage sein, jährlich mindestens neun vom Junghund-Ausbilder vorgeschulte Hunde auszubilden. Auch wird er etwa zweimal pro Jahr vom Instruktor zur Einführung eines Hundes beim Sehbehinderten beigezogen.

Es ist auch möglich, den Beruf des Blindenhund-Ausbilders freischaffend (Erfolgshonorar) auszuüben. In diesem Fall muß der Hund vor Abgabe an den Sehbehinderten von einem Blindenhund-Instruktor geprüft werden. Die Einführung des Hundes beim Blinden erfolgt in jedem Fall durch einen Blindenhund-Instruktor.

Blindenhund-Instruktor

Eine mehrjährige Tätigkeit als Blindenhund-Ausbilder öffnet den Weg zum Blindenhund-Instruktor. Damit dieser der Aufgabe der Einführung des Hundes beim Sehbehinderten gewachsen ist, hat er eine Spezialausbildung als Orientierungs- und Mobilitätslehrer für Sehbehinderte zu absolvieren. Damit verfügt der Blindenhund-Instruktor nebst seinem umfassenden Wissen über das Wesen und Verhalten des Hundes und seiner Ausbildung auch über die nötigen Kenntnisse der Orientierungs- und Bewegungsmöglichkeiten eines Sehbehinderten. So ist er in der Lage, die Führhundhalter kompetent zu beraten und auszubilden.

Die Abgabe des Hundes erfolgt nach einem in vier Phasen aufgeteilten Einführungslehrgang. Dieser beginnt mit einem einwöchigen Einführungskurs mit anschließender Angewöhnungszeit von zwei Wochen. Danach folgt der zweite Teil des Lehrganges, der

wiederum eine Woche dauert. Eine Probezeit von sechs Monaten schließt den Lehrgang ab. Selbstverständlich wird das Führgespann auch nach der endgültigen Abgabe des Hundes vom Führhund-Instruktor weiterhin betreut.
Der Blindenhund-Instruktor befaßt sich auch mit der Aus- und Weiterbildung der Blindenhund-Ausbilder. Er begutachtet die Welpen bei den Züchtern und prüft die ausgebildeten Hunde vor ihrer Abgabe.

Blindenhund-Experte der Invalidenversicherung

In der Schweiz bezieht die Invalidenversicherung die Blindenhunde bei den Fachstellen und gibt sie den Versicherten leihweise ab. Vor der definitiven Abgabe des Hundes wird das Führgespann durch einen vom Bundesamt für Sozialversicherung gewählten Blindenführhund-Experten sowie je einen Vertreter der lokalen Blindenfürsorge und des vom Versicherten gewählten Lieferanten geprüft. Je nach Resultat kann der Hund dann definitiv dem Blinden übergeben, die Probezeit verlängert oder der Hund zurückgenommen werden. Nach definitiver Abgabe wird das Führgespann ein Jahr später erneut begutachtet. Weitere Kontrollbesuche finden danach alle zwei Jahre statt.

Zusammenarbeit

Damit die gesteckten Ziele im Interesse der Blinden und Sehbehinderten besser erreicht werden können, wird eine sehr enge Zusammenarbeit mit dem Bundesamt für Sozialversicherung, dem Schweizerischen Zentralverein für das Blindenwesen (Kurswesen), den Blinden-Selbsthilfeorganisationen, der Schweizerischen Interessengemeinschaft der Führhundhalter, den kynologischen Zuchtkommissionen und nicht zuletzt mit anderen Führhundschulen angestrebt.

Finanzierung

Trotz kostensparender Struktur des Projektes wird noch auf Jahre hinaus der Aufwand für den Aufbau und die Schulung von fachlich geschulten Ausbildern die Einnahmen aus dem Verkauf der Führhunde übersteigen. Damit der Verein dennoch seine gemeinnützige Aufgabe erfüllen kann, braucht er finanzielle Hilfe. Mit einem Jahresbeitrag von mindestens Fr. 12.– (für juristische Personen mindestens Fr. 120.–) kann jedermann dem Verein als Passivmitglied beitreten und ihn damit unterstützen. Auch andere Zuwendungen, z.B. einmalige Spenden, Legate sowie Erlöse aus Veranstaltungen, werden gerne und dankbar entgegengenommen. Der Verein ist von den schweizerischen Behörden als gemeinnützige Institution anerkannt und steuerfrei. Deshalb können Spenden von den Steuern in Abzug gebracht werden, soweit die kantonale Gesetzgebung dies erlaubt.

Wer sich weiter informieren, bei der Weiterentwicklung des Blindenhundewesens mithelfen oder dem Verein beitreten möchte, wende sich an folgende Adresse:

Verein für Blindenhunde und Mobilitätshilfen
IFAB Internationale Fachstelle für die Ausbildung von Blindenhunden
Bahnhofstraße 38
CH-4132 Muttenz
Tel. 061 – 63 93 36

Überblick über die Struktur der Ausbildung

Personalaufwand

Angestelltes Personal:	*Freiwillige Helfer:*
1 Sekretärin (halbtags)	11 Junghund-Ausbilder
1 Blindenhund-Instruktor / techn. Leiter	
1 Blindenhund-Ausbilder	

Bei diesem Personalbestand können pro Jahr 11 Führhunde ausgebildet werden, nämlich vom Blindenhund-Ausbilder in je 4 Monaten je 3 = 9 Hunde p.a., vom Blindenhund-Instruktor 2 Hunde p.a.

Leitung
Koordination
Administrative Arbeiten

Blindenhund-Instruktor p. a. 2 Hunde
— pflegt Kontakt mit den Züchtern
— wählt die Welpen aus
— bildet das Fachpersonal aus und überwacht ihre Arbeit (Junghund-Ausbilder, Führhund-Ausbilder)
— teilt Hunde Ausbildern und Sehbehinderten zu
— prüft die Hunde vor Übergabe an den Empfänger
— führt die Hunde beim Sehbehinderten ein
— betreut die Führgespanne und bildet sie weiter
— bildet selbst Hunde aus

Blindenhund-Ausbilder
angestellt oder freischaffend (Erfolgshonorar)
— bildet die ihm vom Instruktor zugeteilten Hunde aus, p. a. 9 Hunde
— führt gelegentlich unter Aufsicht des Instruktors von ihm ausgebildete Hunde beim Sehbehinderten ein

Junghund-Ausbilder
— erhält von der IFAB einen 8 – 10 Wochen alten Welpen, den er während eines Jahres in seinen Familienbereich integriert, aufzieht und im Sinne einer Grundausbildung unter Anleitung des Instruktors fördert

Züchter
— geben gemäß einer Vereinbarung mit der IFAB von dieser ausgewählte Hunde ab

Ausbildungsetappen

8-10 Wochen	52 Wochen	15 Wochen	4 Wochen	21 Wochen
Aufzucht	Integration in Familienbereich, gezielte Vorbereitungsübungen	Fachausbildung	Einführung	Probezeit
Züchter	Junghund-Ausbilder	Blindenhund-Ausbilder	Blindenhund-Instruktor	Sehbehinderter

Schlußwort

Der Inhalt dieses Buches umfaßt alle Aufgaben einer Führhundschule, die zur internationalen Anerkennung gefordert werden. Doch die Kenntnis der Aufgaben allein verbürgt noch keineswegs das verlangte Resultat der Arbeit. Damit auch diese Forderung erreicht wird, braucht es verantwortungsvolle Persönlichkeiten in den verschiedensten Bereichen, die sich weitgehend selbstlos für diese segensreiche Sache einsetzen.

Mein Wunsch, daß alles, was auf dem Gebiet der Blindenhilfe im allgemeinen und der Hilfe mit einem Blindenhund im besonderen unternommen wird, auch seine Früchte tragen möge, soll dieses Buch begleiten. Den Blinden wünsche ich, sich trotz ihrer Behinderung als ebenbürtige Menschen zu fühlen und als solche von ihren Mitmenschen betrachtet und geachtet zu werden.

Der Schicksalsschlag der Erblindung

(von Maria Ebersold, Winterthur/ZH)

Am 5. November 1926 kam ich in St. Gallen zur Welt. Meine Eltern, zwei Schwestern und die Großmutter mütterlicherseits freuten sich an meinen ersten Schreiversuchen. Ein Augenarzt — Ironie des Schicksals! — stand Pate. Es blieb ihm nicht lange verborgen, daß ich das Augenleiden meiner Mutter (Retinopathia) geerbt hatte. Der Augenarzt und meine Eltern hielten aber vorsorgliche Maßnahmen im Hinblick auf eine allfällige spätere Erblindung weder bei meiner Mutter noch bei mir für erforderlich. Meine Mutter fand in ihrer Erblinie niemanden, der dieses Geburtsgebrechen gehabt hatte. Heute stehe ich in der ganzen Verwandtschaft alleine damit da. Meine vier Kinder und fünf Enkel sind alle gesund. Mir machte das festgestellte Augenleiden damals wenig Eindruck, sah ich doch täglich meine Mutter scheinbar unbehindert schalten und walten. Sie besorgte den Haushalt und hielt nebenbei Vorträge über neuzeitliche Ernährung. Der große Freundes- und Bekanntenkreis der Familie ließ in mir ein Weltbild entstehen, in dem auch Kunst und Wissenschaft ihren Platz hatten. Mein Vater arbeitete als Chemiker und Mathamatiker an der damaligen Handelshochschule. Er leistete Pionierarbeit an deren Materialprüfungsstelle, die später zu einer Abteilung der Eidgenössischen Materialprüfungs- und Versuchsanstalt (EMPA) wurde.
Ohne wesentliche Einschränkungen durchlief ich die Grund- und die höheren Schulen. Ernsthafte Probleme stellten sich dann bei der Berufswahl. Während es mich in die Welt hinauszog, hatte mein Pate bereits einen Plan. Ich sollte mit zwanzig Jahren in den Betrieb einer ihm bekannten Masseurin eintreten, mich dort einarbeiten und ohne weitere Ausbildung den Betrieb übernehmen. Als es dann soweit war, schreckten mich die Schulden, die ich für die Übernahme auf mich nehmen sollte, und der Umstand, daß die

Zur vorhergehenden Seite:

Der Blinde und sein Hund (vgl. auch Seite 260)
Osi, ein weißer Königspudel — der erste zum Führhund ausgebildete Hund dieser Rasse —, hat bei Frau Ebersold Einzug gehalten. Beide haben einander ins Herz geschlossen und sind miteinander auf Schritt und Tritt verbunden.

Besitzerin nach der Übernahme weiter im Betrieb tätig sein wollte, so sehr, daß ich kurzerhand absagte. Ich begann ein Musikstudium am Konservatorium Zürich, das ich 1951 als Klavierpädagogin abschloß. Im gleichen Jahre heiratete ich. Von Zürich zogen wir 1955 mit unserem Töchterchen nach Burgdorf, wo mein Mann am dortigen Technikum als Mathematiklehrer tätig wurde. Als er 1960 ans Technikum Winterthur gewählt wurde, siedelte die bereits fünfköpfige Familie nach Winterthur über. Dort kam 1965 unser Nesthäkchen zur Welt. Ich wurde nun zur Hauptsache durch den Haushalt in Anspruch genommen, doch hatte ich zu meiner besonderen Freude immer ein paar Klavierschüler.

Mit dem Größerwerden der Kinder wuchs auch unsere Hausmusik. Sie übten sich in Gesang, Geige, Cello, Oboe und Klavier. Ich begleitete, was erforderlich war, und so wurde man, ohne daran zu denken, älter. Inzwischen war meine Mutter erblindet. Sie wurde immer leidender und unselbständiger. Der Schicksalsschlag der Erblindung traf mich und damit auch die ganze Familie während meines Klimakteriums. Sobald ich körperlich soweit hergestellt war, daß ich wieder arbeiten konnte, versuchte ich, meine Selbständigkeit zurückzuerobern. Ich sah bald ein, daß ich es alleine nicht schaffen würde. Es war ein langer, mühsamer Weg. Man mußte die richtigen Menschen finden, die notwendigen Kurse bewilligt bekommen. Ich sah ein, daß es manchmal nötig ist, auf der eigenen Meinung zu beharren, auch wenn dies für andere zuweilen hart und unverständlich scheint. Ich hatte das seltene Glück, in meinem Alter noch eine Umschulung von der Invalidenversicherung bewilligt zu erhalten. Jetzt, da ich wieder lesen und schreiben kann, mit dem Langstock manche Wege beherrsche, ein paar Klavierstücke auswendig gelernt habe und spiele und auch der Haushalt klappt, das Kochen mir sogar wieder Freude bereitet, schaut die Welt tatsächlich wieder ganz anders aus. Mein neuer Beruf als Klavierstimmerin bringt mir Freude und Engagement.

Als ich vor zwei Jahren einen Fachkurs besuchte, wurde mein Bemühen um Selbständigkeit auf harte Proben gestellt. Ich flog alleine nach Portland. Beim Umsteigen in San Francisco wurde ich in einen Rollstuhl gepackt und zur Gepäckausgabe befördert. Als meine Helferin endlich merkte, daß ich meine Gepäckstücke nicht selber bezeichnen konnte, drückte sie meine sämtlichen Ausweise, mit denen sie nicht zurechtkam, einfach einem Unbekannten in die Hand, der ihr die Gepäckscheine hervorsuchen mußte! Auch am Kursort war die Hilfe mangelhaft. Ich vermißte einen Trainer, der mir den langen Weg, den ich täglich zurückzulegen hatte, richtig beigebracht hätte.

Solche Erlebnisse fördern ein sorgfältiges Abwägen weiterer Möglichkeiten der Selbsthilfe. Immer deutlicher zeichneten sich dabei die Vorteile eines Führhundes ab. Ein Blinder mit Führhund wird bestimmt weniger schnell in einen Rollstuhl gepackt. So nahm ich letzten Herbst mit Herrn Rupp von der IFAB Kontakt auf und freute mich nun mit großer Spannung auf den Augenblick, da der Vierbeiner, der mir schier Unglaubliches zu leisten scheint, hier Einzug halten würde.

Am 22. Mai 1987 begegneten wir uns zum ersten Mal. Es klingelte, und als ich zur Tür eilte, war Osi da, aber nur für ein Stündchen. Kurz streifte er durch die Wohnzimmer. Der Anziehungspunkt war eindeutig die Küche, denn Osi hatte großen Durst. Er bekam, was er brauchte, und dann ließ er sich von mir betasten. Ich glaube, er freute sich darüber, daß ich so großes Gefallen an seinem «Schäfchenfell» fand. Doch Herr Rupp wollte von uns beiden ein Bildchen haben. Das Fotografieren liebten wir gar nicht, aber gehorsamst gaben wir uns große Mühe und erhielten dafür den wohlverdienten Lohn, ein «Libera» im Garten. Osi rannte laut bellend umher, so daß ich auch seine Stimme kennenlernte. Fröhlich zog er wieder fort und hinterließ mehr als nur eine Erinnerung. Ein großes Verlangen stieg in mir auf, Osi meine Wege zu zeigen. Ich nahm den Kalender zur Hand und zählte die Wochen ab, die ich noch alleine zu gehen haben würde.

Anhang

Eidgenössische Invalidenversicherung (IV)

Stempel der zuständigen
IV-Kommission

Begutachtung
eines Blindenführhunde-Anwärters

Zutreffendes bitte ankreuzen ☒

Zusammensetzung des Abklärungsteams

Experte .... Lieferant ....

Adresse der Blindenfürsorge ....

Name ihres Vertreters ....

Begutachtung durchgeführt am .... in ....

Angaben zur Person des Anwärtes

Name .... Vorname ....

Geburtsdatum .... AHV-Nr. ....

Beruf .... Strasse ....

PLZ, Ort .... Telefonnummer ....

Sehbehindert seit .... Kinder: Anzahl .... Alter ....

Besuchte Behindertenkurse ☐ Langstock ☐ Turnen ☐ Schwimmen
 ☐ ....

Freizeitbeschäftigung ....

Bisherige Fortbewegung ☐ selbständig ☐ mit Stock ☐ mit Langstock
 ☐ ohne Stock ☐ von Andern geführt
 ☐ ....

Grad der Sehbehinderung ☐ vollblind ☐ hochgradig sehbehindert
 ☐ leicht sehbehindert

Konstitution ☐ normal ☐ kräftig ☐ schwächlich
 ☐ ....

Andere offensichtliche Körpergebrechen ☐ keine ☐ unbedeutende* ☐ schwere*
*welcher Art? ....

Charakteranlagen	☐ selbstbewusst	☐ ausgeglichen	☐ freundlich
	☐ labil	☐ aggressiv	☐ verzagt
	☐ nervös	☐	
Einstellung zur Sehbehinderung	☐ positiv	☐ verzagt	☐ überschätzt sich

Evtl. weitere Feststellungen zur Person

....
....
....
....
....

Testversuche und Befragung (TP = Testperson)

Orientierungsvermögen

1. TP sucht in der Wohnung verschiedene Räume auf	☐ sicher	☐ unsicher	☐ ängstlich
	☐ verzagt	☐	
2. TP beschreibt einen Weg ausser Hauses	☐ klar, zutreffend		☐ unsicher
	☐ unzutreffend	☐	

Verhalten auf der Strasse

3. In gewohnter Umgebung. Begibt sich nach bekanntem Ziel (Laden, Post usw.)	☐ sicher	☐ unsicher	☐ ängstlich
	☐ kann es nicht	☐	
4. In ungewohnter Umgebung. Strecke von ca. 200 m erklären, die dann selbständig zu begehen ist	☐ sicher	☐ unsicher	☐ ängstlich
	☐ kann es nicht	☐	
5. Gangart	☐ locker	☐ gehemmt	☐ verkrampft
	☐ blockiert	☐	

Restsinne

6. Gehör Befragung nach Geräuschen, Art von Fahrzeugen, Distanz derselben	Geräusche:	☐ richtig	☐ unsicher
	☐ falsch	☐	
	Distanzen:	☐ richtig	☐ unsicher
	☐ falsch	☐	
7. Richtungs- und Raumgefühl Auf freiem Platz in ca. 20 m Distanz Klopfzeichen geben. TP geht darauf zu	☐ geradlinig	☐ sicher	☐ ängstlich
	☐ Abweichung nach links		☐ rechts
	☐ Abweichung stark		☐ unbedeutend
	☐		
8. TP wird erst geradeaus geführt, dann leicht abweichend, dann stark abweichend	☐ bemerkt kleinste Abweichung		
	☐ nur deutliche Abweichungen		
	☐ keine Abweichung		
	☐		

9. **Gleichgewichtssinn**
   TP versucht auf einem Bein 5 Sekunden zu stehen, links/rechts
   - ☐ sicher
   - ☐ leicht unsicher
   - ☐ sehr unsicher
   - ☐ ....

10. **Geruchsinn**
    Nach diversen Gerüchen befragen (Blumen, Bäckerei, Metzgerei usw.)
    - ☐ Deutung richtig
    - ☐ nicht immer
    - ☐ meist falsch
    - ☐ ....

Begegnung mit Versuchshund

11. **Ruft Versuchshund zu sich, reagiert**
    - ☐ sicher
    - ☐ ungeübt
    - ☐ unsicher
    - ☐ negativ
    - ☐ ....

12. **Tastet Versuchshund ab, beschreibt ihn**
    - ☐ sicher
    - ☐ gehemmt
    - ☐ ängstlich
    - ☐ Kontakt positiv
    - ☐ negativ
    - ☐ ....

13. **Manuelle Begabung**
    Befestigt Halsband, Geschirr, lässt sich vom Versuchshund führen
    - ☐ begabt
    - ☐ ungeübt, aber bestimmt
    - ☐ umständlich
    - ☐ ängstlich
    - ☐ ....

Aus der Beobachtung resultierende Schlussfolgerungen

14. **Körperliche Beweglichkeit**
    - ☐ sehr gut
    - ☐ gut
    - ☐ genügend
    - ☐ schlecht
    - ☐ lernfähig
    - ☐ unfähig
    - ☐ ....

15. **Reaktionsvermögen**
    - ☐ sehr gut
    - ☐ normal
    - ☐ langsam
    - ☐ schlecht
    - ☐ ....

16. **Einstellung zum Hund**
    - ☐ normal
    - ☐ tierliebend
    - ☐ indifferent
    - ☐ ....

17. **Ordnung, Sauberkeit**
    - ☐ normal
    - ☐ übertrieben
    - ☐ unordentlich
    - ☐ ....

18. **Charakteranlagen**
    - ☐ normal
    - leicht belastet
    - ☐ stark belastet (womit? z.B. Alkohol)
    ....

19. **Sind Allergien bekannt?**
    - ☐ nein
    - ☐ nicht bezüglich Hund
    - ☐ starke, bezüglich Hund

20. **Einstellung der Wohngefährten zum Hund**
    - ☐ positiv
    - ☐ negativ
    - ☐ ....

Wohnverhältnisse
- ☐ Mietwohnung
- ☐ Eigenheim

21. **Nachbarn einverstanden**
    - ☐ ja, Bestätigung
    - ☐ nein
    - ☐ unabgeklärt
    - ☐ ....

22. **Hauseigentümer einverstanden?**
    - ☐ ja, Bestätigung
    - ☐ nein
    - ☐ unabgeklärt
    - ☐ ....

Unterbringung des Hundes ☐ gut ☐ genügend ☐ ungeeignet

23. Vorgesehener Schlafplatz ☐ Schlafzimmer ☐ Wohnzimmer ☐ Keller
☐ Flur ☐ Korb ☐ Zwinger
☐ ....

Verhältnisse am Arbeitsplatz

24. Arbeitgeber einverstanden? ☐ ja, Bestätigung ☐ nein ☐ unabgeklärt

25. Aufenthaltsort des Hundes ☐ im eigenen Arbeitsraum (Büro)
☐ in anderem Raum, wo? ....

26. Einstellung Mitarbeiter ☐ positiv ☐ indifferent ☐ dagegen
☐ ....

27. Sind der TP die Räumlichkeiten vertraut? ☐ seit langem ☐ seit kurzem ☐ nein
☐ ....

28. Ist ihr der Arbeitsweg vertraut? ☐ seit langem ☐ seit kurzem ☐ nein
☐ ....

29. Wie wurde der Arbeitsweg bis jetzt zurückgelegt? ☐ Stock/Langstock ☐ Begleitperson ☐ Taxi
☐ ....

Beschreibung des Arbeitsweges ....

Anforderungen an den Hund Führarbeit täglich ca. .... Std.
Pflege, Freizeit täglich ca. .... Std.

Verhältnis zum früheren Hund ☐ gutes Gespann ☐ unbefriedigend, inwiefern?

☐ hatte noch keinen Hund

Evtl. Gründe, die zum Verlust des früheren Hundes führten (kurze Beschreibung des Sachverhalts)
....
....

Gewünschtes Geschlecht des Hundes ....
Lieferant .... Liefertermin ....

Antrag an die IV-Kommission ....
....

Evtl. weitere Bemerkungen eines Mitgliedes des Abklärungsteams (nötigenfalls Zusatzblatt) ....
....

Unterschriften

Experte .... Sozialarbeiter .... Lieferant ....

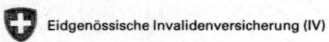 Eidgenössische Invalidenversicherung (IV)

Stempel der zuständigen
IV-Kommission

Kontrollbericht
über ein Führhundegespann

Zutreffendes bitte ankreuzen ☒

Kontrolle vorgenommen am .... in ....
Experte   Lieferant   Sozialarbeiter

☐ Erster Bericht   .... Monate nach Abschluss der Einführung
☐ Periodischer Bericht .... Jahre nach Einführung

Halter des Führhundes

Name ....   Vorname ....
Geburtsdatum ....   Beruf ....
PLZ, Wohnort ....   Adresse ....
Telefonnummer .... AHV-Nr. ....
Körpergrösse ....   Gewicht ....

Führhund

Name ....   Rasse ....
Alter .... Geschlecht .... Kastriert? ☐ ja ☐ nein
Letzte Impfungen ....
Abgegeben am ....   Eingeführt von ....

Allgemeine Feststellungen

Gesundheitszustand des Hundes ....
Aufenthaltsort Wohnung ....
Aufenthaltsort Arbeitsplatz ....
Einstellung der Familie oder anderer Wohngefährten des Halters   ☐ freundlich   ☐ gleichgültig   ☐ ablehnend

Tägliche Führaufgaben des Hundes

	Evtl. Beschreibung	Zeitaufwand
Arbeitsweg	....	...... Std.
Einkaufswege	....	...... Std.
Spazierwege	....	...... Std.
Andere Aufgaben	....	...... Std.
	Tägliche Beanspruchung total	...... Std.

318.549.03 d 9.80 4000 62168/5

Zusammenarbeit von Hund und Halter

Wie reagiert der Halter
- in Strassen ohne Trottoirs? _____
- in Strassen mit Trottoirs? _____
- Geht er regelmässig? _____
- Geht er unverzüglich zum Trottoirende? _____
- Hält er am Randstein, bevor er hinuntertritt? _____
- Hält er vor dem Betreten des Trottoirs? _____
- Ist er in der Lage, eigenmächtiges Abweichen des Hundes von einem vorgeschriebenen Wege zu korrigieren? _____

Wie reagiert der Hund beim Überqueren der Strassen?
- Überquert er geradlinig? _____
- Falls er die Tendenz hat, schräg zu überqueren, nach welcher Seite weicht er ab? ☐ nach rechts   ☐ nach links
- Zeigt er Trottoirränder und andere Niveau-Unterschiede so an, dass der Halter darauf reagieren kann? ☐ ja ☐ nein
- Befolgt er die Befehle: RECHTS (destra)   ☐ ja   ☐ nein
                          LINKS (sini)   ☐ ja   ☐ nein
- Geht der Hund   ☐ schnell   ☐ normal   ☐ langsam
- Zieht er   ☐ angemessen   ☐ zu stark   ☐ zu wenig
- Wie reagiert er auf Fahrzeuge? _____
- Wie reagiert er auf andere Tiere, nämlich
  auf Hunde, die an ihm schnuppern? _____
  auf Hunde, die ihn anbellen? _____
  auf Hunde, die ihn angreifen? _____
  auf Katzen? _____
  auf grössere Tiere (z. B. Pferde)? _____
- Welche Tiere lenken ihn evtl. von der Arbeit ab? _____
- Welches Verhalten dieser Tiere? _____

Gedächtnisleistung des Hundes

Erinnert er sich an gewohnte Wege und Orte? _____
Kürzt er gewohnte Wege auf eigene Initiative ab? _____
Geht er dabei unkorrekt? _____
Lässt er sich durch ein Kennwort zum selbständigen Aufsuchen eines Zieles (Post, Geschäft, Bahnhof usw.) veranlassen? _____

Verhalten des Hundes gegenüber fremden Personen

Freundliche Fremde zuhause? _____
Freundliche Fremde auf der Strasse? _____
Freundliche Fremde anderswo? _____
Zeigt der Hund unerwünschte Freundlichkeit? _____
Greift er Fremde grundlos an? _____
Wie reagiert er, wenn ein Fremder seinem Meister hilft (ihn beispielsweise am Arm fasst)? _____

Kontakt zwischen Halter und Hund

Lässt sich der Hund mit Hörzeichen zu folgendem Verhalten bringen?
- sitzen
- liegenbleiben
- herankommen
- abliegen
- beifuss-gehen

Gehorcht der Hund freudig und konzentriert?
- willig, aber unkonzentriert?
- unterwürfig?
- widerstrebend?

Hat er Angst vor seinem Meister?
Getraut er sich, einen Befehl zu verweigern, wenn er den Meister in Gefahr wähnt oder sein Vorgehen für falsch hält?

Spezielle Beobachtungen

Bitte wenden!

Antrag an die IV-Kommission (z. B. Notwendigkeit einer Nachschulung des Hundes bzw. Halters u. ä.)

Unterschriften

Experte   Sozialarbeiter   Lieferant

....

Adressen

(Die nachfolgenden Listen erheben keinerlei Anspruch auf Vollständigkeit)

1. Organisationen für Blinde und Sehbehinderte

Bundesrepublik Deutschland

Bayerischer Blindenbund e. V.
Burgschmietstraße 37
D-8500 Nürnberg

Bund der Kriegsblinden Deutschlands BDKD e. V.
Schumannstraße 35
D-5300 Bonn 1

Christlicher Blindendienst e. V.
Lessingstraße 5
D-3550 Marburg/Lahn

Deutsches Blindenhilfswerk e. V.
Grabenstr. 179
D-4100 Duisburg

Deutsche Blindenstudienanstalt e. V.
Am Schlag 8
D-3550 Marburg/Lahn
(auch Hilfsmittelzentrale)

Deutscher Blindenverband DBV e. V.
Bismarckallee 300
D-5300 Bonn 2-Bad Godesberg

Deutscher Verein Blinder und Sehbehinderter
in Studium und Beruf e. V.
Frauenbergstraße 8
D-3550 Marburg/Lahn

Deutsches Taubblindenwerk GmbH
Albert-Schweitzer-Hof 27
D-3000 Hannover 71 (Kirchrode)

Konzertgemeinschaft blinder Künstler Deutschlands e. V.
Kühnstraße 18
D-3000 Hannover 71

Landesbildungszentrum für Blinde
Bleckstraße 22
D-3000 Hannover 71

Süddeutsches Rehabilitierungswerk für
erwachsene Blinde GmbH
Helen-Keller-Straße
D-8707 Veitshöchheim

Verein der blinden Geistesarbeiter Deutschlands e. V. (VbGD)
Am Schlag 8
D-3550 Marburg/Lahn

Verein zur Förderung der Blindenbildung e. V. (VzFB)
Bleckstraße 26
D-3000 Hannover 71 (Kirchrode)

Deutsche Demokratische Republik

Blinden- und Sehschwachen-Verband
der Deutschen Demokratischen Republik
Clara-Zetkin-Straße 105
DDR-1080 Berlin

Deutsche Zentralbücherei für Blinde
Louis-Braille-Haus
Gustav-Adolf-Straße 7
DDR-701 Leipzig

Vertriebsstelle für Blindenhilfsmittel
Louis-Braille-Straße 6
DDR-806 Dresden

Österreich

Bundes-Blindenerziehungs-Institut
Wittelsbachstraße 5
A-1020 Wien

Hilfsgemeinschaft der Blinden und
Sehschwachen Österreichs
Treustraße 9
A-1020 Wien

Hörbücherei des Verbandes der Kriegsblinden Österreichs
Wallnerstraße 4
A-1014 Wien

Leihbücherei, Druckerei und Lehrmittelverlag
des Bundes-Blindenerziehungs-Institutes
Wittelsbachstraße 5
A-1020 Wien

Österreichischer Blindenverband
Zentralsekretariat
Mariahilfergürtel 4
A-1060 Wien
(auch Hilfsmittelzentrale, mit Landesgruppen)

Österreichische Nationalbibliothek
Josefsplatz 1
A-1015 Wien
(In den Beständen auch Punktschrift-Bücher)

Schweiz

Schweizerischer Zentralverein für das Blindenwesen SZB
Zentralsekretariat
Schützengasse 4
CH-9001 St. Gallen
(auch Hilfsmittelzentrale, mit 53 Mitglied-Organisationen in der ganzen Schweiz)

— Ressort Fort- und Weiterbildung SZB
Erika Georgen
Rigistraße 10
CH-6410 Goldau

— SBZ-Beratungsstelle für optische Hilfsmittel
Fritz Buser
Dornacherstraße 10
CH-4600 Olten

— Union centrale suisse pour le bien des aveugles UCBA
Avenue de Béthusy 51
CH-1012 Lausanne

— UNITAS
Associazione ciechi della Svizzera italiana
Via San Gottardo
CH-6598 Tenero

Beim Schweizerischen Zentralverein in St. Gallen sind die Adreßlisten der 54 Mitglied-Organisationen und der 22 Beratungsstellen in der ganzen Schweiz erhältlich

2. Blindenführhundschulen

Bundesrepublik Deutschland

Allgemeiner Blindenverein Berlin e. V.
Blindenführhundschule
Auerbacher Straße 7
D-1000 Berlin 33

Ausbildungsstätte
für Blindenführhunde
Margot Jensen
Norderweg 12
D-2261 Stedesand

Blindenführhundschule
Bernhard Feyen
Wunderburgst. 43
D-2900 Oldenburg

Blindenführhundschule
Anja Houschka
Schöne Aussicht 6
D-3583 Wabern / Untershausen

Blindenführhundschule
Josef Lindner
Weningstr. 15
D-8070 Ingolstadt

Blindenführhundschule
Albert Mühlinghaus
An der Hundewiese 17
D-4600 Dortmund 30

Blindenführhundschule
Franz J. Nolden
Akazienstr. 56
D-5160 Düren-Birkesdorf

Blindenführhundschule
Oftersheim
H. Schmitt
D-6836 Oftersheim

Blindenführhundschule
Marianne Remanofsky-Gilde
Postfach 1126
D-2217 Kellinghausen-Rensing

Führhundschule
Maya Nowotny
Dreifaltigkeitsberg 2
D-8311 Mooshenning

Führhundschule der
Blindenstudienanstalt e. V.
z. Hden. Herrn Esch Abt. RES
Am Schlag 8
D-3550 Marburg/Lahn

Internationale
Blindenführhundschule
Valentin Eder
Winklbrunn 13
D-8393 Freyung

Preußenblut
Schule für Blindenführhunde
Karl Gerd Dettmer
Hunteburger Straße 45
D-4514 Ostercappeln 2

Auskünfte auch durch:
Arbeitskreis der Führhundehalter im DBV
Bismarckallee 30
D-5300 Bonn 2-Bad Godesberg
− derzeitige Sprecherin:
  Frau Elisabeth Schwenzel
  Goszlerstr. 26a
  D-1000 Berlin 41

Frau Helga Schmitzius
Redaktion der Tonbandzeitung
für das Blindenführhundwesen
„Unser Blindenführhund"
Möckernstr. 11
D-3000 Hannover 1

Deutsche Demokratische Republik

Abrichteanstalt für Blindenführhunde
Köpenicker Allee
DDR-1158 Berlin-Karlshorst
und
Riehtstraße 31
DDR-50 Erfurt

Österreich

Führhundausbildungsstelle
des Verbandes Kriegsblinder Österreichs
Unterer Prater Ev. Nr. 430
A-1020 Wien

Schweiz

IFAB Internationale Fachstelle
für die Ausbildung von Blindenhunden
Träger: Verein für Blindenhunde und
Mobilitätshilfen
Bahnhofstr. 38
CH-4132 Muttenz

Stiftung Schweizerische Schule für
Blindenführhunde
Markstallstr. 6
CH-4123 Allschwil

Auskünfte auch durch:
Schweizerische Interessengemeinschaft
der Führhundehalter SIF
Frau R. Segrada
CH-8600 Dübendorf

Bibliographie

Frank, Morris: **Buddys Augen sahen für mich,** Rüschlikon-Zürich 1961 (vergriffen)
Hantke, Walter: **Psychotechnische Entwicklung der hundegerechten Führhunde-Ausbildungsmethode,** Freiburg im Breisgau 1987
Ochsenbein, Urs: **Der neue Weg der Hundeausbildung,** Rüschlikon-Zürich 1979
Pfaffenberger, Clarence: **The new knowledge of dog behavior,** New York 1963
Scott, J. P., und Fuller, J. L.: **Genetics and the social behavior of the dog,** Chicago 1965
Zimmermann, Heinrich: **Das Lexikon der Hundefreunde,** Berlin 1933

Brüll, Heinz: **Der Blindenführhund,** Zeitschrift für Hundeforschung, Neue Folge Band 14, Frankfurt am Main 1951
D'heil, Staatsanwalt: **Der Kriegsblindenhund, seine Dressur und praktische Erfahrungen,** Jahresbericht 1915/17 des Deutschen Vereins für Sanitätshunde, Oldenburg
Helbling, Conrad: **Mein Begleithund Marco,** Neue Zürcher Zeitung, 11. Januar 1948
Knispel von, Hptm a. D.: **Meine Erfahrungen mit einem Blindenhund** (gleiche Quelle wie bei D'heil)
Ochsenbein, Urs: **Der Blindenhund – gestern und heute,** Augenblick Nr. 20, Dezember 1986
Sarris, Emanuel Georg: **Der Blinde über seinen Führhund,** Zeitschrift für Hundeforschung Band 3, Berlin 1933
Uexküll, J. von: **Die Umwelt des Hundes,** Zeitschrift für Hundeforschung Band 2, Berlin 1932